THÉATRE COMPLET

DE

EUGÈNE LABICHE

II

ÉMILE COLIN. — IMPRIMERIE DE LAGNY

THÉATRE COMPLET

DE

EUGÈNE LABICHE

AVEC UNE PRÉFACE

PAR

ÉMILE AUGIER

II

LE VOYAGE DE MONSIEUR PERRICHON
LA GRAMMAIRE
LES PETITS OISEAUX — LA POUDRE AUX YEUX
LES VIVACITÉS DU CAPITAINE TIC

PARIS
CALMANN LÉVY, ÉDITEUR
ANCIENNE MAISON MICHEL LÉVY FRÈRES
3, RUE AUBER, 3
—
1892
Droits de reproduction et de traduction réservés.

LE VOYAGE

DE

MONSIEUR PERRICHON

COMÉDIE

EN QUATRE ACTES

Représentée pour la première fois, à Paris, sur le théâtre du Gymnase, le 10 septembre 1860.

COLLABORATEUR : M. E. MARTIN

PERSONNAGES

                                        ACTEURS
                               qui ont créé les rôles.

PERRICHON.	MM. GEOFFROY.
LE COMMANDANT MATHIEU.	DERVAL.
MAJORIN.	BLAISOT.
ARMAND DESROCHES.	DIEUDONNÉ.
DANIEL SAVARY.	LANDROL.
JOSEPH, domestique du commandant.	LEMÉNIL.
JEAN, domestique de Perrichon.	FRANCISQUE.
MADAME PERRICHON.	Mmes MÉLANIE.
HENRIETTE, sa fille	ALBRECHT.
UN AUBERGISTE.	MM. BLONDEL.
UN GUIDE.	AMÉDÉE.
UN EMPLOYE DE CHEMIN DE FER.	LOUIS.
COMMISSIONNAIRES.	
VOYAGEURS.	

LE VOYAGE
DE
MONSIEUR PERRICHON

ACTE PREMIER

La gare du chemin de fer de Lyon, à Paris. — Au fond, barrière ouvrant sur les salles d'attente. Au fond, à droite, guichet pour les billets. Au fond, à gauche, bancs, marchande de gâteaux ; à gauche, marchande de livres.

SCÈNE PREMIÈRE.

MAJORIN, UN EMPLOYÉ DU CHEMIN DE FER,
Voyageurs, Commissionnaires.

MAJORIN, se promenant avec impatience.

Ce Perrichon n'arrive pas ! Voilà une heure que je l'attends... C'est pourtant bien aujourd'hui qu'il doit partir pour la Suisse avec sa femme et sa fille... (Avec amertume.) Des carrossiers qui vont en Suisse ! des carrossiers qui ont quarante mille livres de rente ! des carrossiers qui ont voiture ! Quel siècle ! Tandis que, moi, je gagne deux mille quatre cents francs... un employé laborieux, intelligent toujours courbé sur son bureau... Aujourd'hui, j'ai demandé un congé... j'ai dit que j'étais de garde... Il faut absolument que je voie Perrichon avant son départ... je veux le prier de m'avancer mon trimestre... six cents francs ! Il va prendre son air protecteur... faire l'important !... un carrossier ! ça fait pitié ! Il n'arrive toujours pas ! on dirait qu'il le fait exprès ! (S'adressant à un facteur qui passe suivi de voyageurs.) Monsieur, à quelle heure part le train direct pour Lyon ?...

LE FACTEUR, brusquement.

Demandez à l'employé.

Il sort par la gauche.

MAJORIN.

Merci... manant ! (S'adressant à l'employé qui est près du guichet.) Monsieur, à quelle heure part le train direct pour Lyon ?...

L'EMPLOYÉ, brusquement.

Ça ne me regarde pas ! voyez l'affiche.

Il désigne une affiche à la cantonade à gauche.

MAJORIN.

Merci... (A part.) Ils sont polis dans ces administrations ! Si jamais tu viens à mon bureau, toi !... Voyons l'affiche...

Il sort par la gauche.

SCÈNE II.

L'EMPLOYÉ, PERRICHON, MADAME PERRICHON, HENRIETTE.

Ils entrent par la droite.

PERRICHON.

Par ici!... ne nous qu'ttons pas! nous ne pourrions plus nous retrouver... Où sont nos bagages?... (Regardant à droite; à la cantonade.) Ah! très-bien! Qui est-ce qui a les parapluies?...

HENRIETTE.

Moi, papa.

PERRICHON.

Et le sac de nuit?... les manteaux?...

MADAME PERRICHON.

Les voici!

PERRICHON.

Et mon panama?... Il est resté dans le fiacre! (Faisant un mouvement pour sortir et s'arrêtant.) Ah! non! je l'ai à la main!... Dieu, que j'ai chaud!

MADAME PERRICHON.

C'est ta faute!... tu nous presses, tu nous bouscules!... je n'aime pas à voyager comme ça!

PERRICHON.

C'est le départ qui est laborieux... une fois que nous serons casés!... Restez là, je vais prendre les billets... (Donnant son chapeau à Henriette.) Tiens, garde-moi mon panama... (Au guichet.) Trois premières pour Lyon!...

L'EMPLOYÉ, brusquement.

Ce n'est pas ouvert! Dans un quart d'heure!

PERRICHON, à l'employé.

Ah! pardon! c'est la première fois que je voyage... (Revenant à sa femme.) Nous sommes en avance.

MADAME PERRICHON.

La! quand je te disais que nous avions le temps... Tu ne nous as pas laissées déjeuner!

PERRICHON.

Il vaut mieux être en avance!... on examine la gare! (A Henriette.) Eh bien, petite fille, es-tu contente?... Nous voilà partis!... encore quelques minutes, et, rapides comme la flèche de Guillaume Tell, nous nous élancerons vers les Alpes! (A sa femme.) Tu as pris la lorgnette?

MADAME PERRICHON.

Mais oui!

HENRIETTE, à son père.

Sans reproches, voilà au moins deux ans que tu nous promets ce voyage.

PERRICHON.

Ma fille, il fallait que j'eusse vendu mon fonds... Un commerçant ne se retire pas aussi facilement des affaires qu'une petite fille de son pensionnat... D'ailleurs, j'attendais que ton éducation fût terminée pour la compléter en faisant rayonner devant toi le grand spectacle de la nature!

MADAME PERRICHON.

Ah çà! est-ce que vous allez continuer comme ça?...

PERRICHON.

Quoi?...

MADAME PERRICHON.

Vous faites des phrases dans une gare!

PERRICHON.

Je ne fais pas de phrases... j'élève les idées de l'enfant. Tirant de sa poche un petit carnet.) Tiens, ma fille, voici un carnet que j'ai acheté pour toi.

HENRIETTE.

Pour quoi faire?...

PERRICHON.

Pour écrire d'un côté la dépense, et de l'autre les impressions.

HENRIETTE.

Quelles impressions?...

PERRICHON.

Nos impressions de voyage! Tu écriras, et moi je dicterai.

MADAME PERRICHON.

Comment! vous allez vous faire auteur à présent?

PERRICHON.

Il ne s'agit pas de me faire auteur... mais il me semble qu'un homme du monde peut avoir des pensées et les recueillir sur un carnet!

MADAME PERRICHON.

Ce sera bien joli!

PERRICHON, à part.

Elle est comme ça, chaque fois qu'elle n'a pas pris son café!

UN FACTEUR, poussant un petit chariot chargé de bagages.

Monsieur, voici vos bagages. Voulez-vous les faire enregistrer?...

PERRICHON.

Certainement! Mais, auparavant, je vais les compter... parce que, quand on sait son compte... Un, deux, trois, quatre, cinq, six, ma femme, sept, ma fille, huit, et moi, neuf. Nous sommes neuf.

LE FACTEUR.

Enlevez!

PERRICHON, courant vers le fond.

Dépêchons-nous!

LE FACTEUR.

Pas par là, c'est par ici!

Il indique la gauche.

PERRICHON.

Ah! très-bien! (Aux femmes.) Attendez-moi là!... ne nous perdons pas!

Il sort en courant, suivant le facteur.

SCÈNE III.

MADAME PERRICHON, HENRIETTE, puis DANIEL.

HENRIETTE.

Pauvre père! quelle peine il se donne!

MADAME PERRICHON.

Il est comme un ahuri!

DANIEL, entrant suivi d'un commissionnaire qui porte sa malle.

Je ne sais pas encore où je vais, attendez! (Apercevant Henriette.) C'est elle! je ne me suis pas trompé!

Il salue Henriette, qui lui rend son salut.

ACTE PREMIER.

MADAME PERRICHON, à sa fille.

Quel est ce monsieur?...

HENRIETTE.

C'est un jeune homme qui m'a fait danser la semaine dernière au bal du huitième arrondissement.

MADAME PERRICHON, vivement.

Un danseur!

Elle salue Daniel.

DANIEL.

Madame!... mademoiselle!... je bénis le hasard.. Ces dames vont partir?...

MADAME PERRICHON.

Oui, monsieur!

DANIEL.

Ces dames vont à Marseille, sans doute?...

MADAME PERRICHON.

Non, monsieur.

DANIEL.

A Nice, peut-être?...

MADAME PERRICHON.

Non, monsieur!

DANIEL.

Pardon, madame... je croyais... si mes services...

LE FACTEUR, à Daniel.

Bourgeois! vous n'avez que le temps pour vos bagages.

DANIEL.

C'est juste! allons! (A part.) J'aurais voulu savoir où elles vont... avant de prendre mon billet... (Saluant.) Madame... mademoiselle... (A part.) Elles partent, c'est le principal!

Il sort par la gauche.

SCÈNE IV.

MADAME PERRICHON, HENRIETTE, puis ARMAND.

MADAME PERRICHON.

Il est très-bien, ce jeune homme!

ARMAND, tenant un sac de nuit.

Portez ma malle aux bagages... je vous rejoins! (Apercevant Henriette.) C'est elle!

Ils se saluent.

MADAME PERRICHON.

Quel est ce monsieur?...

HENRIETTE.

C'est encore un jeune homme qui m'a fait danser au bal du huitième arrondissement.

MADAME PERRICHON.

Ah çà! ils se sont donc tous donné rendez-vous ici?... N'importe, c'est un danseur! (Saluant.) Monsieur...

ARMAND.

Madame... mademoiselle... je bénis le hasard... Ces dames vont partir?

MADAME PERRICHON.

Oui, monsieur.

ARMAND.

Ces dames vont à Marseille, sans doute?...

MADAME PERRICHON.

Non, monsieur.

ARMAND.

A Nice, peut-être?...

MADAME PERRICHON, à part.

Tiens, comme l'autre! (Haut.) Non, monsieur!

ARMAND.

Pardon, madame, je croyais... si mes services...

MADAME PERRICHON, à part.

Après ça, ils sont du même arrondissement.

ARMAND, à part.

Je ne suis pas plus avancé... je vais faire enregistrer ma malle... je reviendrai! (Saluant.) Madame... mademoiselle...

SCÈNE V.

MADAME PERRICHON, HENRIETTE, MAJORIN, puis PERRICHON.

MADAME PERRICHON.

Il est très-bien, ce jeune homme!... Mais que fait ton père? les jambes me rentrent dans le corps!

MAJORIN, entrant par la gauche.

Je me suis trompé, ce train ne part que dans une heure!

HENRIETTE.

Tiens, monsieur Majorin!

MAJORIN, à part.

Enfin, les voici!

MADAME PERRICHON.

Vous! comment n'êtes-vous pas à votre bureau?...

MAJORIN.

J'ai demandé un congé, belle dame; je ne voulais pas vous laisser partir sans vous faire mes adieux!

MADAME PERRICHON.

Comment! c'est pour cela que vous êtes venu! ah! que c'est aimable!

MAJORIN.

Mais, je ne vois pas Perrichon!

HENRIETTE.

Papa s'occupe des bagages.

PERRICHON, entrant en courant. A la cantonade.

Les billets d'abord! très-bien!

MAJORIN.

Ah! le voici! Bonjour, cher ami!

PERRICHON, très-pressé.

Ah! c'est toi! tu es bien gentil d'être venu!... Pardon, il faut que je prenne mes billets!

Il le quitte.

MAJORIN, à part.

Il est poli!

PERRICHON, à l'employé au guichet.

Monsieur, on ne veut pas enregistrer mes bagages avant que j'aie pris mes billets?

L'EMPLOYÉ.

Ce n'est pas ouvert! attendez!

PERRICHON.

« Attendez! » et là-bas, ils m'ont dit: « Dépêchez-vous! » (S'essuyant le front.) Je suis en nage!

MADAME PERRICHON.

Et moi, je ne tiens plus sur mes jambes!

PERRICHON.

Eh bien, asseyez-vous. (Indiquant le fond à gauche.) Voilà des bancs... Vous êtes bonnes de rester plantées là comme deux factionnaires.

MADAME PERRICHON.

C'est toi-même qui nous as dit : « Restez là! » tu n'en finis pas! tu es insupportable!

PERRICHON.

Voyons, Caroline!

MADAME PERRICHON.

Ton voyage! j'en ai déjà assez!

PERRICHON.

On voit bien que tu n'as pas pris ton café! Tiens, va t'asseoir!

MADAME PERRICHON.

Oui, mais dépêche-toi!

Elle va s'asseoir avec Henriette.

SCÈNE VI.

PERRICHON, MAJORIN.

MAJORIN, à part.

Joli petit ménage!

PERRICHON, à Majorin.

C'est toujours comme ça quand elle n'a pas pris son café... Ce bon Majorin! c'est bien gentil à toi d'être venu!

MAJORIN.

Oui, je voulais te parler d'une petite affaire.

PERRICHON, distrait.

Et mes bagages qui sont restés là-bas sur une table... Je suis inquiet! (Haut.) Ce bon Majorin! c'est bien gentil à toi d'être venu!... (A part.) Si j'y allais?...

MAJORIN.

J'ai un petit service à te demander.

PERRICHON.

A moi?...

MAJORIN.

J'ai déménagé... et, si tu voulais m'avancer un trimestre de mes appointements... six cents francs!

PERRICHON.

Comment, ici?...

MAJORIN.

Je crois t'avoir toujours rendu exactement l'argent que tu m'as prêté.

PERRICHON.

Il ne s'agit pas de ça!

MAJORIN.

Pardon! je tiens à le constater... Je touche mon dividende des paquebots le 8 du mois prochain; j'ai douze actions... et, si tu n'as pas confiance en moi, je te remettrai les titres en garantie.

PERRICHON.

Allons donc! es-tu bête!

MAJORIN, sèchement.

Merci!

PERRICHON.

Pourquoi diable aussi viens-tu me demander ça au moment où je pars?... j'ai pris juste l'argent nécessaire à mon voyage.

MAJORIN.

Après ça, si ça te gêne... n'en parlons plus. Je m'adresserai à des usuriers qui me prendront cinq pour cent par an... je n'en mourrai pas!

PERRICHON, tirant son portefeuille.

Voyons, ne te fâche pas!... tiens, les voilà, tes six cents francs, mais n'en parle pas à ma femme.

MAJORIN, prenant les billets.

Je comprends : elle est si avare !

PERRICHON.

Comment! avare?

MAJORIN.

Je veux dire qu'elle a de l'ordre!

PERRICHON.

Il faut ça, mon ami!... il faut ça!

MAJORIN, sèchement.

Allons! c'est six cents francs que je te dois... Adieu! (A part.) Que d'histoires! pour six cents francs!... et ça va en Suisse!... Carrossier!...

Il disparaît par la droite.

PERRICHON.

Eh bien, il part! il ne m'a seulement pas dit merci! mais, au fond, je crois qu'il m'aime! (Apercevant le guichet ouvert.) Ah! sapristi! on distribue les billets!...

Il se précipite vers la balustrade et bouscule cinq ou six personnes qui font la queue.

UN VOYAGEUR.

Faites donc attention, monsieur!

L'EMPLOYÉ, à Perrichon.

Prenez votre tour, vous, là-bas!

PERRICHON, à part.

Et mes bagages!... et ma femme!...

Il se met à la queue.

SCÈNE VII.

LES MÊMES, LE COMMANDANT, suivi de JOSEPH,
qui porte sa valise.

LE COMMANDANT.

Tu m'entends bien?

JOSEPH.

Oui, mon commandant.

LE COMMANDANT.

Et si elle demande où je suis... quand je reviendrai... tu répondras que tu n'en sais rien... Je ne veux plus entendre parler d'elle.

JOSEPH.

Oui, mon commandant.

LE COMMANDANT.

Tu diras à Anita que tout est fini... bien fini...

JOSEPH.

Oui, mon commandant.

PERRICHON.

J'ai mes billets!... vite! à mes bagages! Quel métier que d'aller à Lyon!

Il sort en courant.

LE COMMANDANT.

Tu m'as bien compris?

JOSEPH.

Sauf votre respect, mon commandant, c'est bien inutile de partir.

LE COMMANDANT.

Pourquoi?...

JOSEPH.

Parce qu'à son retour, mon commandant reprendra mademoiselle Anita.

LE COMMANDANT.

Oh!

JOSEPH.

Alors, autant vaudrait ne pas la quitter; les raccommodements coûtent toujours quelque chose à mon commandant.

LE COMMANDANT.

Ah! cette fois, c'est sérieux! Anita s'est rendue indigne de mon affection et des bontés que j'ai pour elle.

JOSEPH.

On peut dire qu'elle vous ruine, mon commandant. Il est encore venu un huissier ce matin... et les huissiers, c'est comme les vers... quand ça commence à se mettre quelque part...

LE COMMANDANT.

A mon retour, j'arrangerai toutes mes affaires... adieu!

JOSEPH.

Adieu, mon commandant.

LE COMMANDANT, s'approche du guichet et revient

Ah! tu m'écriras à Genève, poste restante... Tu me donneras des nouvelles de ta santé...

JOSEPH, flatté.

Mon commandant est bien bon!

LE COMMANDANT.

Et puis tu me diras si l'on a eu du chagrin en apprenant mon départ... si l'on a pleuré...

JOSEPH.

Qui ça, mon commandant?...

LE COMMANDANT.

Eh parbleu! elle! Anita!

JOSEPH.

Vous la reprendrez, mon commandant!

LE COMMANDANT.

Jamais!

JOSEPH.

Ça fera la huitième fois. Ça me fait de la peine de voir un brave homme comme vous harcelé par des créanciers... et pour qui? pour une...

LE COMMANDANT.

Allons, c'est bien! donne-moi ma valise, et écris-moi à Genève... demain ou ce soir! bonjour!

JOSEPH.

Bon voyage, mon commandant! (A part.) Il sera revenu avant huit jours! Oh! les femmes! et les hommes!...

Il sort. — Le commandant va prendre son billet et entre dans la salle d'attente.

SCÈNE VIII.

MADAME PERRICHON, HENRIETTE, puis PERRICHON, UN FACTEUR.

MADAME PERRICHON, se levant avec sa fille.

Je suis lasse d'être assise!

PERRICHON, entrant en courant.

Enfin! c'est fini! j'ai mon bulletin! je suis enregistré!

MADAME PERRICHON.

Ce n'est pas malheureux!

LE FACTEUR, poussant son chariot vide, à Perrichon.

Monsieur... n'oubliez pas le facteur, s'il vous plaît...

PERRICHON.

Ah! oui... Attendez... (Se concertant avec sa femme et sa fille.) Qu'est-ce qu'il faut lui donner à celui-là, dix sous?...

MADAME PERRICHON.

Quinze.

HENRIETTE.

Vingt.

PERRICHON.

Allons... va pour vingt sous! (Les lui donnant.) Tenez mon garçon.

LE FACTEUR.

Merci, monsieur!

Il sort.

MADAME PERRICHON.

Entrons-nous?

PERRICHON.

Un instant... Henriette, prends ton carnet et écris.

MADAME PERRICHON.

Déjà!

PERRICHON, dictant.

Dépenses : fiacre, deux francs... chemin de fer, cent soixante-douze francs cinq centimes... facteur, un franc.

HENRIETTE.

C'est fait!

PERRICHON.

Attends! impression!

MADAME PERRICHON, à part.

Il est insupportable!

PERRICHON, dictant.

Adieu, France... reine des nations! (S'interrompant.) Eh bien, et mon panama?... je l'aurai laissé aux bagages!

Il veut courir

MADAME PERRICHON.

Mais non! le voici!

PERRICHON.

Ah! oui! (Dictant.) Adieu, France! reine des nations!

On entend la cloche et l'on voit accourir plusieurs voyageurs

MADAME PERRICHON.

Le signal! tu vas nous faire manquer le convoi!

PERRICHON.

Entrons, nous finirons cela plus tard!

L'employé l'arrête à la barrière pour voir les billets. Perrichon querelle sa femme et sa fille, finit par trouver les billets dans sa poche. Ils entrent dans la salle d'attente.

SCÈNE IX.

ARMAND, DANIEL, puis PERRICHON.

Daniel, qui vient de prendre son billet, est heurté par Armand qui veut prendre le sien.

ARMAND.

Prenez donc garde!

DANIEL.

Faites attention vous-même!

ARMAND.

Daniel!

DANIEL.

Armand!

ARMAND.

Vous partez?...

DANIEL.

A l'instant! et vous?...

ARMAND.

Moi aussi!

DANIEL.

C'est charmant! nous ferons route ensemble! J'ai des cigares de première classe... Et où allez-vous?

ARMAND.

Ma foi, mon cher ami, je n'en sais rien encore.

DANIEL.

Tiens! c'est bizarre! ni moi non plus! J'ai pris un billet jusqu'à Lyon.

ARMAND.

Vraiment? moi aussi! je me dispose à suivre une demoiselle charmante.

DANIEL.

Tiens! moi aussi!

ARMAND.

La fille d'un carrossier!

DANIEL.

Perrichon?

ARMAND.

Perrichon!

DANIEL.

C'est la même!

ARMAND.

Mais je l'aime, mon cher Daniel.

DANIEL.

Je l'aime également, mon cher Armand.

ARMAND.

Je veux l'épouser!

DANIEL.

Moi, je veux la demander en mariage... ce qui est à peu près la même chose.

ARMAND.

Mais nous ne pouvons l'épouser tous les deux!

DANIEL.

En France, c'est défendu!

ARMAND.

Que faire?...

DANIEL.

C'est bien simple! Puisque nous sommes sur le marchepied du wagon, continuons gaiement notre voyage... cherchons à plaire... à nous faire aimer, chacun de notre côté!

ARMAND, riant.

Alors, c'est un concours!... un tournoi!...

DANIEL.

Une lutte loyale... et amicale... Si vous êtes vainqueur.. je m'inclinerai... si je l'emporte, vous ne me tiendrez pas rancune! Est-ce dit?

ARMAND.

Soit! j'accepte.

DANIEL.

La main, avant la bataille.

ARMAND.

Et la main après.

Ils se donnent la main.

PERRICHON, entrant en courant. A la cantonade.

Je te dis que j'ai le temps!

DANIEL.

Tiens! notre beau-père!

PERRICHON, à la marchande de livres.

Madame, je voudrais un livre pour ma femme et ma fille... un livre qui ne parle ni de galanterie, ni d'argent ni de politique, ni de mariage, ni de mort.

DANIEL, à part.

Robinson Crusoé!

LA MARCHANDE.

Monsieur, j'ai votre affaire.

Elle lui remet un volume.

PERRICHON, lisant.

Les Bords de la Saône : deux francs! (Payant.) Vous me jurez qu'il n'y a pas de bêtises là dedans? (On entend la cloche.) Ah diable! Bonjour, madame.

Il sort en courant.

ARMAND.

Suivons-le.

DANIEL.

Suivons! C'est égal, je voudrais bien savoir où nous allons?...

On voit courir plusieurs voyageurs. — Tableau.

ACTE DEUXIÈME.

Un intérieur d'auberge au Montanvert, près de la mer de Glace. — Au fond, à droite, porte d'entrée; au fond, à gauche, fenêtre; vue de montagnes couvertes de neige; à gauche, porte et cheminée — A droite, table où est le livre des voyageurs, et porte.

SCÉNE PREMIÈRE.

ARMAND, DANIEL, L'AUBERGISTE, UN GUIDE

Daniel et Armand sont assis à une table, et déjeunent.

L'AUBERGISTE.

Ces messieurs prendront-ils autre chose?

DANIEL.

Tout à l'heure... du café...

ARMAND.

Faites manger le guide; après, nous partirons pour la mer de Glace.

L'AUBERGISTE.

Venez, guide.

Il sort, suivi du guide, par la droite.

DANIEL.

Eh bien, mon cher Armand?

ARMAND.

Eh bien, mon cher Daniel?

DANIEL.

Les opérations sont engagées, nous avons commencé l'attaque.

ARMAND.

Notre premier soin a été de nous introduire dans le même wagon que la famille Perrichon; le papa avait déjà mis sa calotte.

DANIEL.

Nous les avons bombardés de prévenances, de petits soins.

ARMAND.

Vous avez prêté votre journal à M. Perrichon, qui a dormi dessus... En échange, il vous a offert *les Bords de la Saône*... un livre avec des images.

DANIEL.

Et vous, à partir de Dijon, vous avez tenu un store dont la mécanique était dérangée; ça a dû vous fatiguer.

ARMAND.

Oui, mais la maman m'a comblé de pastilles de chocolat.

DANIEL.

Gourmand!... vous vous êtes fait nourrir.

ARMAND.

A Lyon, nous descendons au même hôtel...

DANIEL.

Et le papa, en nous retrouvant, s'écrie: « Ah! quel heureux hasard!... »

ARMAND.

A Genève, même rencontre... imprévue...

DANIEL.

A Chamouny, même situation; et le Perrichon de s'écrier toujours : « Ah ! quel heureux hasard ! »

ARMAND.

Hier soir, vous apprenez que la famille se dispose à venir voir la mer de Glace, et vous venez me chercher dans ma chambre... dès l'aurore... c'est un trait de gentilhomme!

DANIEL.

C'est dans notre programme... lutte loyale!... Voulez-vous de l'omelette?

ARMAND.

Merci... Mon cher, je dois vous prévenir... loyalement... que, de Châlon à Lyon, mademoiselle Perrichon m'a regardé trois fois.

DANIEL.

Et moi, quatre!

ARMAND.

Diable! c'est sérieux!

DANIEL.

Ça le sera bien davantage quand elle ne nous regardera plus... Je crois qu'en ce moment elle nous préfère tous les deux... ça peut durer longtemps comme ça; heureusement nous sommes gens de loisir.

ARMAND.

Ah çà! expliquez-moi comment vous avez pu vous éloigner de Paris, étant le gérant d'une société de paquebots?...

DANIEL.

Les Remorqueurs sur la Seine... capital social, deux millions. C'est bien simple; je me suis demandé un petit congé, et je n'ai pas hésité à me l'accorder... J'ai de bons employés; les paquebots vont tout seuls, et, pourvu que je sois à Paris le 8 du mois prochain pour le payement du dividende... Ah çà! et vous?... un banquier.. Il me semble que vous pérégrinez beaucoup!

ARMAND.

Oh! ma maison de banque ne m'occupe guère... J'ai associé mes capitaux en réservant la liberté de ma personne, je suis banquier...

DANIEL.

Amateur!

ARMAND.

Je n'ai, comme vous, affaire à Paris que vers le 8 du mois prochain.

DANIEL.

Et, d'ici là, nous allons nous faire une guerre à outrance...

ARMAND.

A outrance! comme deux bons amis... J'ai eu un moment la pensée de vous céder la place; mais j'aime sérieusement Henriette...

DANIEL.

C'est singulier... je voulais vous faire le même sacrifice... sans rire... A Châlon, j'avais envie de décamper mais je l'ai regardée.

ARMAND.

Elle est si jolie!

DANIEL.

Si douce!

ARMAND

Si blonde!

DANIEL.

Il n'y a presque plus de blondes ; et des yeux.

ARMAND.

Comme nous les aimons.

DANIEL.

Alors je suis resté !

ARMAND.

Ah ! je vous comprends !

DANIEL.

A la bonne heure ! C'est un plaisir de vous avoir pour ennemi ! (Lui serrant la main.) Cher Armand !

ARMAND, de même.

Bon Daniel ! Ah çà ! M. Perrichon n'arrive pas. Est-ce qu'il aurait changé son itinéraire ? si nous allions les perdre ?

DANIEL.

Diable ! c'est qu'il est capricieux, le bonhomme... Avant-hier, il nous a envoyés nous promener à Ferney, où nous comptions le retrouver...

ARMAND.

Et, pendant ce temps, il était allé à Lausanne.

DANIEL.

Eh bien c'est drôle de voyager comme cela ! (Voyant Armand qui se lève.) Où allez-vous donc ?

ARMAND

Je ne tiens pas en place, j'ai envie d'aller au-devant de ces dames.

DANIEL.

Et le café ?

ARMAND.

Je n'en prendrai pas... Au revoir!

Il sort vivement par le fond.

SCÈNE II.

DANIEL, puis L'AUBERGISTE, puis LE GUIDE.

DANIEL.

Quel excellent garçon! c'est tout cœur, tout feu... mais ça ne sait pas vivre, il est parti sans prendre son café! (Appelant.) Holà!... monsieur l'aubergiste!

L'AUBERGISTE, paraissant.

Monsieur?

DANIEL.

Le café. (L'aubergiste sort. Daniel allume un cigare.) Hier, j'ai voulu faire fumer le beau-père... ça ne lui a pas réussi...

L'AUBERGISTE, apportant le café.

Monsieur est servi.

DANIEL, s'asseyant derrière la table, devant la cheminée, et étendant une jambe sur la chaise d'Armand.

Approchez cette chaise... très-bien... (Il a désigné une autre chaise, il y étend l'autre jambe.) Merci!... Ce pauvre Armand! il court sur la grande route, lui, en plein soleil... et moi, je m'étends! Qui arrivera le premier de nous deux? nous avons la fable du Lièvre et de la Tortue.

L'AUBERGISTE, lui présentant un registre.

Monsieur veut-il écrire quelque chose sur le livre des voyageurs?

DANIEL.

Moi?... je n'écris jamais après mes repas, rarement avant... Voyons les pensées délicates et ingénieuses des visiteurs. (Il feuillette le livre, lisant.) « Je ne me suis jamais mouché si haut!... » Signé : « Un voyageur enrhumé... » (Il continue à feuilleter.) Oh! la belle écriture! (Lisant.) « Qu'il est beau d'admirer les splendeurs de la nature, entouré de sa femme et de sa nièce!... » Signé : « Malaquais, rentier... » Je me suis toujours demandé pourquoi les Français, si spirituels chez eux, sont si bêtes en voyage!

Cris et tumulte au dehors.

L'AUBERGISTE.

Ah! mon Dieu!

DANIEL.

Qu'y a-t-il?

SCÈNE III.

DANIEL, PERRICHON, ARMAND, MADAME PERRICHON, HENRIETTE, L'AUBERGISTE.

Perrichon entre, soutenu par sa femme et le guide.

ARMAND.

Vite, de l'eau! du sel! du vinaigre!

DANIEL.

Qu'est-il donc arrivé?

HENRIETTE.

Mon père a manqué de se tuer!

DANIEL.

Est-il possible?

PERRICHON, assis.

Ma femme!... ma fille!... Ah! je me sens mieux!...

HENRIETTE, lui présentant un verre d'eau sucrée.

Tiens!... bois!... ça te remettra...

PERRICHON.

Merci... quelle culbute!

Il boit.

MADAME PERRICHON.

C'est ta faute aussi... vouloir monter à cheval, un père de famille... et avec des éperons encore!

PERRICHON.

Les éperons n'y sont pour rien... c'est la bête qui est ombrageuse.

MADAME PERRICHON.

Tu l'auras piquée sans le vouloir, elle s'est cabrée...

HENRIETTE.

Et, sans M. Armand, qui venait d'arriver... mon père disparaissait dans un précipice...

MADAME PERRICHON.

Il y était déjà... je le voyais rouler comme une boule... nous poussions des cris!...

HENRIETTE.

Alors, monsieur s'est élancé!...

MADAME PERRICHON.

Avec un courage, un sang-froid!... Vous êtes notre sauveur... car, sans vous, mon mari... mon pauvre ami...

Elle éclate en sanglots.

ARMAND.

Il n'y a plus de danger... calmez-vous!

ACTE DEUXIÈME.

MADAME PERRICHON, pleurant toujours.

Non! ça me fait du bien! (A son mari.) Ça t'apprendra à mettre des éperons. (Sanglotant plus fort.) Tu n'aimes pas ta famille.

HENRIETTE, à Armand.

Permettez-moi d'ajouter mes remercîments à ceux de ma mère, je garderai toute ma vie le souvenir de cette journée... toute ma vie!...

ARMAND.

Ah! mademoiselle!

PERRICHON, à part.

A mon tour! (Haut.) Monsieur Armand!... non, laissez-moi vous appeler Armand?

ARMAND.

Comment donc!

PERRICHON.

Armand... donnez-moi la main... Je ne sais pas faire de phrases moi... mais, tant qu'il battra, vous aurez une place dans le cœur de Perrichon! (Lui serrant la main.) Je ne vous dis que cela!

MADAME PERRICHON.

Merci, monsieur Armand!

HENRIETTE.

Merci, monsieur Armand!

ARMAND.

Mademoiselle Henriette!

DANIEL, à part.

Je commence à croire que j'ai eu tort de prendre mon café!

MADAME PERRICHON, à l'aubergiste.

Vous ferez reconduire le cheval, nous retournerons tous en voiture...

PERRICHON, se levant.

Mais je t'assure, ma chère amie, que je suis assez bon cavalier... (Poussant un cri.) Aïe!

TOUS.

Quoi ?

PERRICHON.

Rien!... les reins! Vous ferez reconduire le cheval!

MADAME PERRICHON.

Viens te reposer un moment. Au revoir, monsieur Armand!

HENRIETTE.

Au revoir, monsieur Armand!

PERRICHON, serrant énergiquement la main d'Armand.

A bientôt... Armand! (Poussant un second cri.) Aïe!... j'ai trop serré!

Il entre à gauche, suivi de sa femme et de sa fille.

SCÈNE IV.

ARMAND, DANIEL.

ARMAND.

Qu'est-ce que vous dites de cela, mon cher Daniel?

DANIEL.

Que voulez-vous! c'est de la veine!... vous sauvez le père, vous cultivez le précipice, ce n'était pas dans le programme!

ACTE DEUXIÈME.

ARMAND.

C'est bien le hasard...

DANIEL.

Le papa vous appelle Armand, la mère pleure et la fille vous décoche des phrases bien senties... empruntées aux plus belles pages de M. Bouilly... Je suis vaincu, c'est clair! et je n'ai plus qu'à vous céder la place...

ARMAND.

Allons donc! vous plaisantez...

DANIEL.

Je plaisante si peu, que, dès ce soir, je pars pour Paris...

ARMAND.

Comment?

DANIEL.

Où vous retrouverez un ami... qui vous souhaite bonne chance!

ARMAND.

Vous partez? ah! merci!

DANIEL.

Voilà un cri du cœur!

ARMAND.

Ah! pardon! je le retire!... après le sacrifice que vous me faites...

DANIEL.

Moi? entendons-nous bien... je ne vous fais pas le plus léger sacrifice. Si je me retire, c'est que je ne crois avoir aucune chance de réussir; car, maintenant encore, s'il s'en présentait une... même petite, je resterais.

ARMAND.

Ah!

DANIEL.

Est-ce singulier! Depuis qu'Henriette m'échappe, il me semble que je l'aime davantage.

ARMAND.

Je comprends cela... aussi, je ne vous demanderai pas le service que je voulais vous demander...

DANIEL.

Quoi donc?

ARMAND.

Non, rien...

DANIEL.

Parlez... je vous en prie.

ARMAND.

J'avais songé... puisque vous partez, à vous prier de voir M. Perrichon, de lui toucher quelques mots de ma position, de mes espérances.

DANIEL.

Ah! diable!

ARMAND.

Je ne puis le faire moi-même... j'aurais l'air de réclamer le prix du service que je viens de lui rendre.

DANIEL.

Enfin, vous me priez de faire la demande pour vous Savez-vous que c'est original, ce que vous me demandez là?

ARMAND.

Vous refusez?...

DANIEL

Ah! Armand! j'accepte!

ARMAND.

Mon ami!

DANIEL.

Avouez que je suis un bien bon petit rival, un rival qui fait la demande! (Voix de Perrichon dans la coulisse.) J'entends le beau-père! Allez fumer un cigare et revenez!

ARMAND.

Vraiment! je ne sais comment vous remercier...

DANIEL.

Soyez tranquille, je vais faire vibrer chez lui la corde de la reconnaissance.

Armand sort par le fond.

SCÈNE V.

DANIEL, PERRICHON, puis L'AUBERGISTE.

PERRICHON, entrant et parlant à la cantonade

Mais certainement il m'a sauvé! certainement il m'a sauvé, et, tant qu'il battra, le cœur de Perrichon... je lui ai dit...

DANIEL.

Eh bien, monsieur Perrichon... vous sentez-vous mieux?

PERRICHON.

Ah! je suis tout à fait remis... je viens de boire trois gouttes de rhum dans un verre d'eau, et, dans un quart d'heure, je compte gambader sur la mer de Glace. Tiens, votre ami n'est plus là?

DANIEL.

Il vient de sortir

PERRICHON.

C'est un brave jeune homme!... ces dames l'aiment beaucoup.

DANIEL.

Oh! quand elles le connaîtront davantage!... un cœur d'or! obligeant, dévoué, et d'une modestie!

PERRICHON.

Oh! c'est rare.

DANIEL.

Et puis il est banquier... c'est un banquier!...

PERRICHON.

Ah!

DANIEL

Associé de la maison Turneps, Desroches et Cie! Dites donc, c'est assez flatteur d'être repêché par un banquier... car, enfin, il vous a sauvé!... Hein?... sans lui!...

PERRICHON.

Certainement... certainement. C'est très-gentil, ce qu'il a fait là!

DANIEL, étonné.

Comment, gentil?

PERRICHON.

Est-ce que vous allez vouloir atténuer le mérite de son action?

DANIEL.

Par exemple!

PERRICHON.

Ma reconnaissance ne finira qu'avec ma vie... Çà!... tant que le cœur de Perrichon battra. Mais, entre nous, le service qu'il m'a rendu n'est pas aussi grand que ma femme et ma fille veulent bien le dire.

DANIEL, étonné.

Ah bah!

PERRICHON.

Oui. Elles se montent la tête. Mais, vous savez, les femmes!...

DANIEL.

Cependant, quand Armand vous a arrêté, vous rouliez...

PERRICHON.

Je roulais, c'est vrai... Mais, avec une présence d'esprit étonnante... j'avais aperçu un petit sapin après lequel j'allais me cramponner; je le tenais déjà quand votre ami est arrivé.

DANIEL, à part.

Tiens, tiens! vous allez voir qu'il s'est sauvé tout seul.

PERRICHON.

Au reste, je ne lui sais pas moins gré de sa bonne intention... Je compte le revoir... lui réitérer mes remerciments... je l'inviterai même cet hiver.

DANIEL, à part.

Une tasse de thé!

PERRICHON.

Il paraît que ce n'est pas la première fois qu'un pareil accident arrive à cet endroit-là... c'est un mauvais pas... L'aubergiste vient de me raconter que, l'an dernier, un Russe... un prince... très-bon cavalier!... car ma femme a beau dire, ça ne tient pas à mes éperons! avait roulé dans le même trou.

DANIEL.

En vérité?

PERRICHON

Son guide l'a retiré... Vous voyez qu'on s'en retire parfaitement... Eh bien, le Russe lui a donné cent francs!

DANIEL.

C'est très-bien payé!

PERRICHON.

Je le crois bien!... Pourtant c'est ce que ça vaut!...

DANIEL.

Pas un sou de plus. (A part.) Oh! mais je ne pars pas.

PERRICHON, remontant.

Ah çà! ce guide n'arrive pas.

DANIEL.

Est-ce que ces dames sont prêtes?

PERRICHON.

Non... elles ne viendront pas... vous comprenez? mais je compte sur vous...

DANIEL.

Et sur Armand?

PERRICHON.

S'il veut être des nôtres, je ne refuserai certainement pas la compagnie de M. Desroches.

DANIEL, à part.

M. Desroches! Encore un peu il va le prendre en grippe

L'AUBERGISTE, entrant par la droite.

Monsieur!...

PERRICHON.

Eh bien, ce guide?

L'AUBERGISTE.

Il est à la porte... Voici vos chaussons.

ACTE DEUXIÈME.

PERRICHON.

Ah! oui! il paraît qu'on glisse dans les crevasses là-bas...
et, comme je ne veux avoir d'obligation à personne...

L'AUBERGISTE, lui présentant le registre.

Monsieur écrit-il sur le livre des voyageurs?

PERRICHON.

Certainement... mais je ne voudrais pas écrire quelque
chose d'ordinaire... il me faudrait là... une pensée!... une
jolie pensée... (Rendant le livre à l'aubergiste.) Je vais y rêver
en mettant mes chaussons. (A Daniel.) Je suis à vous dans
la minute.

Il entre à droite, suivi de l'aubergiste.

SCÈNE VI.

DANIEL, puis ARMAND.

DANIEL, seul.

Ce carrossier est un trésor d'ingratitude. Or, les trésors
appartiennent à ceux qui les trouvent, article 716 du Code
civil...

ARMAND, paraissant à la porte du fond.

Eh bien?

DANIEL, à part.

Pauvre garçon!

ARMAND.

L'avez-vous vu?

DANIEL.

Oui.

ARMAND.

Lui avez-vous parlé?

DANIEL.

Je lui ai parlé.

ARMAND.

Alors vous avez fait ma demande?...

DANIEL.

Non.

ARMAND.

Tiens! pourquoi?

DANIEL.

Nous nous sommes promis d'être francs vis-à-vis l'un de l'autre... Eh bien, mon cher Armand, je ne pars plus, je continue la lutte.

ARMAND, étonné.

Ah! c'est différent!... et peut-on vous demander les motifs qui ont changé votre détermination?

DANIEL.

Les motifs... j'en ai un puissant... je crois réussir.

ARMAND.

Vous?

DANIEL.

Je compte prendre un autre chemin que le vôtre et arriver plus vite.

ARMAND.

C'est très-bien... vous êtes dans votre droit...

DANIEL.

Mais la lutte n'en continuera pas moins loyale et amicale?

ARMAND.

Oui.

DANIEL.

Voilà un oui un peu sec !

ARMAND.

Pardon... (Lui tendant la main.) Daniel, je vous le promets..

DANIEL.

A la bonne heure !

(Il remonte.)

SCÈNE VII.

Les Mêmes, PERRICHON, puis L'AUBERGISTE.

PERRICHON.

Je suis prêt... j'ai mis mes chaussons... Ah ! monsieur Armand.

ARMAND.

Vous sentez-vous remis de votre chute ?

PERRICHON.

Tout à fait ! ne parlons plus de ce petit accident... c'est oublié !

DANIEL, à part.

Oublié ! Il est plus vrai que la nature...

PERRICHON.

Nous partons pour la mer de Glace... êtes-vous des nôtres ?

ARMAND.

Je suis un peu fatigué... je vous demanderai la permission de rester...

PERRICHON, avec empressement.

Très-volontiers! ne vous gênez pas! (A l'aubergiste, qui entre.) Ah! monsieur l'aubergiste, donnez-moi le livre des voyageurs.

Il s'assied à droite et écrit.

DANIEL, à part.

Il paraît qu'il a trouvé sa pensée... la jolie pensée.

PERRICHON, achevant d'écrire.

La!.. voilà ce que c'est! (Lisant avec emphase.) « Que l'homme est petit quand on le contemple du haut de la *mère* de Glace! »

DANIEL.

Sapristi! c'est fort!

ARMAND, à part.

Courtisan!

PERRICHON, modestement

Ce n'est pas l'idée de tout le monde.

DANIEL, à part.

Ni l'orthographe; il a écrit *mère, re re!*

PERRICHON, à l'aubergiste, lui montrant le livre ouvert sur la table.

Prenez garde! c'est frais!

L'AUBERGISTE.

Le guide attend ces messieurs avec les bâtons ferrés

PERRICHON.

Allons! en route!

DANIEL.

En route!

Daniel et Perrichon sortent suivis de l'aubergiste.

SCÈNE VIII.

ARMAND, puis L'AUBERGISTE et LE COMMANDANT, MATHIEU.

ARMAND.

Quel singulier revirement chez Daniel! Ces dames sont là... elles ne peuvent tarder à sortir, je veux les voir... leur parler... (S'asseyant vers la cheminée et prenant un journal.) Je vais les attendre.

L'AUBERGISTE, à la cantonade.

Par ici, monsieur...

LE COMMANDANT, entrant.

Je ne reste qu'une minute... je repars à l'instant pour la mer de Glace... (S'asseyant devant la table sur laquelle est resté le registre ouvert.) Faites-moi servir un grog au kirsch, je vous prie.

L'AUBERGISTE, sortant par la droite.

Tout de suite, monsieur.

LE COMMANDANT, apercevant le registre.

Ah! ah! le livre des voyageurs! voyons!... (Lisant.) « Que l'homme est petit quand on le contemple du haut de la *mère* de Glace!... » *Signé* Perrichon... *Mère!* Voilà un monsieur qui mérite une leçon d'orthographe.

L'AUBERGISTE, apportant le grog.

Voici, monsieur.

Il le pose sur la table à gauche.

LE COMMANDANT, tout en écrivant sur le registre.

Ah! monsieur l'aubergiste.

L'AUBERGISTE.

Monsieur?

LE COMMANDANT.

Vous n'auriez pas, parmi les personnes qui sont venues chez vous ce matin, un voyageur du nom d'Armand Desroches?

ARMAND.

Hein?... c'est moi, monsieur.

LE COMMANDANT, se levant.

Vous, monsieur?... pardon. (A l'aubergiste.) Laissez-nous. (L'aubergiste sort.) C'est bien à M. Armand Desroches de la maison Turneps, Desroches et Cie que j'ai l'honneur de parler?

ARMAND.

Oui, monsieur...

LE COMMANDANT.

Je suis le commandant Mathieu.

Il s'assied à gauche et prend son grog.

ARMAND.

Ah! enchanté!... mais je ne crois pas avoir l'avantage de vous connaître, commandant.

LE COMMANDANT.

Vraiment? Alors je vous apprendrai que vous me poursuivez à outrance pour une lettre de change que j'ai eu l'imprudence de mettre dans la circulation...

ARMAND.

Une lettre de change?

LE COMMANDANT.

Vous avez même obtenu contre moi une prise de corps.

ARMAND.

C'est possible, commandant, mais ce n'est pas moi, c'est la maison qui agit.

LE COMMANDANT.

Aussi n'ai-je aucun ressentiment contre vous... ni contre votre maison... seulement, je tenais à vous dire que je n'avais pas quitté Paris pour échapper aux poursuites.

ARMAND.

Je n'en doute pas.

LE COMMANDANT.

Au contraire!... Dès que je serai de retour à Paris, dans une quinzaine, avant peut-être... je vous le ferai savoir et je vous serai infiniment obligé de me faire mettre à Clichy... le plus tôt possible...

ARMAND.

Vous plaisantez, commandant...

LE COMMANDANT.

Pas le moins du monde!....Je vous demande cela comme un service...

ARMAND.

J'avoue que je ne comprends pas...

LE COMMANDANT; ils se lèvent.

Mon Dieu, je suis moi-même un peu embarrassé pour vous expliquer... Pardon, êtes-vous garçon?

ARMAND.

Oui, commandant.

LE COMMANDANT.

Oh! alors je puis vous faire ma confession... J'ai le malheur d'avoir une faiblesse... J'aime.

ARMAND.

Vous?

LE COMMANDANT.

C'est bien ridicule à mon âge, n'est-ce pas!

ARMAND.

Je ne dis pas ça.

LE COMMANDANT.

Oh! ne vous gênez pas! Je me suis affolé d'une petite... égarée que j'ai rencontrée un soir au bal Mabille... Elle se nomme Anita...

ARMAND.

Anita! J'en ai connu une.

LE COMMANDANT

Ce doit être celle-là!... Je comptais m'en amuser trois jours, et voilà trois ans qu'elle me tient! Elle me trompe, elle me ruine, elle me rit au nez!... Je passe ma vie à lui acheter des mobiliers... qu'elle revend le lendemain!... je veux la quitter, je pars, je fais deux cents lieues; j'arrive à la mer de Glace... et je ne suis pas sûr de ne pas retourner ce soir à Paris... C'est plus fort que moi!... L'amour à cinquante ans... voyez-vous... c'est comme un rhumatisme, rien ne le guérit.

ARMAND, riant.

Commandant, je n'avais pas besoin de cette confidence pour arrêter les poursuites... je vais écrire immédiatement à Paris...

LE COMMANDANT, vivement.

Mais du tout! n'écrivez pas! Je tiens à être enfermé; c'est peut-être un moyen de guérison. Je n'en ai pas encore essayé.

ACTE DEUXIÈME

ARMAND.

Mais cependant.

LE COMMANDANT.

Permettez! j'ai la loi pour moi.

ARMAND.

Allons, commandant, puisque vous le voulez...

LE COMMANDANT.

Je vous en prie... instamment... Dès que je serai de retour... je vous ferai passer ma carte et vous pourrez faire instrumenter... Je ne sors jamais avant dix heures. (Saluant.) Monsieur, je suis bien heureux d'avoir eu l'honneur de faire votre connaissance.

ARMAND.

Mais c'est moi, commandant...

Ils se saluent. Le commandant sort par le fond.

SCÈNE IX.

ARMAND, puis MADAME PERRICHON,
puis HENRIETTE.

ARMAND.

A la bonne heure! il n'est pas banal, celui-là! (Apercevant madame Perrichon qui entre de la gauche.) Ah! madame Perrichon!

MADAME PERRICHON.

Comment! vous êtes seul, monsieur? Je croyais que vous deviez accompagner ces messieurs.

ARMAND.

Je suis déjà venu ici l'année dernière, et j'ai demandé a M. Perrichon la permission de me mettre à vos ordres.

MADAME PERRICHON.

Ah! monsieur... (A part.) C'est tout à fait un homme du monde!... (Haut.) Vous aimez beaucoup la Suisse?

ARMAND.

Il faut bien aller quelque part.

MADAME PERRICHON.

Oh! moi, je ne voudrais pas habiter ce pays-là... il y a trop de précipices et de montagnes... Ma famille est de la Beauce...

ARMAND.

Ah! je comprends.

MADAME PERRICHON.

Près d'Étampes...

ARMAND, à part.

Nous devons avoir un correspondant à Étampes; ce serait un lien. (Haut.) Vous ne connaissez pas M. Pingley, à Étampes?

MADAME PERRICHON.

Pingley?... c'est mon cousin! Vous le connaissez?

ARMAND.

Beaucoup. (A part.) Je ne l'ai jamais vu!

MADAME PERRICHON.

Quel homme charmant!

ARMAND.

Ah! oui!

MADAME PERRICHON.

C'est un bien grand malheur qu'il ait son infirmité!

ARMAND.

Certainement... c'est un bien grand malheur!

ACTE DEUXIEME.

MADAME PERRICHON.

Sourd à quarante-sept ans !

ARMAND, à part.

Tiens ! il est sourd notre correspondant ? C'est donc pour ça qu'il ne répond jamais à nos lettres.

MADAME PERRICHON.

Est-ce singulier ? c'est un ami de Pingley qui sauve mon mari !... Il y a de bien grands hasards dans le monde.

ARMAND.

Souvent aussi on attribue au hasard des péripéties dont il est parfaitement innocent.

MADAME PERRICHON.

Ah ! oui... souvent aussi on attribue... (A part.) Qu'est-ce qu'il veut dire ?

ARMAND.

Ainsi, madame, notre rencontre en chemin de fer, puis à Lyon, puis à Genève, à Chamouny, ici même, vous mettez tout cela sur le compte du hasard ?

MADAME PERRICHON.

En voyage, on se retrouve...

ARMAND.

Certainement... surtout quand on se cherche.

MADAME PERRICHON.

Comment ?

ARMAND.

Oui, madame, il ne m'est pas permis de jouer plus longtemps la comédie du hasard ; je vous dois la vérité, pour vous, pour mademoiselle votre fille...

MADAME PERRICHON.

Ma fille !

ARMAND.

Me pardonnerez-vous? Le jour où je la vis, j'ai été touché, charmé... J'ai appris que vous partiez pour la Suisse... et je suis parti.

MADAME PERRICHON.

Mais, alors, vous nous suivez?...

ARMAND.

Pas à pas... Que voulez-vous!... j'aime...

MADAME PERRICHON.

Monsieur!

ARMAND.

Oh! rassurez-vous! j'aime avec tout le respect, toute la discrétion qu'on doit à une jeune fille dont on serait heureux de faire sa femme.

MADAME PERRICHON, perdant la tête, à part.

Une demande en mariage! et Perrichon qui n'est pas là! (Haut.) Certainement, monsieur... je suis charmée... non, flattée!... parce que vos manières... votre éducation... Pingley... le service que vous nous avez rendu... mais M. Perrichon est sorti... pour la mer de Glace... et aussitôt qu'il rentrera...

HENRIETTE, entrant vivement.

Maman!... (S'arrêtant.) Ah! tu causais avec M. Armand?

MADAME PERRICHON, troublée.

Nous causions, c'est-à-dire oui! nous parlions de Pingley! monsieur connaît Pingley. — N'est-ce pas?

ARMAND.

Certainement, je connais Pingley!

HENRIETTE.

Oh! quel bonheur!

ACTE DEUXIÈME.

MADAME PERRICHON, à Henriette.

Ah! comme tu es coiffée!... et ta robe! ton col! (Bas.) Tiens-toi donc droite!

HENRIETTE, étonnée.

Qu'est-ce qu'il y a?

Cris et tumulte au dehors.

MADAME PERRICHON et HENRIETTE.

Ah! mon Dieu!

ARMAND.

Ces cris...

SCÈNE X.

Les Mêmes, PERRICHON, DANIEL, LE GUIDE, L'AUBERGISTE.

Daniel entre soutenu par l'aubergiste et par le guide.

PERRICHON, très-ému.

Vite! de l'eau! du sel! du vinaigre!

Il fait asseoir Daniel.

TOUS.

Qu'y a-t-il?

PERRICHON.

Un événement affreux! (S'interrompant.) Faites-le boire! frottez-lui les tempes!

DANIEL.

Merci... Je me sens mieux.

ARMAND.

Qu'est-il arrivé?

DANIEL.

Sans le courage de M. Perrichon...

PERRICHON, vivement

Non, pas vous! ne parlez pas!... (Racontant.) C'est horrible!... Nous étions sur la mer de Glace... Le mont Blanc nous regardait, tranquille et majestueux...

DANIEL, à part.

Le récit de Théramène!

MADAME PERRICHON.

Mais dépêche-toi donc!

HENRIETTE.

Mon père!

PERRICHON.

Un instant, que diable! Depuis cinq minutes, nous suivions, tout pensifs, un sentier abrupt qui serpentait entre deux crevasses... de glace! Je marchais le premier.

MADAME PERRICHON.

Quelle imprudence!

PERRICHON.

Tout à coup, j'entends derrière moi comme un éboulement; je me retourne : monsieur venait de disparaître dans un de ces abîmes sans fond dont la vue seule fait frissonner...

MADAME PERRICHON, impatiente

Mon ami...

PERRICHON.

Alors, n'écoutant que mon courage, moi, père de famille, je m'élance...

MADAME PERRICHON et HENRIETTE.

Ciel!

ACTE DEUXIÈME.

PERRICHON.

Sur le bord du précipice, je lui tends mon bâton ferré... Il s'y cramponne. Je tire... il tire... nous tirons, et, après une lutte insensée, je l'arrache au néant et je le ramène à la face du soleil, notre père à tous !...

Il s'essuie le front avec son mouchoir.

HENRIETTE.

Oh ! papa !

MADAME PERRICHON.

Mon ami !

PERRICHON, embrassant sa femme et sa fille.

Oui, mes enfants, c'est une belle page...

ARMAND, à Daniel.

Comment vous trouvez-vous ?

DANIEL, bas.

Très-bien ! ne vous inquiétez pas ! (Il se lève.) Monsieur Perrichon, vous venez de rendre un fils à sa mère...

PERRICHON, majestueusement.

C'est vrai !

DANIEL.

Un frère à sa sœur !

PERRICHON.

Et un homme à la société.

DANIEL.

Les paroles sont impuissantes pour reconnaître un tel service.

PERRICHON.

C'est vrai !

DANIEL.

Il n'y a que le cœur... entendez-vous, le cœur !

PERRICHON.

Monsieur Daniel! Non, laissez-moi vous appeler Daniel

DANIEL.

Comment donc! (A part.) Chacun son tour!

PERRICHON, ému.

Daniel, mon ami, mon enfant!... votre main. (Il lui prend la main.) Je vous dois les plus douces émotions de ma vie... Sans moi, vous ne seriez qu'une masse informe et repoussante, ensevelie sous les frimas... Vous me devez tout, tout! (Avec noblesse.) Je ne l'oublierai jamais!

DANIEL.

Ni moi!

PERRICHON, à Armand, en s'essuyant les yeux.

Ah! jeune homme!... vous ne savez pas le plaisir qu'on éprouve à sauver son semblable.

HENRIETTE.

Mais, papa, monsieur le sait bien, puisque tantôt...

PERRICHON, se rappelant.

Ah! oui, c'est juste! — Monsieur l'aubergiste, apportez-moi le livre des voyageurs.

MADAME PERRICHON.

Pour quoi faire?

PERRICHON.

Avant de quitter ces lieux, je désire consacrer par une note le souvenir de cet événement!

L'AUBERGISTE, apportant le registre

Voilà, monsieur.

PERRICHON.

Merci... Tiens, qui est-ce qui a écrit ça?

ACTE DEUXIÈME.

TOUS.

Quoi donc?

PERRICHON, lisant.

« Je ferai observer à M. Perrichon que la mer de Glace n'ayant pas d'enfants, l'*e* qu'il lui attribue devient un dévergondage grammatical. » *Signé* : « Le Commandant. »

TOUS.

Hein?

HENRIETTE, bas, à son père.

Oui, papa! mer ne prend pas d'*e* à la fin.

PERRICHON.

Je le savais! Je vais lui répondre à ce monsieur. (Il prend une plume et écrit.) « Le commandant est... un paltoquet! » *Signé* : « Perrichon. »

LE GUIDE, rentrant.

La voiture est là.

PERRICHON.

Allons! dépêchons-nous. (Aux jeunes gens.) Messieurs, si vous voulez accepter une place?

Armand et Daniel s'inclinent.

MADAME PERRICHON, appelant son mari.

Perrichon, aide-moi à mettre mon manteau. (Bas.) On vient de me demander notre fille en mariage...

PERRICHON.

Tiens! à moi aussi!

MADAME PERRICHON.

C'est M. Armand.

PERRICHON.

Moi, c'est Daniel... mon ami Daniel.

MADAME PERRICHON.

Mais il me semble que l'autre...

PERRICHON.

Nous parlerons de cela plus tard...

HENRIETTE, à la fenêtre.

Ah! il pleut à verse!

PERRICHON.

Ah diable! (A l'aubergiste.) Combien tient-on dans votre voiture?

L'AUBERGISTE.

Quatre dans l'intérieur et un à côté du cocher...

PERRICHON.

C'est juste le compte.

ARMAND.

Ne vous gênez pas pour moi.

PERRICHON.

Daniel montera avec nous.

HENRIETTE, bas, à son père.

Et M. Armand?

PERRICHON, bas.

Dame, il n'y a que quatre places! il montera sur le siége.

HENRIETTE.

Par une pluie pareille!

MADAME PERRICHON.

Un homme qui t'a sauvé!

PERRICHON.

Je lui prêterai mon caoutchouc!

HENRIETTE.

Ah!

PERRICHON.

Allons! en route! en route!

DANIEL, à part.

Je savais bien que je reprendrais la corde!

———

ACTE TROISIÈME

Un salon chez Perrichon, à Paris. — Cheminée au fond; porte d'entrée dans l'angle à gauche; appartement dans l'angle à droite; salle à manger à gauche; au milieu, guéridon avec tapis; canapé à droite du guéridon.

SCÈNE PREMIÈRE.

JEAN, seul, achevant d'essuyer un fauteuil.

Midi moins un quart.... C'est aujourd'hui que M. Perrichon revient de voyage avec madame et mademoiselle... J'ai reçu hier une lettre de monsieur... la voilà. (Lisant.) « Grenoble, 5 juillet. Nous arriverons mercredi, 7 juillet, à midi. Jean nettoiera l'appartement et fera poser les rideaux. » (Parlé.) C'est fait. (Lisant.) « Il dira à Marguerite, la cuisinière, de nous préparer le dîner. Elle mettra le pot-au-feu... un morceau pas trop gras... de plus, comme il y a longtemps que nous n'avons mangé de poisson de mer, elle nous achètera une petite barbue bien fraiche... Si la barbue était trop chère, elle la remplacerait par un morceau de veau à la casserole. » (Parlé.) Monsieur peut arriver... tout est prêt... Voilà ses journaux, ses lettres, ses cartes de visite... Ah! par exemple, il est venu ce matin de bonne heure un monsieur que je ne connais pas... il m'a dit qu'il s'appelait le Commandant... Il doit repasser. (Coup de sonnette à la porte extérieure.) On sonne!.. c'est monsieur... je reconnais sa main !...

SCÈNE II.

JEAN, PERRICHON, MADAME PERRICHON, HENRIETTE.

Ils portent des sacs de nuit et des cartons.

PERRICHON.

Jean !... c'est nous!

JEAN.

Ah! monsieur!... madame!... mademoiselle!...

Il les débarrasse de leurs paquets.

PERRICHON.

Ah! qu'il est doux de rentrer chez soi, de voir ses meubles, de s'y asseoir.

Il s'assoit sur le canapé.

MADAME PERRICHON, assise à gauche.

Nous devrions être de retour depuis huit jours...

PERRICHON.

Nous ne pouvions passer à Grenoble sans aller voir les Darinel... ils nous ont retenus... (A Jean.) Est-il venu quelque chose pour moi en mon absence ?

JEAN.

Oui, monsieur... tout est là sur la table.

PERRICHON, prenant des cartes de visite.

Que de visites! (Lisant.) Armand Desroches...

HENRIETTE, avec joie.

Ah!

PERRICHON.

Daniel Savary... brave jeune homme!... Armand Desroches... Daniel Savary... charmant jeune homme!... Armand Desroches...

JEAN.

Ces messieurs sont venus tous les jours s'informer de votre retour.

MADAME PERRICHON.

Tu leur dois une visite.

PERRICHON.

Certainement j'irai le voir... ce brave Daniel!

HENRIETTE.

Et M. Armand?

PERRICHON.

J'irai le voir aussi... après.

Il se lève.

HENRIETTE, à Jean.

Aidez-moi à porter ces cartons dans la chambre.

JEAN.

Oui, mademoiselle. (Regardant Perrichon.) Je trouve monsieur engraissé. On voit qu'il a fait un bon voyage.

PERRICHON.

Splendide, mon ami, splendide! Ah! tu ne sais pas, j'ai sauvé un homme

JEAN, incrédule.

Monsieur?... Allons donc!...

Il sort avec Henriette par la droite.

SCÈNE III.

PERRICHON, MADAME PERRICHON.

PERRICHON.

Comment, allons donc ?... Est-il bête, cet animal-là!

MADAME PERRICHON.

Maintenant que nous voilà de retour, j'espère que tu vas prendre un parti... Nous ne pouvons tarder plus longtemps à rendre réponse à ces deux jeunes gens... deux prétendus dans la maison... c'est trop !...

PERRICHON.

Moi, je n'ai pas changé d'avis... j'aime mieux Daniel!

MADAME PERRICHON.

Pourquoi?

PERRICHON.

Je ne sais pas... je le trouve plus... enfin, il me plaît, ce jeune homme!

MADAME PERRICHON.

Mais l'autre... l'autre t'a sauvé!

PERRICHON.

Il m'a sauvé! Toujours le même refrain!

MADAME PERRICHON.

Qu'as-tu à lui reprocher? Sa famille est honorable, sa position excellente...

PERRICHON.

Mon Dieu, je ne lui reproche rien... je ne lui en veux pas, à ce garçon!

MADAME PERRICHON.

Il ne manquerait plus que ça!

PERRICHON.

Mais je lui trouve un petit air pincé.

MADAME PERRICHON.

Lui?

PERRICHON.

Oui, il a un ton protecteur... des manières... il semble toujours se prévaloir du petit service qu'il m'a rendu...

MADAME PERRICHON.

Il ne t'en parle jamais!

PERRICHON.

Je le sais bien! mais c'est son air! son air me dit: « Hein! sans moi?... » C'est agaçant à la longue: tandis que l'autre...

MADAME PERRICHON.

L'autre te répète sans cesse: « Hein! sans vous... hein! sans vous? » Cela flatte ta vanité... et voilà.... et voilà pourquoi tu le préfères.

PERRICHON.

Moi, de la vanité? J'aurais peut-être le droit d'en avoir!

MADAME PERRICHON.

Oh!

PERRICHON.

Oui, madame!... l'homme qui a risqué sa vie pour sauver son semblable peut être fier de lui-même... mais j'aime mieux me renfermer dans un silence modeste... signe caractéristique du vrai courage!

MADAME PERRICHON.

Mais tout cela n'empêche pas que M. Armand...

PERRICHON.

Henriette n'aime pas... ne peut pas aimer M. Armand.

MADAME PERRICHON.

Qu'en sais-tu?

PERRICHON.

Dame, je suppose...

MADAME PERRICHON.

Il y a un moyen de le savoir: c'est de l'interroger... et nous choisirons celui qu'elle préférera.

PERRICHON.

Soit!... mais ne l'influence pas!

MADAME PERRICHON.

La voici.

SCÈNE IV.

PERRICHON, MADAME PERRICHON, HENRIETTE.

MADAME PERRICHON, à sa fille qui entre.

Henriette... ma chère enfant... ton père et moi, nous avons à te parler sérieusement.

HENRIETTE.

A moi?

PERRICHON.

Oui.

MADAME PERRICHON.

Te voilà bientôt en âge d'être mariée... deux jeunes gens se présentent pour obtenir ta main... tous deux nous conviennent... mais nous ne voulons pas contrarier ta volonté, et nous avons résolu de te laisser l'entière liberté du choix.

HENRIETTE.

Comment?

PERRICHON.

Pleine et entière...

MADAME PERRICHON.

L'un de ces jeunes gens est M. Armand Desroches.

HENRIETTE.

Ah!

PERRICHON, vivement.

N'influence pas!...

MADAME PERRICHON.

L'autre est M. Daniel Savary...

PERRICHON.

Un jeune homme charmant, distingué, spirituel, et qui je ne le cache pas, a toutes mes sympathies...

MADAME PERRICHON.

Mais tu influences...

PERRICHON.

Du tout! je constate un fait!... (A sa fille.) Maintenant te voilà éclairée... choisis...

HENRIETTE.

Mon Dieu!... vous m'embarrassez beaucoup... et je suis prête à accepter celui que vous me désignerez...

PERRICHON.

Non! non! décide toi-même!

MADAME PERRICHON.

Parle, Mon enfant!

ACTE TROISIEME.

HENRIETTE.

Eh bien, puisqu'il faut absolument faire un choix je choisis... M. Armand.

MADAME PERRICHON.

La!

PERRICHON.

Armand! Pourquoi pas Daniel?

HENRIETTE.

Mais M. Armand t'a sauvé, papa.

PERRICHON.

Allons, bien! encore! c'est fatigant, ma parole d'honneur!

MADAME PERRICHON.

Eh bien, tu vois... il n'y a pas à hésiter...

PERRICHON.

Ah! mais permets, chère amie, un père ne peut pas abdiquer... Je réfléchirai, je prendrai mes renseignements.

MADAME PERRICHON, bas.

Monsieur Perrichon, c'est de la mauvaise foi!

PERRICHON.

Caroline!...

SCÈNE V.

LES MÊMES, JEAN, MAJORIN.

JEAN, à la cantonade.

Entrez!... ils viennent d'arriver!

Majorin entre.

PERRICHON.

Tiens! c'est Majorin!...

MAJORIN, saluant.

Madame... mademoiselle... j'ai appris que vous reveniez aujourd'hui... alors j'ai demandé un jour de congé... j'ai dit que j'étais de garde...

PERRICHON.

Ce cher ami! c'est très-aimable... Tu dînes avec nous; nous avons une petite barbue...

MAJORIN.

Mais... si ce n'est pas indiscret...

JEAN, bas, à Perrichon.

Monsieur... c'est du veau à la casserole!

PERRICHON.

Ah! (A Majorin.) Allons, n'en parlons plus, ce sera pour une autre fois...

MAJORIN, à part.

Comment! il me désinvite? S'il croit que j'y tiens, à son dîner! (Prenant Perrichon à part. Les dames s'asseyent sur le canapé.) J'étais venu pour te parler des six cents francs que tu m'as prêtés le jour de ton départ...

PERRICHON.

Tu me les rapportes?

MAJORIN.

Non... Je ne touche que demain mon dividende des paquebots... mais à midi précis...

PERRICHON.

Oh! ça ne presse pas!

ACTE TROISIÈME.

MAJORIN.

Pardon... j'ai hâte de m'acquitter...

PERRICHON.

Ah! tu ne sais pas?... je t'ai rapporté un souvenir.

MAJORIN. Il s'assied derrière le guéridon.

Un souvenir! à moi?

PERRICHON, s'asseyant.

En passant à Genève, j'ai acheté trois montres... une pour Jean, une pour Marguerite, la cuisinière... et une pour toi, à répétition.

MAJORIN, à part.

Il me met après ses domestiques! (Haut.) Enfin?

PERRICHON.

Avant d'arriver à la douane française, je les avais fourrées dans ma cravate...

MAJORIN.

Pourquoi?

PERRICHON.

Tiens! je n'avais pas envie de payer les droits. On me demande : « Avez-vous quelque chose à déclarer ? » Je réponds non ; je fais un mouvement et voilà ta diablesse de montre qui sonne : dig dig dig!

MAJORIN.

Eh bien?

PERRICHON.

Eh bien, j'ai été pincé... on a tout saisi...

MAJORIN.

Comment?

PERRICHON.

J'ai eu une scène atroce! J'ai appelé le douanier « mechant gabelou.» Il m'a dit que j'entendrais parler de lui... je regrette beaucoup cet incident... Elle était charmante, ta montre.

MAJORIN, sèchement.

Je ne t'en remercie pas moins... (A part.) Comme s'il ne pouvait pas acquitter les droits... c'est sordide!

SCÈNE VI.

Les Mêmes, JEAN, ARMAND.

JEAN, annonçant.

M. Armand Desroches!

HENRIETTE, quittant son ouvrage.

Ah!

MADAME PERRICHON, se levant et allant au-devant d'Armand.

Soyez le bienvenu... nous attendions votre visite...

ARMAND, saluant.

Madame... monsieur Perrichon...

PERRICHON.

Enchanté!... enchanté! (A part.) Il a toujours son petit air protecteur!...

MADAME PERRICHON, bas, à son mari.

Présente-le donc à Majorin.

PERRICHON.

Certainement... (Haut.) Majorin... je te présente M. Armand Desroches... une connaissance de voyage...

HENRIETTE, vivement.

Il a sauvé papa!

PERRICHON, à part.

Allons, bien!... encore!

MAJORIN.

Comment! tu as couru quelque danger?

PERRICHON.

Non... une misère...

ARMAND.

Cela ne vaut pas la peine d'en parler...

PERRICHON, à part.

Toujours son petit air!

SCÈNE VII.

Les Mêmes, JEAN, DANIEL.

JEAN, annonçant.

M. Daniel Savary!...

PERRICHON, s'épanouissant.

Ah! le voilà, ce cher ami!... ce bon Daniel!...
Il renverse presque le guéridon en courant au-devant de lui.

DANIEL, saluant.

Mesdames... Bonjour, Armand!

PERRICHON, le prenant par la main.

Venez, que je vous présente à Majorin... (Haut.) Majorin, je te présente un de mes bons... un de mes meilleurs amis... M. Daniel Savary...

MAJORIN.

Savary? des paquebots?

DANIEL, saluant.

Moi-même.

PERRICHON.

Ah! sans moi, il ne te payerait pas demain ton dividende.

MAJORIN.

Pourquoi?

PERRICHON.

Pourquoi? (Avec fatuité.) Tout simplement parce que je l'ai sauvé, mon bon!

MAJORIN.

Toi? (A part.) Ah çà! ils ont donc passé tout leur temps à se sauver la vie!

PERRICHON, racontant

Nous étions sur la mer de Glace, le mont Blanc nous regardait, tranquille et majestueux...

DANIEL, à part.

Second récit de Théramène!

PERRICHON.

Nous suivions tout pensifs un sentier abrupt.

HENRIETTE, qui a ouvert un journal.

Tiens, papa qui est dans le journal!

PERRICHON.

Comment! je suis dans le journal?

HENRIETTE.

Lis toi-même... là...

Elle lui donne le journal.

PERRICHON.

Vous allez voir que je suis tombé du jury! (Lisant.) « On nous écrit de Chamouny... »

TOUS.

Tiens!

Ils se rapprochent.

PERRICHON, lisant.

« Un événement qui aurait pu avoir des suites déplorables vient d'arriver à la mer de Glace... M. Daniel S... a fait un faux pas et a disparu dans une de ces crevasses si redoutées des voyageurs. Un des témoins de cette scène, M. Perrichon (qu'il nous permette de le nommer)... « (Parlé.) Comment donc! si je le permets! (Lisant.) « M. Perrichon, notable commerçant de Paris et père de famille, n'écoutant que son courage, et au mépris de sa propre vie, s'est élancé dans le gouffre... » (Parlé.) C'est vrai ! « Et, après des efforts inouïs, a été assez heureux pour en retirer son compagnon. Un si admirable dévouement n'a été surpassé que par la modestie de M. Perrichon, qui s'est dérobé aux félicitations de la foule émue et attendrie... Les gens de cœur de tous les pays nous sauront gré de leur signaler un pareil trait! »

TOUS.

Ah!

DANIEL, à part.

Trois francs la ligne!

PERRICHON, relisant lentement la dernière phrase.

« Les gens de cœur de tous les pays nous sauront gré de leur signaler un pareil trait. » (A Daniel, très-ému.) Mon ami... mon enfant! embrassez-moi!

Ils s'embrassent.

DANIEL, à part.

Décidément, j'ai la corde...

PERRICHON, montrant le journal.

Certes, je ne suis pas un révolutionnaire, mais, je le

proclame hautement, la presse a du bon! (Mettant le journal dans sa poche et à part.) J'en ferai acheter dix numéros!

MADAME PERRICHON.

Dis donc, mon ami, si nous envoyions au journal le récit de la belle action de M. Armand?

HENRIETTE.

Oh! oui! cela ferait un joli pendant!

PERRICHON, vivement.

C'est inutile! je ne peux pas toujours occuper les journaux de ma personnalité...

JEAN, entrant un papier à la main.

Monsieur...

PERRICHON.

Quoi?

JEAN.

Le concierge vient de me remettre un papier timbré pour vous.

MADAME PERRICHON.

Un papier timbré?

PERRICHON.

N'aie donc pas peur! je ne dois rien à personne... au contraire, on me doit...

MAJORIN, à part.

C'est pour moi qu'il dit ça!

PERRICHON, regardant le papier.

Une assignation à comparaître devant la sixième chambre pour injures envers un agent de la force publique dans l'exercice de ses fonctions.

TOUS.

Ah! mon Dieu!

ACTE TROISIÈME.

PERRICHON, lisant.

Vu le procès-verbal dressé au bureau de la douane française par le sieur Machut, sergent douanier...

Majorin remonte.

ARMAND.

Qu'est-ce que cela signifie?

PERRICHON.

Un douanier qui m'a saisi trois montres... j'ai été trop vif... je l'ai appelé « gabelou ! rebut de l'humanité !... »

MAJORIN, derrière le guéridon.

C'est très-grave ! très-grave !

PERRICHON, inquiet.

Quoi?

MAJORIN.

Injures qualifiées envers un agent de la force publique dans l'exercice de ses fonctions.

MADAME PERRICHON et PERRICHON.

Eh bien?

MAJORIN.

De quinze jours à trois mois de prison...

TOUS.

En prison !...

PERRICHON.

Moi ! après cinquante ans d'une vie pure et sans tache... j'irais m'asseoir sur le banc de l'infamie? jamais ! jamais !

MAJORIN, à part.

C'est bien fait ! ça lui apprendra à ne pas acquitter les droits !

PERRICHON.

Ah ! mes amis, mon avenir est brisé.

MADAME PERRICHON.

Voyons, calme-toi !

HENRIETTE.

Papa !

DANIEL.

Du courage !

ARMAND.

Attendez ! je puis peut-être vous tirer de là.

TOUS.

Hein ?

PERRICHON.

Vous ! mon ami... mon bon ami !

ARMAND, allant à lui.

Je suis lié assez intimement avec un employé supérieur de l'administration des douanes... je vais le voir... peut-être pourra-t-on décider le douanier à retirer sa plainte

MAJORIN.

Ça me paraît difficile !

ARMAND.

Pourquoi ? un moment de vivacité...

PERRICHON.

Que je regrette !

ARMAND.

Donnez-moi ce papier... j'ai bon espoir... ne vous tourmentez pas, mon brave monsieur Perrichon !

PERRICHON, ému, lui prenant la main.

Ah ! Daniel ! (Se reprenant.) non, Armand ! tenez, il faut que je vous embrasse !

Ils s'embrassent.

HENRIETTE, à part.

A la bonne heure!

Elle remonte avec sa mère.

ARMAND, bas, à Daniel.

A mon tour, j'ai la corde!

DANIEL.

Parbleu! (A part.) Je crois avoir affaire à un rival et je tombe sur un terre-neuve.

MAJORIN, à Armand.

Je sors avec vous.

PERRICHON.

Tu nous quittes?

MAJORIN.

Oui... (Fièrement.) Je dîne en ville!

Il sort avec Armand.

MADAME PERRICHON, s'approchant de son mari et bas.

Eh bien, que penses-tu maintenant de M. Armand?

PERRICHON.

Lui? c'est-à-dire que c'est un ange! un ange!

MADAME PERRICHON.

Et tu hésites à lui donner ta fille?

PERRICHON.

Non, je n'hésite plus.

MADAME PERRICHON.

Enfin, je te retrouve! Il ne te reste plus qu'à prévenir M. Daniel.

PERRICHON.

Oh! ce pauvre garçon! tu crois?

MADAME PERRICHON.

Dame, à moins que tu ne veuilles attendre l'envoie des billets de faire part?

PERRICHON.

Oh non!

MADAME PERRICHON.

Je te laisse avec lui... courage! (Haut.) Viens-tu, Henriette? (Saluant Daniel.) Monsieur...

Elle sort par la droite, suivie d'Henriette.

SCÈNE VIII.

PERRICHON, DANIEL.

DANIEL, à part, en descendant.

Il est évident que mes actions baissent... Si je pouvais...

Il va au canapé.

PERRICHON, à part, au fond.

Ce brave jeune homme... ça me fait de la peine... Allons, il le faut! (Haut.) Mon cher Daniel... mon bon Daniel... j'ai une communication pénible à vous faire.

DANIEL, à part.

Nous y voilà!

Ils s'asseyent sur le canapé.

PERRICHON.

Vous m'avez fait l'honneur de me demander la main de ma fille... Je caressais ce projet, mais les circonstances... les événements... votre ami, M. Armand, m'a rendu de tels services...

ACTE TROISIÈME.

DANIEL.

Je comprends.

PERRICHON.

Car on a beau dire, il m'a sauvé la vie, cet homme!

DANIEL.

Eh bien, et le petit sapin auquel vous vous êtes cramponné?

PERRICHON.

Certainement... le petit sapin... mais il était bien petit... il pouvait casser... et puis je ne le tenais pas encore.

DANIEL.

Ah!

PERRICHON.

Non... mais ce n'est pas tout... dans ce moment, cet excellent jeune homme brûle le pavé pour me tirer des cachots... Je lui devrai l'honneur... l'honneur!

DANIEL.

Monsieur Perrichon, le sentiment qui vous fait agir est trop noble pour que je cherche à le combattre...

PERRICHON.

Vrai! vous ne m'en voulez pas?

DANIEL.

Je ne me souviens que de votre courage... de votre dévouement pour moi...

PERRICHON, lui prenant la main.

Ah! Daniel! (A part.) C'est étonnant comme j'aime ce garçon-là!

DANIEL, se levant.

Aussi, avant de partir...

PERRICHON.

Hein?

DANIEL.

Avant de vous quitter...

PERRICHON, se levant.

Comment! me quitter? vous? Et pourquoi?

DANIEL.

Je ne puis continuer des visites qui seraient compromettantes pour mademoiselle votre fille... et douloureuses pour moi.

PERRICHON.

Allons, bien! Le seul homme que j'aie sauvé!

DANIEL.

Oh! mais votre image ne me quittera pas!... j'ai formé un projet...: c'est de fixer sur la toile, comme elle l'est déjà dans mon cœur, l'héroïque scène de la mer de Glace.

PERRICHON.

Un tableau! Il veut me mettre dans un tableau!

DANIEL.

Je me suis déjà adressé à un de nos peintres les plus illustres... un de ceux qui travaillent pour la postérité!...

PERRICHON.

La postérité! Ah! Daniel! (A part.) C'est extraordinaire comme j'aime ce garçon-là!

DANIEL.

Je tiens surtout à la ressemblance...

PERRICHON.

Je crois bien! moi aussi!

ACTE TROISIÈME.

DANIEL.

Mais il sera nécessaire que vous nous donniez cinq ou six séances...

PERRICHON.

Comment donc, mon ami! quinze! vingt! trente! ça ne m'ennuiera pas... nous poserons ensemble!

DANIEL, vivement.

Ah! non... pas moi!

PERRICHON.

Pourquoi?

DANIEL.

Parce que... voici comment nous avons conçu le tableau... on ne verra sur la toile que le mont Blanc...

PERRICHON, inquiet.

Eh bien, et moi?

DANIEL.

Le mont Blanc et vous!

PERRICHON.

C'est ça... moi et le mont Blanc... tranquille et majestueux!... Ah çà! et vous, où serez-vous?

DANIEL.

Dans le trou... tout au fond... on n'apercevra que mes deux mains crispées et suppliantes...

PERRICHON.

Quel magnifique tableau!

DANIEL.

Nous le mettrons au Musée...

PERRICHON.

De Versailles?

DANIEL.

Non, de Paris...

PERRICHON.

Ah! oui... à l'Exposition!...

DANIEL.

Et nous inscrirons sur le livret cette notice...

PERRICHON.

Non! pas de banque! pas de réclame! Nous mettrons tout simplement l'article de mon journal... « On nous écrit de Chamouny... »

DANIEL.

C'est un peu sec.

PERRICHON.

Oui... mais nous l'arrangerons! (Avec effusion.) Ah! Daniel, mon ami!... mon enfant!

DANIEL.

Adieu, monsieur Perrichon!... nous ne devons plus nous revoir...

PERRICHON.

Non! c'est impossible! c'est impossible! ce mariage... rien n'est encore décidé...

DANIEL.

Mais...

PERRICHON.

Restez! je le veux!

DANIEL, à part.

Allons donc!

SCÈNE IX.

Les Mêmes, JEAN, LE COMMANDANT.

JEAN, annonçant.

M. le commandant Mathieu!

PERRICHON, étonné.

Qu'est-ce que c'est que ça?

LE COMMANDANT, entrant.

Pardon, messieurs, je vous dérange peut-être

PERRICHON.

Du tout.

LE COMMANDANT, à Daniel.

Est-ce à M. Perrichon que j'ai l'honneur de parler?

PERRICHON.

C'est moi, monsieur.

LE COMMANDANT.

Ah!... (A Perrichon.) Monsieur, voilà douze jours que je vous cherche. Il y a beaucoup de Perrichon à Paris... j'en ai déjà visité une douzaine... mais je suis tenace...

PERRICHON, lui indiquant un siége à gauche du guéridon.

Vous avez quelque chose à me communiquer?

Il s'assied sur le canapé. Daniel remonte.

LE COMMANDANT, s'asseyant.

Je n'en sais rien encore... Permettez-moi d'abord de vous adresser une question : Est-ce vous qui avez fait, il y a un mois, un voyage à la mer de Glace?

PERRICHON.

Oui, monsieur, c'est moi-même ! je crois avoir le droit de m'en vanter !

LE COMMANDANT.

Alors, c'est vous qui avez écrit sur le registre des voyageurs : « Le commandant est un paltoquet. »

PERRICHON.

Comment ! vous êtes...?

LE COMMANDANT.

Oui, monsieur... c'est moi !

PERRICHON.

Enchanté !

Ils se font plusieurs petits saluts.

DANIEL, à part, en descendant.

Diable ! l'horizon s'obscurcit !...

LE COMMANDANT.

Monsieur, je ne suis ni querelleur ni ferrailleur, mais je n'aime pas à laisser traîner sur les livres d'auberge de pareilles appréciations à côté de mon nom...

PERRICHON.

Mais vous avez écrit le premier une note... plus que vive !

LE COMMANDANT.

Moi ? je me suis borné à constater que mer de Glace ne prenait pas d'*e* à la fin : voyez le dictionnaire...

PERRICHON.

Eh ! monsieur, vous n'êtes pas chargé de corriger mes... prétendues fautes d'orthographe ! De quoi vous mêlez-vous ?

Ils se lèvent.

ACTE TROISIÈME.

LE COMMANDANT.

Pardon!... pour moi, la langue française est une compatriote aimée... une dame de bonne maison, élégante, mais un peu cruelle... vous le savez mieux que personne.

PERRICHON.

Moi?...

LE COMMANDANT.

Et, quand j'ai l'honneur de la rencontrer à l'étranger... je ne permets pas qu'on éclabousse sa robe. C'est une question de chevalerie et de nationalité.

PERRICHON.

Ah çà! monsieur, auriez-vous la prétention de me donner une leçon?

LE COMMANDANT.

Loin de moi cette pensée...

PERRICHON.

Ah! ce n'est pas malheureux! (A part.) Il recule.

LE COMMANDANT.

Mais, sans vouloir vous donner une leçon, je viens vous demander poliment... une explication.

PERRICHON, à part.

Mathieu!... c'est un faux commandant.

LE COMMANDANT.

De deux choses l'une : ou vous persistez,..

PERRICHON.

Je n'ai pas besoin de tous ces raisonnements. Vous croyez peut-être m'intimider? Monsieur... j'ai fait mes preuves de courage, entendez-vous! et je vous les ferai voir...

LE COMMANDANT

Où ça?

PERRICHON.

A l'Exposition... l'année prochaine...

LE COMMANDANT.

Oh! permettez!... Il me sera impossible d'attendre jusque-là... Pour abréger, je vais au fait: retirez-vous, oui ou non...?

PERRICHON.

Rien du tout!

LE COMMANDANT.

Prenez garde!

DANIEL.

Monsieur Perrichon!

PERRICHON.

Rien du tout! (A part.) Il n'a pas seulement de moustaches!

LE COMMANDANT.

Alors, monsieur Perrichon, j'aurai l'honneur de vous attendre demain, à midi, avec mes témoins, dans les bois de la Malmaison...

DANIEL.

Commandant, un mot!

LE COMMANDANT, remontant.

Nous vous attendrons chez le garde!

DANIEL.

Mais, commandant...

LE COMMANDANT.

Mille pardons... j'ai rendez-vous avec un tapissier pour choisir des étoffes, des meubles... A demain... midi... (Saluant.) Messieurs... j'ai bien l'honneur....

Il sort.

SCÈNE X.

PERRICHON, DANIEL, puis JEAN.

DANIEL, à Perrichon.

Diable! vous êtes raide en affaires! avec un commandant surtout!

PERRICHON.

Lui! un commandant? Allons donc! Est-ce que les vrais commandants s'amusent à éplucher les fautes d'orthographe?

DANIEL.

N'importe! Il faut questionner, s'informer... (Il sonne à la cheminée.), savoir à qui nous avons affaire.

JEAN, paraissant.

Monsieur?

PERRICHON, à Jean.

Pourquoi as-tu laissé entrer cet homme qui sort d'ici?

JEAN.

Monsieur, il était déjà venu ce matin... J'ai même oublié de vous remettre sa carte...

DANIEL.

Ah! sa carte!

PERRICHON.

Donne! (La lisant.) Mathieu, ex-commandant au 2ᵉ zouaves.

DANIEL.

Un zouave!

PERRICHON.

Saprelotte!

JEAN.

Quoi donc?

PERRICHON.

Rien! Laissez-nous!

Jean sort,

DANIEL.

Eh bien, vous voilà dans une jolie situation!

PERRICHON.

Que voulez-vous! j'ai été trop vif... Un homme si poli!.. Je l'ai pris pour un notaire gradé!

DANIEL.

Que faire?

PERRICHON.

Il faudrait trouver un moyen... (Poussant un cri.) Ah!...

DANIEL.

Quoi?

PERRICHON.

Rien! rien! Il n'y pas de moyen! je l'ai insulté, je me battrai!... Adieu!...

DANIEL.

Où allez-vous?

PERRICHON.

Mettre mes affaires en ordre... vous comprenez...

DANIEL.

Mais cependant...

PERRICHON.

Daniel... quand sonnera l'heure du danger, vous ne me verrez pas faiblir!

Il sort par la droite.

SCÈNE XI.

DANIEL, seul.

Allons donc!... c'est impossible!... je ne peux pas laisser M. Perrichon se battre avec un zouave!... c'est qu'il a du cœur, le beau-père!... je le connais, il ne fera pas de concessions... De son côté, le commandant... et tout cela pour une faute d'orthographe! (Cherchant.) Voyons donc!... si je prévenais l'autorité? oh! non!... au fait, pourquoi pas? personne ne le saura. D'ailleurs, je n'ai pas le choix des moyens... (Il prend un buvard et un encrier sur une table, près de la porte d'entrée, et se place au guéridon.) Une lettre au préfet de police!... (Écrivant.) « Monsieur le préfet... j'ai l'honneur de... » (Parlant tout en écrivant.) Une ronde passera par là à point nommé... le hasard aura tout fait... et l'honneur sera sauf. (Il plie et cachète sa lettre et remet en place ce qu'il a pris.) Maintenant, il s'agit de la faire porter tout de suite... Jean doit être là! (Il sort en appelant.) Jean! Jean!

Il disparaît dans l'antichambre.

SCÈNE XII.

PERRICHON, seul. Il entre en tenant une lettre à la main.
Il la lit.

« Monsieur le préfet, je crois devoir prévenir l'autorité que deux insensés ont l'intention de croiser le fer demain, à midi moins un quart... » (Parlé.) Je mets moins un quart afin qu'on soit exact. Il suffit quelquefois d'un quart d'heure!... (Reprenant sa lecture.) « A midi moins un quart... dans les bois de la Malmaison. Le rendez-vous est à la porte du garde... Il appartient à votre haute administration de veiller sur la vie des citoyens. Un des combattants est un ancien commerçant, père de famille, dévoué à nos institutions et jouissant d'une bonne notoriété dans son quartier. Veuillez agréer, monsieur le préfet, etc. etc.... » S'il croit me faire peur, ce commandant!... Maintenant l'adresse... (Il écrit.) « Très-pressé, communication importante... » Comme ça, ça arrivera... Où est Jean?

SCÈNE XIII.

PERRICHON, DANIEL, puis MADAME PERRICHON, HENRIETTE, puis JEAN.

DANIEL, entrant par le fond, sa lettre à la main.

Impossible de trouver ce domestique. (Apercevant Perrichon.) Oh!

Il cache sa lettre.

PERRICHON.

Daniel!

Il cache aussi sa lettre.

DANIEL.

Eh bien, monsieur Perrichon?

PERRICHON.

Vous voyez... je suis calme... comme le bronze! (Apercevant sa femme et sa fille.) Ma femme, silence!

Il descend.

MADAME PERRICHON, à son mari.

Mon ami, le maître de piano d'Henriette vient de nous envoyer des billets de concert pour demain... midi...

ACTE TROISIÈME.

PERRICHON, à part.

Midi!

HENRIETTE.

C'est à son bénéfice, tu nous accompagneras?

PERRICHON.

Impossible! demain, ma journée est prise!

MADAME PERRICHON.

Mais tu n'as rien à faire...

PERRICHON.

Si, j'ai une affaire... très-importante... demande à Daniel...

DANIEL.

Très-importante!

MADAME PERRICHON.

Quel air sérieux! (A son mari.) Tu as la figure longue d'une aune; on dirait que tu as peur.

PERRICHON.

Moi? peur! On me verra sur le terrain!

DANIEL, à part.

Aïe!

MADAME PERRICHON.

Le terrain!

PERRICHON, à part.

Sapristi! ça m'a échappé!

HENRIETTE, courant à lui.

Un duel! papa!

PERRICHON.

Eh bien, oui, mon enfant, je ne voulais pas te le dire, ça m'a échappé, ton père se bat!...

MADAME PERRICHON.

Mais avec qui?

PERRICHON.

Avec un commandant au 2° zouaves.

MADAME PERRICHON et HENRIETTE, effrayées.

Ah! grand Dieu!

PERRICHON.

Demain, à midi, dans le bois de la Malmaison, à la porte du garde.

MADAME PERRICHON, allant à lui.

Mais tu es fou... toi! un bourgeois!

PERRICHON.

Madame Perrichon, je blâme le duel... mais il y a des circonstances où l'homme se doit à son honneur! (A part, montrant sa lettre.) Où est donc Jean?

MADAME PERRICHON, à part.

Non, c'est impossible! je ne souffrirai pas... (Elle va à la table au fond et écrit à part.) « Monsieur le préfet de police... »

JEAN, paraissant.

Le dîner est servi.

PERRICHON, s'approchant de Jean et bas.

Cette lettre à son adresse... c'est très-pressé!

Il s'éloigne.

DANIEL, bas, à Jean.

Cette lettre à son adresse... c'est très-pressé!

Il s'éloigne.

MADAME PERRICHON, bas, à Jean.

Cette lettre à son adresse... c'est très-pressé!

ACTE TROISIÈME.

PERRICHON.

Allons, à table!

HENRIETTE, à part.

Je vais faire prévenir M. Armand.

Elle entre à droite.

MADAME PERRICHON, à Jean, avant de sortir.

Chut!

DANIEL, de même.

Chut!

PERRICHON, de même.

Chut!

Ils disparaissent tous les trois.

JEAN, seul.

Quel est ce mystère? (Lisant l'adresse des trois lettres.) « Monsieur le préfet... Monsieur le préfet... Monsieur le préfet... » (Étonné, et avec joie.) Tiens! il n'y a qu'une course!

ACTE QUATRIÈME.

Un jardin. — Bancs, chaises, table rustique; à droite, un pavillon praticable.

SCÈNE PREMIÈRE.

DANIEL, puis PERRICHON.

DANIEL, entrant par le fond à gauche.

Dix heures! le rendez-vous n'est que pour midi. (Il s'approche du pavillon et fait signe.) Psit! psit!

PERRICHON, passant la tête à la porte du pavillon.

Ah! c'est vous... ne faites pas de bruit... dans une minute je suis à vous.

Il rentre.

DANIEL, seul.

Ce pauvre M. Perrichon! il a dû passer une bien mauvaise nuit... heureusement ce duel n'aura pas lieu.

PERRICHON, sortant du pavillon avec un grand manteau

Me voici... je vous attendais...

DANIEL.

Comment vous trouvez-vous?

PERRICHON.

Calme comme le bronze!

DANIEL.

J'ai des épées dans la voiture.

PERRICHON, entr'ouvrant son manteau.

Moi, j'en ai là.

DANIEL.

Deux paires!

PERRICHON.

Une peut casser... je ne veux pas me trouver dans l'embarras.

DANIEL, à part.

Décidément, c'est un lion!... (Haut.) Le fiacre est à la porte... si vous voulez...

PERRICHON.

Un instant! Quelle heure est-il?

DANIEL.

Dix heures!

PERRICHON.

Je ne veux pas arriver avant midi... ni après. (A part.) Ça ferait tout manquer.

DANIEL.

Vous avez raison... pourvu qu'on soit à l'heure. (A part. Ça ferait tout manquer.

PERRICHON.

Arriver avant... c'est de la fanfaronnade... après, c'est de l'hésitation; d'ailleurs, j'attends Majorin... je lui ai écrit hier soir un mot pressant.

DANIEL.

Ah! le voici.

SCÈNE II.

Les Mêmes, MAJORIN.

MAJORIN.

J'ai reçu ton billet, j'ai demandé un congé... De quoi s'agit-il ?

PERRICHON.

Majorin... je me bats dans deux heures !...

MAJORIN.

Toi ? allons donc ! et avec quoi ?

PERRICHON, ouvrant son manteau et laissant voir ses épées.

Avec ceci.

MAJORIN.

Des épées !

PERRICHON.

Et j'ai compté sur toi pour être mon second.

Daniel remonte

MAJORIN.

Sur moi ? permets, mon ami, c'est impossible !

PERRICHON.

Pourquoi ?

MAJORIN.

Il faut que j'aille à mon bureau... je me ferais destituer.

PERRICHON.

Puisque tu as demandé un congé.

ACTE QUATRIÈME.

MAJORIN.

Pas pour être témoin!... On leur fait des procès, aux témoins!

PERRICHON.

Il me semble, monsieur Majorin, que je vous ai rendu assez de services pour que vous ne refusiez pas de m'assister dans une circonstance capitale de ma vie.

MAJORIN, à part.

Il me reproche ses six cents francs!

PERRICHON.

Mais, si vous craignez de vous compromettre... si vous avez peur.

MAJORIN.

Je n'ai pas peur... (Avec amertume.) D'ailleurs, je ne suis pas libre... tu as su m'enchaîner par les liens de la reconnaissance. (Grinçant.) Ah! la reconnaissance!

DANIEL, à part.

Encore un!

MAJORIN.

Je ne te demande qu'une chose... c'est d'être de retour à deux heures... pour toucher mon dividende... Je te rembourserai immédiatement et alors... nous serons quittes!

DANIEL.

Je crois qu'il est temps de partir. (A Perrichon.) Si vous désirez faire vos adieux à madame Perrichon et à votre fille...

PERRICHON.

Non! je veux éviter cette scène... ce seraient des pleurs, des cris... elles s'attacheraient à mes habits pour me retenir... Partons! (On entend chanter dans la coulisse.) Ma fille!

SCÈNE III.

Les Mêmes, HENRIETTE, puis MADAME PERRICHON.

HENRIETTE, entrant en chantant, et un arrosoir à la main.

Tra la la! tra la la! (Parlé.) Ah! c'est toi, mon petit papa...

PERRICHON.

Oui... tu vois... nous partons... avec ces deux messieurs... il le faut!... (Il l'embrasse avec émotion.) Adieu!

HENRIETTE, tranquillement.

Adieu, papa. (A part.) Il n'y a rien à craindre, maman a prévenu le préfet de police... et moi, j'ai prévenu M. Armand.

Elle va arroser les fleurs.

PERRICHON, s'essuyant les yeux et la croyant près de lui.

Allons, ne pleure pas!... si tu ne me revois pas, songe.. (S'arrêtant.) Tiens! elle arrose!

MAJORIN, à part.

Ça me révolte! mais c'est bien fait!

MADAME PERRICHON, entrant avec des fleurs à la main, à son mari.

Mon ami... peut-on couper quelques dahlias?

PERRICHON.

Ma femme!

MADAME PERRICHON.

Je cueille un bouquet pour mes vases.

PERRICHON.

Cueille!... dans un pareil moment, je n'ai rien à te refuser... Je vais partir, Caroline.

MADAME PERRICHON, tranquillement.

Ah! tu vas là-bas?

PERRICHON.

Oui... je vais... là-bas, avec ces deux messieurs.

MADAME PERRICHON.

Allons! tâche d'être revenu pour dîner.

PERRICHON et MAJORIN.

Hein?

PERRICHON, à part.

Cette tranquillité... est-ce que ma femme ne m'aimerait pas?

MAJORIN, à part.

Tous les Perrichon manquent de cœur! c'est bien fait!

DANIEL.

Il est l'heure... si vous voulez être au rendez-vous à midi...

PERRICHON, vivement.

Précis!

MADAME PERRICHON, vivement.

Précis! vous n'avez pas de temps à perdre.

HENRIETTE.

Dépêche-toi, papa.

PERRICHON.

Oui...

MAJORIN, à part.

Ce sont elles qui le renvoient! Quelle jolie famille!

PERRICHON.

Allons, Caroline, ma fille, adieu! adieu!

Ils remontent.

SCÈNE IV.

Les Mêmes, ARMAND.

ARMAND, paraissant au fond

Restez, monsieur Perrichon, le duel n'aura pas lieu.

TOUS.

Comment?

HENRIETTE, à part.

M. Armand! j'étais bien sûre de lui!

MADAME PERRICHON, à Armand.

Mais expliquez-nous...

ARMAND.

C'est bien simple... je viens de faire mettre à Clichy le commandant Mathieu.

TOUS.

A Clichy?

DANIEL, à part.

Il est très-actif, mon rival!

ARMAND.

Oui... cela avait été convenu depuis un mois entre le commandant et moi... et je ne pouvais trouver une meilleure occasion de lui être agréable... (A Perrichon.) et de vous en débarrasser!

ACTE QUATRIÈME.

MADAME PERRICHON, à Armand.

Ah! monsieur, que de reconnaissance!...

HENRIETTE, bas.

Vous êtes notre sauveur!

PERRICHON, à part.

Eh bien, je suis contrarié de ça... j'avais si bien arrangé ma petite affaire... A midi moins un quart, on nous mettait la main dessus.

MADAME PERRICHON, allant à son mari.

Remercie donc.

PERRICHON.

Qui ça?

MADAME PERRICHON.

Eh bien, M. Armand.

PERRICHON.

Ah! oui. (A Armand, sèchement.) Monsieur, je vous remercie.

MAJORIN, à part.

On dirait que ça l'étrangle. (Haut.) Je vais toucher mon dividende. (A Daniel.) Croyez-vous que la caisse soit ouverte?

DANIEL.

Oui, sans doute. J'ai une voiture, je vais vous conduire Monsieur Perrichon, nous nous reverrons; vous avez une réponse à me donner.

MADAME PERRICHON, bas, à Armand.

Restez. Perrichon a promis de se prononcer aujourd'hui : le moment est favorable, faites votre demande.

ARMAND.

Vous croyez?... C'est que...

HENRIETTE, bas.

Courage, monsieur Armand!

ARMAND.

Vous? oh! quel bonheur!

MAJORIN.

Adieu, Perrichon.

DANIEL, saluant.

Madame... mademoiselle...

<small>Henriette et madame Perrichon sortent par la droite; Majorin et Daniel par le fond, à gauche.</small>

SCÈNE V.

PERRICHON, ARMAND, puis JEAN, et LE COMMANDANT.

PERRICHON, à part.

Je suis très-contrarié... très-contrarié!... j'ai passé une partie de la nuit à écrire à mes amis que je me battais... je vais être ridicule.

ARMAND, à part.

Il doit être bien disposé... Essayons. (Haut.) Mon cher monsieur Perrichon...

PERRICHON, sèchement.

Monsieur?

ARMAND.

Je suis plus heureux que je ne puis le dire d'avoir pu terminer cette désagréable affaire...

PERRICHON, à part.

Toujours son petit air protecteur! (Haut.) Quant à moi,

monsieur, je regrette que vous m'ayez privé du plaisir de donner une leçon à ce professeur de grammaire!

ARMAND.

Comment! mais vous ignorez donc que votre adversaire...

PERRICHON.

Est un ex-commandant au 2ᵉ zouaves... Eh bien, après? J'estime l'armée, mais je suis de ceux qui savent la regarder en face.

Il passe fièrement devant lui.

JEAN, paraissant et annonçant.

Le commandant Mathieu.

PERRICHON.

Hein?

ARMAND.

Lui?

PERRICHON.

Vous me disiez qu'il était en prison!

LE COMMANDANT, entrant.

J'y étais, en effet, mais j'en suis sorti. (Apercevant Armand.) Ah! monsieur Armand, je viens de consigner le montant du billet que je vous dois, plus les frais...

ARMAND.

Très-bien, commandant... Je pense que vous ne me gardez pas rancune... vous paraissiez si désireux d'aller à Clichy.

LE COMMANDANT.

Oui, j'aime Clichy... mais pas les jours où je dois me battre. (A Perrichon.) Je suis désolé, monsieur, de vous avoir fait attendre... Je suis à vos ordres.

JEAN, à part.

Oh! ce pauvre bourgeois!

PERRICHON.

Je pense, monsieur, que vous me rendrez la justice de croire que je suis tout à fait étranger à l'incident qui vient de se produire?

ARMAND.

Tout à fait! car, à l'instant même, monsieur me manifestait ses regrets de ne pouvoir se rencontrer avec vous.

LE COMMANDANT, à Perrichon.

Je n'ai jamais douté, monsieur, que vous ne fussiez un loyal adversaire.

PERRICHON, avec hauteur.

Je me plais à l'espérer, monsieur.

JEAN, à part.

Il est très-solide, le bourgeois.

LE COMMANDANT.

Mes témoins sont à la porte... partons

PERRICHON.

Partons!

LE COMMANDANT, tirant sa montre

Il est midi.

PERRICHON, à part.

Midi!... déjà!

LE COMMANDANT.

Nous serons là-bas à deux heures.

PERRICHON, à part.

Deux heures! ils seront partis.

ARMAND.

Qu'avez-vous donc?

PERRICHON.

J'ai... j'ai... messieurs, j'ai toujours pensé qu'il y avait quelque noblesse à reconnaître ses torts.

LE COMMANDANT et JEAN, étonnés.

Hein?

ARMAND.

Que dit-il?

PERRICHON.

Jean... laisse-nous!

ARMAND.

Je me retire aussi...

LE COMMANDANT.

Oh! pardon! je désire que tout ceci se passe devant témoins.

ARMAND.

Mais...

LE COMMANDANT.

Je vous prie de rester.

PERRICHON.

Commandant... vous êtes un brave militaire... et moi... j'aime les militaires! Je reconnais que j'ai eu des torts envers vous... et je vous prie de croire que... (A part.) Sapristi! devant mon domestique! (Haut.) je vous prie de croire qu'il n'était ni dans mes intentions... (Il fait signe de sortir à Jean, qui a l'air de ne pas comprendre. A part.) Ça m'est égal, je le mettrai à la porte ce soir, (Haut.) ni dans ma pensée... d'offenser un homme que j'estime et que j'honore!

JEAN, à part.

Il **canne**, le patron !

LE COMMANDANT.

Alors, monsieur, ce sont des excuses?

ARMAND, vivement.

Oh ! des regrets !...

PERRICHON.

N'envenimez pas! n'envenimez pas! laissez parler le commandant.

LE COMMANDANT.

Sont-ce des regrets ou des excuses?

PERRICHON, hésitant.

Mais... moitié l'un... moitié l'autre...

LE COMMANDANT.

Monsieur, vous avez écrit en toutes lettres sur le livre de Montanvert : « Le commandant est un... »

PERRICHON, vivement.

Je retire le mot! il est retiré !

LE COMMANDANT.

Il est retiré... ici... mais là-bas! il s'épanouit au beau milieu d'une page que tous les voyageurs peuvent lire.

PERRICHON.

Ah! dame, pour ça! à moins que je ne retourne moi-même l'effacer.

LE COMMANDANT.

Je n'osais pas vous le demander, mais, puisque vous me l'offrez...

PERRICHON.

Moi?

ACTE QUATRIÈME.

LE COMMANDANT.

J'accepte.

PERRICHON.

Permettez...

LE COMMANDANT.

Oh! je ne vous demande pas de repartir aujourd'hui... non!... mais demain.

PERRICHON et ARMAND.

Comment?

LE COMMANDANT.

Comment? Par le premier convoi, et vous bifferez vous-même, de bonne grâce, les deux méchantes lignes échappées à votre improvisation... ça m'obligera.

PERRICHON.

Oui... comme ça... il faut que je retourne en Suisse?

LE COMMANDANT.

D'abord, le Montanvert était en Savoie... maintenant c'est la France!

PERRICHON.

La France, reine des nations!

JEAN.

C'est bien moins loin!

LE COMMANDANT, ironiquement.

Il ne me reste plus qu'à rendre hommage à vos sentiments de conciliation.

PERRICHON.

Je n'aime pas à verser le sang!

LE COMMANDANT, riant.

Je me déclare complétement satisfait. (A Armand.) Monsieur Desroches, j'ai encore quelques billets en circulation, s'il vous en passe un par les mains, je me recommande toujours à vous! (Saluant.) Messieurs, j'ai bien l'honneur de vous saluer!

PERRICHON, saluant.

Commandant...

Le commandant sort.

JEAN, à Perrichon, tristement.

Eh bien, monsieur... voilà votre affaire arrangée.

PERRICHON, éclatant.

Toi, je te donne ton compte! va faire tes paquets, animal.

JEAN, stupéfait.

Ah bah! qu'est-ce que j'ai fait!

Il sort par la droite

SCÈNE VI.

ARMAND, PERRICHON.

PERRICHON, à part.

Il n'y a pas à dire... j'ai fait des excuses! moi dont on verra le portrait au Musée!... Mais à qui la faute? à ce M. Armand!

ARMAND, à part, au fond.

Pauvre homme! je ne sais que lui dire.

PERRICHON, à part.

Ah çà! est-ce qu'il ne va pas s'en aller? Il a peut-être encore quelque service à me rendre... Ils sont jolis, ses services!

ACTE QUATRIÈME.

ARMAND.

Monsieur Perrichon?

PERRICHON.

Monsieur?

ARMAND.

Hier, en vous quittant, je suis allé chez mon ami... l'employé à l'administration des douanes... Je lui ai parlé de votre affaire.

PERRICHON, sèchement.

Vous êtes trop bon.

ARMAND.

C'est arrangé!... on ne donnera pas suite au procès.

PERRICHON.

Ah!

ARMAND.

Seulement, vous écrirez au douanier quelques mots de regrets.

PERRICHON, éclatant.

C'est ça! des excuses! encore des excuses!... De quoi vous mêlez-vous, à la fin?

ARMAND.

Mais...

PERRICHON.

Est-ce que vous ne perdrez pas l'habitude de vous fourrer à chaque instant dans ma vie?

ARMAND.

Comment?

PERRICHON.

Oui, vous touchez à tout! Qui est-ce qui vous a prié de

faire arrêter le commandant? Sans vous, nous étions tous là-bas, à midi!

ARMAND.

Mais rien ne vous empêchait d'y être à deux heures.

PERRICHON.

Ce n'est pas la même chose.

ARMAND.

Pourquoi?

PERRICHON.

Vous me demandez pourquoi? Parce que... non, vous ne saurez pas pourquoi! (Avec colère.) Assez de services, monsieur! assez de services! Désormais, si je tombe dans un trou, je vous prie de m'y laisser! j'aime mieux donner cent francs au guide... car ça coûte cent francs... il n'y a pas de quoi être si fier! Je vous prierai aussi de ne plus changer les heures de mes duels, et de me laisser aller en prison si c'est ma fantaisie.

ARMAND.

Mais, monsieur Perrichon...

PERRICHON.

Je n'aime pas les gens qui s'imposent... c'est de l'indiscrétion! Vous m'envahissez!...

ARMAND.

Permettez...

PERRICHON.

Non, monsieur! on ne me domine pas, moi! Assez de services! assez de services!

Il sort par le pavillon.

SCÈNE VII.

ARMAND, puis HENRIETTE.

ARMAND, seul.

Je n'y comprends plus rien... je suis abasourdi!

HENRIETTE, entrant par la droite, au fond.

Ah! monsieur Armand!

ARMAND.

Mademoiselle Henriette!

HENRIETTE

Avez-vous causé avec papa?

ARMAND.

Oui, mademoiselle.

HENRIETTE.

Eh bien?

ARMAND.

Je viens d'acquérir la preuve de sa parfaite antipathie

HENRIETTE.

Que dites-vous là? C'est impossible.

ARMAND.

Il a été jusqu'à me reprocher de l'avoir sauvé au Montanvert... J'ai cru qu'il allait m'offrir cent francs de récompense.

HENRIETTE.

Cent francs! par exemple!

ARMAND.

Il dit que c'est le prix!...

HENRIETTE.

Mais c'est horrible!... c'est de l'ingratitude...

ARMAND.

J'ai senti que ma présence le froissait, le blessait... et je n'ai plus, mademoiselle, qu'à vous faire mes adieux.

HENRIETTE, vivement.

Mais pas du tout! restez!

ARMAND.

A quoi bon? c'est à Daniel qu'il réserve votre main.

HENRIETTE.

Monsieur Daniel?... mais je ne veux pas!

ARMAND, avec joie.

Ah!

HENRIETTE, se reprenant.

Ma mère ne veut pas! elle ne partage pas les sentiments de papa; elle est reconnaissante, elle; elle vous aime... Tout à l'heure elle me disait encore : « M. Armand est un honnête homme... un homme de cœur, et ce que j'ai de plus cher au monde, je le lui donnerai... »

ARMAND.

Mais ce qu'elle a de plus cher... c'est vous!

HENRIETTE, naïvement.

Je le crois.

ARMAND.

Ah! mademoiselle, que je vous remercie!

HENRIETTE.

Mais c'est maman qu'il faut remercier.

ARMAND.

Et vous, mademoiselle, me permettez-vous d'espérer que vous aurez pour moi la même bienveillance ?

HENRIETTE, embarrassée.

Moi, monsieur ?...

ARMAND.

Oh! parlez je vous en supplie...

HENRIETTE, baissant les yeux.

Monsieur, lorsqu'une demoiselle est bien élevée, elle pense toujours comme sa maman.

Elle se sauve.

SCÈNE VIII.

ARMAND, puis DANIEL.

ARMAND, seul.

Elle m'aime! elle me l'a dit!... Ah! je suis trop heureux!... ah!...

DANIEL, entrant.

Bonjour, Armand.

ARMAND.

C'est vous... (A part.) Pauvre garçon!

DANIEL.

Voici l'heure de la philosophie... M. Perrichon se recueille... et, dans dix minutes, nous allons connaître sa réponse. Mon pauvre ami!

ARMAND.

Quoi donc?

DANIEL.

Dans la campagne que nous venons de faire, vous avez commis fautes sur fautes...

ARMAND, étonné.

Moi?

DANIEL.

Tenez, je vous aime, Armand... et je veux vous donner un bon avis qui vous servira... pour une autre fois! vous avez un défaut mortel!

ARMAND.

Lequel?

DANIEL.

Vous aimez trop à rendre service... c'est une passion malheureuse!

ARMAND, riant.

Ah! par exemple!

DANIEL.

Croyez-moi... j'ai vécu plus que vous, et dans un monde... plus avancé! Avant d'obliger un homme, assurez-vous bien d'abord que cet homme n'est pas un imbécile.

ARMAND.

Pourquoi?

DANIEL.

Parce qu'un imbécile est incapable de supporter longtemps cette charge écrasante qu'on appelle la reconnaissance; il y a même des gens d'esprit qui sont d'une constitution si délicate...

ARMAND, riant.

Allons! développez votre paradoxe!

DANIEL.

Voulez-vous un exemple : M. Perrichon...

PERRICHON, passant sa tête à la porte du pavillon.

Mon nom!

DANIEL.

Vous me permettrez de ne pas le ranger dans la catégorie des hommes supérieurs.

Perrichon disparaît.

DANIEL.

Eh bien, M. Perrichon vous a pris tout doucement en grippe.

ARMAND.

J'en ai bien peur.

DANIEL.

Et pourtant vous lui avez sauvé la vie. Vous croyez peut-être que ce souvenir lui rappelle un grand acte de dévouement? Non! il lui rappelle trois choses : *Primo*, qu'il ne sait pas monter à cheval; *secundo*, qu'il a eu tort de mettre des éperons, malgré l'avis de sa femme; *tertio*, qu'il a fait en public une culbute ridicule...

ARMAND.

Soit, mais...

DANIEL.

Et, comme il fallait un bouquet à ce beau feu d'artifice, vous lui avez démontré, comme deux et deux font quatre, que vous ne faisiez aucun cas de son courage, en empêchant un duel... qui n'aurait pas eu lieu.

ARMAND.

Comment?

DANIEL.

J'avais pris mes mesures... Je rends aussi quelquefois des services...

ARMAND.

Ah! vous voyez bien!

DANIEL.

Oui, mais, moi, je me cache... je me masque! Quand je pénètre dans la misère de mon semblable, c'est avec des chaussons et sans lumière... comme dans une poudrière! D'où je conclus...

ARMAND.

Qu'il ne faut obliger personne?

DANIEL.

Oh non! mais il faut opérer nuitamment et choisir sa victime! D'où je conclus que ledit Perrichon vous déteste: votre présence l'humilie, il est votre obligé, votre inférieur! vous l'écrasez, cet homme!

ARMAND.

Mais c'est de l'ingratitude!...

DANIEL.

L'ingratitude est une variété de l'orgueil... « C'est l'indépendance du cœur, » a dit un aimable philosophe. Or. M. Perrichon est le carrossier le plus indépendant de la carrosserie française! J'ai flairé cela tout de suite... Aussi ai-je suivi une marche tout à fait opposée à la vôtre.

ARMAND.

Laquelle?

DANIEL.

Je me suis laissé glisser... exprès! dans une petite crevasse... pas méchante.

ARMAND.

Exprès?

DANIEL.

Vous ne comprenez pas? Donner à un carrossier l'oc-

casion de sauver son semblable, sans danger pour lui,
c'est un coup de maître! Aussi, depuis ce jour, je suis sa
joie, son triomphe, son fait d'armes! Dès que je parais,
sa figure s'épanouit, son estomac se gonfle, il lui pousse
des plumes de paon dans sa redingote... Je le tiens!
comme la vanité tient l'homme... Quand il se refroidit,
je le ranime, je le souffle... je l'imprime dans le journal...
à trois francs la ligne!

ARMAND.

Ah bah! c'est vous?

DANIEL.

Parbleu! Demain, je le fais peindre à l'huile... en tête-à-
tête avec le mont Blanc! J'ai demandé un tout petit mont
Blanc et un immense Perrichon! Enfin, mon ami, retenez
bien ceci... et surtout gardez-moi le secret : les hommes
ne s'attachent point à nous en raison des services que
nous leur rendons, mais en raison de ceux qu'ils nous
rendent!

ARMAND.

Les hommes... c'est possible... mais les femmes?

DANIEL.

Eh bien, les femmes...

ARMAND.

Elles comprennent la reconnaissance, elles savent garder au fond du cœur le souvenir du bienfait.

DANIEL.

Dieu! la jolie phrase!

ARMAND.

Heureusement, madame Perrichon ne partage pas les
sentiments de son mari.

DANIEL.

La maman est peut-être pour vous... mais j'ai pour moi l'orgueil du papa... du haut du Montanvert ma crevasse me protége !

SCÈNE IX.

Les Mêmes, PERRICHON, MADAME PERRICHON, HENRIETTE.

PERRICHON, entrant accompagné de sa femme et de sa fille ; il est très-grave.

Messieurs, je suis heureux de vous trouver ensemble... vous m'avez fait tous deux l'honneur de me demander la main de ma fille... vous allez connaître ma décision...

ARMAND, à part.

Voici le moment.

PERRICHON, à Daniel souriant.

Monsieur Daniel... mon ami !

ARMAND, à part.

Je suis perdu !

PERRICHON.

J'ai déjà fait beaucoup pour vous... je veux faire plus encore... Je veux vous donner.

DANIEL, remerciant.

Ah ! monsieur !

PERRICHON, froidement.

Un conseil... (Bas.) Parlez moins haut quand vous serez près d'une porte.

ACTE QUATRIÈME.

DANIEL, étonné.

Ah bah !

PERRICHON.

Oui... je vous remercie de la leçon. (Haut.) Monsieur Armand... vous avez moins vécu que votre ami... vous calculez moins, mais vous me plaisez davantage... je vous donne ma fille...

ARMAND.

Ah ! monsieur !...

PERRICHON.

Et remarquez que je ne cherche pas à m'acquitter envers vous... je désire rester votre obligé... (Regardant Daniel.) car il n'y a que les imbéciles qui ne savent pas supporter cette charge écrasante qu'on appelle la reconnaissance.

Il se dirige vers la droite; madame Perrichon fait passer sa fille du côté d'Armand, qui lui donne le bras.

DANIEL, à part.

Attrape !

ARMAND, à part.

Oh ! ce pauvre Daniel !

DANIEL.

Je suis battu ! (A Armand.) Après comme avant, donnons-nous la main.

ARMAND.

Oh ! de grand cœur !

DANIEL, allant à Perrichon.

Ah ! monsieur Perrichon, vous écoutez aux portes !

PERRICHON.

Eh ! mon Dieu ! un père doit chercher à s'éclairer... (Le prenant à part.) Voyons, là... vraiment, est-ce que vous vous y êtes jeté exprès ?

DANIEL.

Où ça?

PERRICHON.

Dans le trou?

DANIEL.

Oui... mais je ne le dirai à personne

PERRICHON.

Je vous en prie!

Poignées de main

SCÈNE X.

LES MÊMES, MAJORIN.

MAJORIN.

Monsieur Perrichon, j'ai touché mon dividende à trois heures... et j'ai gardé la voiture de monsieur pour vous rapporter plus tôt vos six cents francs... les voici!

PERRICHON.

Mais cela ne pressait pas.

MAJORIN.

Pardon, cela pressait... considérablement! maintenant nous sommes quittes... complétement quittes.

PERRICHON, à part.

Quand je pense que j'ai été comme ça!...

MAJORIN, à Daniel.

Voici le numéro de votre voiture, il y a sept quarts d'heure.

Il lui donne une carte

PERRICHON.

Monsieur Armand, nous resterons chez nous demain soir... et, si vous voulez nous faire plaisir, vous viendrez prendre une tasse de thé...

ARMAND, courant à Perrichon, bas.

Demain? vous n'y pensez pas... et votre promesse au commandant!

Il retourne près d'Henriette.

PERRICHON.

Ah! c'est juste! (Haut.) Ma femme... ma fille... nous repartons demain matin pour la mer de Glace.

HENRIETTE, étonnée.

Hein?

MADAME PERRICHON.

Ah! par exemple, nous en arrivons! pourquoi y retourner?

PERRICHON.

Pourquoi? peux-tu le demander? tu ne devines pas que je veux revoir l'endroit où Armand m'a sauvé.

MADAME PERRICHON.

Cependant...

PERRICHON.

Assez! ce voyage m'est commandant... (Se reprenant.) commandé par la reconnaissance!

FIN DU VOYAGE DE MONSIEUR PERRICHON.

LA GRAMMAIRE

COMÉDIE-VAUDEVILLE EN UN ACTE

Représentée pour la première fois, à Paris, sur le théâtre du PALAIS-ROYAL
le 28 juillet 1867.

COLLABORATEUR: M. A. JOLLY

PERSONNAGES

                              ACTEURS
                      qui ont créé les rôles.

FRANÇOIS CABOUSSAT, ancien négociant.   MM. G<small>EOFFROY</small>.
POITRINAS, président de l'Académie d'Étampes.   L<small>HÉRITIEN</small>.
MACHUT, vétérinaire.   P<small>ELLERIN</small>.
JEAN, domestique de Caboussat.   F<small>IZELIER</small>.
BLANCHE, fille de Caboussat.   Mlle W<small>ORMS</small>.

La scène se passe à Arpajon, chez Caboussat.

LA GRAMMAIRE

Un salon de campagne, avec trois baies ouvertes sur un jardin. Portes latérales au premier plan. A gauche, près de la porte, un buffet. A droite, sur le devant de la scène, une table. Au fond, une autre table, sur laquelle se trouvent des tasses.

SCÈNE PREMIÈRE.

JEAN, puis MACHUT, puis BLANCHE.

Au lever du rideau, Jean range de la vaisselle devant un buffet qui se trouve à gauche, au premier plan.

JEAN.

L'ennui de la vaisselle quand on l'a rangée, c'est qu'il faut la déranger.

Un saladier lui échappe des mains et se casse.

MACHUT, entrant.

Paf!

JEAN.

Sacrebleu! le saladier doré!

MACHUT

Tu travailles bien, toi!

JEAN.

Ah! ce n'est que le vétérinaire!... Vous m'avez fait peur.

MACHUT.

Qu'est-ce que va dire M. Caboussat, ton maître, en voyant cette fabrique de castagnettes?

JEAN, ramassant les morceaux.

Il ne la verra pas... j'enterre les morceaux au fond du jardin... j'ai là une petite fosse... près de l'abricotier... c'est propre et gazonné.

BLANCHE, entrant par la droite, premier plan.

Jean! (Apercevant Machut.) Ah! bonjour, monsieur Machut.

MACHUT, saluant.

Mademoiselle...

BLANCHE, à Jean.

Tu n'as pas vu le saladier doré?

JEAN, cachant les morceaux dans son tablier.

Non, mademoiselle.

BLANCHE.

Je le cherche pour y mettre des fraises.

JEAN.

Il doit être resté dans le buffet de la salle à manger.

BLANCHE.

Je vais voir... C'est étonnant la quantité de vaisselle qui disparait...

JEAN.

On ne casse pourtant rien...

Blanche sort par la gauche, premier plan.

SCENE II.

JEAN, MACHUT, puis CABOUSSAT.

MACHUT.

Ah bien, tu as de l'aplomb, toi!

JEAN.

Dame, si elle savait que son saladier est cassé... ça lui ferait de la peine, à cette demoiselle.

MACHUT.

Ah çà! je viens pour la vache...

JEAN.

Oh! c'est inutile.

MACHUT.

Pourquoi?

JEAN.

Elle est morte... Il paraît qu'elle avait avalé un petit morceau de carafe... mal enterré.

MACHUT.

Ah! voilà! tu ne creuses pas assez.

JEAN.

C'est vrai... mais il fait si chaud depuis un mois!

MACHUT.

Ah çà! c'est aujourd'hui le grand jour! ton maître doit être dans tous ses états.

JEAN.

Pourquoi?

MACHUT.

C'est dans deux heures qu'on va élire le président du comice agricole d'Arpajon.

JEAN.

Croyez-vous que M. Caboussat soit renommé?

MACHUT.

Je n'en doute pas. J'ai déjà bu treize verres de vin à son intention.

JEAN.

Vrai? Eh bien, ça ne paraît pas.

MACHUT.

Je cabale pour ton maître. C'est juste, j'ai la pratique de la maison.

JEAN.

Il a un concurrent qui est un malin, M. Chatfinet, un ancien avoué... Depuis un mois il ne fait que causer avec les paysans...

MACHUT.

Il fait mieux que ça. Dimanche dernier, il a été à Paris, et il en est revenu avec une cinquantaine de petits ballons rouges qui s'enlèvent tout seuls... et il les a distribués gratis aux enfants de la classe agricole.

JEAN.

Ah! c'est très-fort!

MACHUT.

Oui, mais j'ai paré le coup... j'ai répandu le bruit que les ballons attiraient la grêle... et on les a tous crevés.

JEAN.

Quel diplomate que ce père Machut!

MACHUT.

Nous ne voulons pas de Chatfinet... A bas Chatfinet!

un intrigant... qui fait venir d'Étampes son vétérinaire!

####JEAN.

Ah! voilà!

####MACHUT.

Ce qu'il nous faut, c'est M. Caboussat... un homme sobre... et instruit!... car on peut dire que c'est un savant, celui-là!

####JEAN.

Quant à ça... Il reste des heures entières dans son cabinet avec un livre à la main... l'œil fixe... la tête immobile... comme s'il ne comprenait pas.

####MACHUT.

Il réfléchit.

####JEAN.

Il creuse... (Apercevant Caboussat.) Le voici... (Montrant les morceaux du saladier.) Je vais faire comme lui, je vais creuser.

Il sort par le pan coupé de gauche.

SCÈNE III.

MACHUT, CABOUSSAT.

Caboussat entre par la droite, premier plan, un livre à la main et plongé dans sa lecture.

####MACHUT, à part.

Il ne me voit pas... il creuse.

####CABOUSSAT, lisant et à lui-même.

« *Nota.* — On reconnaît mécaniquement que le participe suivi d'un infinitif est variable quand on peut tourner l'infinitif par le participe présent. » (Parlé.) Il faut tourner l'infinitif par le participe... Ah! j'en ai mal à la tête!

MACHUT, à part.

Je parie que c'est du latin... ou du grec. (Il tousse.) Hum! hum!

CABOUSSAT, cachant vivement son livre dans sa poche.

Ah! c'est toi, Machut?

MACHUT.

Je vous dérange, monsieur Caboussat?

CABOUSSAT.

Non... je lisais... Tu viens pour la vache?

MACHUT.

Oui... et j'ai appris l'événement.

CABOUSSAT.

Un morceau de verre... est-ce drôle? Une vache de quatre ans.

MACHUT.

Ah! monsieur, les vaches... ça avale du verre à tout âge... J'en ai connu une qui a mangé une éponge à laver les cabriolets... à sept ans! Elle en est morte.

CABOUSSAT.

Ce que c'est que notre pauvre humanité!

MACHUT.

Ah çà! j'ai à vous parler de votre élection... ça marche.

CABOUSSAT.

Ah! vraiment? Ma circulaire a été goûtée?

MACHUT.

Je vous en réponds!... On peut dire qu'elle était joliment troussée, votre circulaire! Je compte sur une forte majorité.

CABOUSSAT.

Tant mieux! quand cela ne serait que pour faire enrager Chatfinet, mon concurrent.

MACHUT.

Et puis, savez-vous que nommé, pour la seconde fois, président du comice agricole d'Arpajon, vous pouvez aller loin... très-loin.

CABOUSSAT.

Où çà?

MACHUT.

Qui sait?... Vous êtes déjà du conseil municipal... Vous deviendrez peut-être notre maire un jour!

CABOUSSAT.

Moi? Oh! quelle idée!... D'abord, je ne suis pas ambitieux... et puis la place est occupée par M. Rognat, depuis trente-cinq ans.

MACHUT.

Raison de plus! chacun son tour... il y a assez longtemps qu'il est là!... Entre nous, ce n'est pas un homme fort ni instruit...

CABOUSSAT.

Mais cependant...

MACHUT.

D'abord... il ne sait pas le grec...

CABOUSSAT.

Mais il n'est pas bien nécessaire de savoir le grec pour être maire d'Arpajon.

MACHUT.

Ça ne peut pas nuire... Voyez-vous, moi, je cause avec

l'un et avec l'autre... j'entends bien des choses... et je vous prédis qu'avant peu vous ceindrez l'écharpe municipale.

CABOUSSAT.

Je ne le désire pas... je ne suis pas ambitieux... mais cependant je reconnais que, comme maire, je pourrais rendre quelques services à mon pays.

MACHUT.

Parbleu! et vous ne vous arrêterez pas là.

CABOUSSAT.

Certainement, une fois maire...

MACHUT.

Vous deviendrez conseiller d'arrondissement.

CABOUSSAT.

Franchement, je ne m'en crois pas indigne... et après?

MACHUT.

Conseiller général.

CABOUSSAT.

Oh! non, c'est trop!... et après?

MACHUT.

Qui sait?... député, peut-être.

CABOUSSAT.

J'aborderais la tribune!... et après?

MACHUT.

Ah! dame!... après... je ne sais pas!

CABOUSSAT, à lui-même.

Conseiller général... député! (Se ravisant, et avec tristesse Mais non, ça ne se peut pas! j'oublie que ça ne se peut pas.

MACHUT.

Mais il faut commencer par le commencement... être d'abord président du comice... J'ai vu les principaux électeurs... ça bouillonne.

CABOUSSAT.

Ah!... ça bouillonne... pour moi?

MACHUT.

Tout à fait... Par exemple, il y a le père Madou qui vous en veut...

CABOUSSAT.

A moi?... Qu'est-ce que je lui ai fait?

MACHUT.

Il vous trouve fier.

CABOUSSAT.

S'il est possible! Je ne le rencontre pas sans lui demander des nouvelles de sa femme... à laquelle je ne m'intéresse pas du tout.

MACHUT.

Oui... vous êtes gentil pour sa femme... mais pas pour ses choux...

CABOUSSAT.

Comment?

MACHUT.

Il en a fait un arpent pour ses vaches... Il prétend que vous êtes passé devant dix fois, et que vous ne lui avez jamais dit: « Ah! voilà de beaux choux! » Comme président du comice, il soutient que c'était votre devoir.

CABOUSSAT.

Ma foi! à te parler franchement, je ne les ai pas regardés, ses choux.

MACHUT.

Faute!... faute!... Chatfinet, votre concurrent, a été plus malin, il lui a dit ce matin : « Mon Dieu! les beaux choux! »

CABOUSSAT.

Il a dit cela, l'intrigant?

MACHUT.

Vous feriez bien d'aller voir le père Madou, en voisin... et de lui toucher un mot de ses choux... sans bassesse ! Je ne vous conseillerai jamais une bassesse!

CABOUSSAT.

Tout de suite! j'y vais tout de suite! (Appelant.) Jean!

JEAN, entrant par le pan coupé de droite.

Monsieur!

CABOUSSAT va à Jean.

Mon chapeau neuf... dépêche-toi!...

Jean sort par la porte latérale, à droite.

MACHUT.

Je vais avec vous... je vous donnerai la réplique.

JEAN, apportant le chapeau.

Voilà, monsieur.

CABOUSSAT.

Une idée... Je vais lui en demander de la graine, de ses choux.

MACHUT.

Superbe!

CHŒUR

CABOUSSAT, JEAN, MACHUT.

AIR d'*une Femme qui bat son gendre.*

L'électeur est fragile,

Et pour qu'il vote bien,
Il nous faut être habile
Et ne négliger rien.

Caboussat et Machut sortent par le fond.

SCÈNE IV.

JEAN, puis POITRINAS, puis BLANCHE.

JEAN, seul.

Monsieur met son chapeau neuf pour aller chercher de la graine de choux... Quelle drôle d'idée !

POITRINAS *paraît au fond, une valise à la main, par le pan coupé gauche.*

M. Caboussat, s'il vous plaît ?

JEAN, à part.

Un étranger !

POITRINAS.

Annoncez-lui M. Poitrinas, premier président de l'Académie d'Étampes.

JEAN.

Il vient de sortir, mais il ne tardera pas à rentrer.

POITRINAS.

Alors, je vais l'attendre... (Lui donnant sa valise.) Débarrasse-moi de ma valise.

JEAN.

Ah ! comme ça, monsieur va rester ici ?

Il va mettre la valise sur une chaise au fond.

POITRINAS.

Probablement.

JEAN, à part.

Bien! une chambre à faire!

POITRINAS.

J'apporte à mon ami Caboussat une nouvelle... considérable.

JEAN, curieux.

Ah! laquelle?

POITRINAS.

Ça ne te regarde pas... Comment se porte mademoiselle Blanche, sa fille?

JEAN.

Très-bien, je vous remercie...

POITRINAS.

Je ne l'ai pas beaucoup regardée quand elle est venue cet été à Étampes, cette chère enfant... Je venais de recevoir un envoi des plus précieux... une caisse de poteries de vieux clous et autres antiquités gallo-romaines.

JEAN.

Qu'est-ce que c'est que ça?

POITRINAS.

Mais elle m'a paru jolie et bien élevée.

JEAN.

Oh! je vous en réponds... Un peu regardante sur la vaisselle...

POITRINAS.

Je vois que je pourrai donner suite à mes projets...

JEAN.

Quels projets?

SCÈNE QUATRIÈME.

POITRINAS.

Ça ne te regarde pas... Dis-moi, quand on laboure dans ce pays-ci, qu'est-ce qu'on trouve?

JEAN.

Où ça?

POITRINAS.

Derrière la charrue.

JEAN.

Dame, on trouve des vers blancs.

POITRINAS.

Je te parle d'antiquités... de fragments gallo-romains.

JEAN.

Ah! monsieur, nous ne connaissons pas ça.

POITRINAS.

Je profiterai de mon séjour pour faire faire quelques fouilles. J'ai constaté, sur ma carte des Gaules, la présence d'une voie romaine à Arpajon.

JEAN, étonné.

Oui!...

POITRINAS.

Vois-tu, moi, je suis doué... j'ai du flair... je n'ai qu'à regarder un terrain, et je dis tout de suite : « Il y a du romain là-dessous ! »

JEAN, abruti.

Oui... (A part.) Qu'est-ce que c'est que cet homme-là?

BLANCHE, entrant par le premier plan à droite; à part.

Impossible de retrouver ce saladier.

JEAN.

Ah! voilà mademoiselle.

Il remonte au fond, près du buffet.

BLANCHE.

Monsieur Poitrinas!

POITRINAS, saluant.

Mademoiselle...

BLANCHE.

Quelle bonne surprise!... et que mon père sera heureux de vous voir!

POITRINAS.

Oui... je lui apporte une nouvelle... considérable!...

BLANCHE.

M. Edmond, votre fils, n'est pas venu avec vous?

POITRINAS.

Non, dans ce moment-ci, il est affligé d'une entorse.

BLANCHE.

Ah! quel dommage!

POITRINAS.

C'est un peu ma faute. J'avais pratiqué des fouilles au bout du parc, sans prévenir personne... et, le soir, il est tombé dedans. (Consolé.) Mais j'ai trouvé un manche de couteau du troisième siècle.

BLANCHE.

Et c'est pour cela que vous m'avez abîmé mon danseur?

POITRINAS.

Votre danseur?

BLANCHE.

Mais oui; cet été, à Étampes, M. Edmond m'invitait tous les soirs... plusieurs fois... Croyez-vous qu'il guérisse?

POITRINAS.

C'est l'affaire de quelques jours.

SCÈNE QUATRIÈME.

BLANCHE.

Il ne boitera pas?

POITRINAS.

Nullement... Ce serait bien dommage, car le voilà bientôt d'âge à se marier.

BLANCHE.

Ah!

POITRINAS.

Mais vous aussi, je crois...

BLANCHE.

Moi? je ne sais pas... Papa ne m'en a pas encore parlé. (A part.) Est-ce qu'il viendrait demander ma main pour M. Edmond?

POITRINAS.

J'aurais une petite question à vous adresser.

BLANCHE, à part.

Ah! mon Dieu, voilà que j'ai peur!

POITRINAS.

Quand on bêche dans le jardin, qu'est-ce qu'on trouve?

JEAN, à part.

C'est un tic.

BLANCHE.

Dame!... on trouve de la terre... des pierres...

POITRINAS, vivement.

Avec des inscriptions?

BLANCHE.

Ah! je ne sais pas.

POITRINAS.

Nous vérifierons cela... plus tard,

BLANCHE.

Si vous voulez passer dans votre chambre... je vais vous installer.

POITRINAS, prenant sa valise.

Volontiers.

BLANCHE.

Vos fenêtres donnent sur le jardin.

POITRINAS.

Tant mieux, j'examinerai la configuration du terrain, (A part, reniflant.) Ça sent le romain, ici!

Il entre à gauche avec Blanche.

JEAN.

Et il va coucher ici, cet homme-là?... Il me fait peur!

Ils sortent tous les trois par le premier plan à droite, Jean le dernier.

SCÈNE V.

CABOUSSAT, puis JEAN.

CABOUSSAT, paraît au fond avec un chou sous un bras et une betterave sous l'autre.

L'affaire du père Madou est arrangée. Je lui ai demandé un de ses choux... comme objet d'art... Je lui ai dit que je le mettrais dans mon salon. Il y avait là un voisin, dans son champ de betteraves, qui commençait à faire la grimace. Je ne pouvais faire moins pour lui que pour l'autre... C'est un électeur... Alors je lui ai demandé aussi une betterave... comme objet d'art... Il faut savoir prendre les masses. (Embarrassé de son chou et de sa betterave.) C'est très-lourd, ces machines-là! (Appelant.) Jean!

SCÈNE CINQUIÈME.

JEAN, entrant par le premier plan à droite

Mon ieur...

CABOUSSAT.

Débarrasse-moi de ça... tu mettras le chou dans le pot... quant à la betterave, tu la feras cuire ; on en fait des ronds, c'est très-bon dans la salade.

JEAN, à part, sortant par le fond.

Voilà monsieur qui fait son marché maintenant.

CABOUSSAT, seul.

Tout en promenant mon chou, j'ai réfléchi à ce que m'a dit Machut... Je serais maire, le premier magistrat d'Arpajon ! puis conseiller général ! puis député !... et après ? le portefeuille ! qui sait ?... (Tristement.) Mais non ! ça ne se peut pas !... Je suis riche, considéré, adoré... et une chose s'oppose à mes projets... la grammaire française !... Je ne sais pas... (Regardant autour de lui avec inquiétude.) je ne sais pas l'orthographe ! Les participes surtout, on ne sait par quel bout les prendre... tantôt ils s'accordent, tantôt ils ne s'accordent pas... quels fichus caractères ! Quand je suis embarrassé, je fais un pâté... mais ce n'est pas de l'orthographe ! Lorsque je parle, ça va très-bien, ça ne se voit pas... j'évite les liaisons... A la campagne, c'est prétentieux... et dangereux... je dis : « Je suis allé... » (Il prononce sans lier l's avec l'a.) Ah ! dame, de mon temps, on ne moisissait pas dans les écoles... j'ai appris à écrire en vingt-six leçons, et à lire... je ne sais pas comment... puis je me suis lancé dans le commerce des bois de charpente... je cube, mais je ne rédige pas... (Regardant autour de lui.) pas même les discours que je prononce... des discours étonnants !... Arpajon m'écoute la bouche ouverte... comme un imbécile !... On me croit savant... j'ai une réputation... mais grâce à qui ? grâce à un ange...

SCÈNE VI.

CABOUSSAT, BLANCHE, revenant par le premier plan à droite.

BLANCHE, paraissant.

Papa...

CABOUSSAT, à part.

Le voici ! voici l'ange !

BLANCHE, tenant un papier.

Je te cherchais pour te remettre le discours que tu dois prononcer au comice agricole.

CABOUSSAT.

Si je suis réélu... Tu l'as revu ?

BLANCHE.

Recopié seulement.

CABOUSSAT.

Oui... comme les autres... (L'embrassant.) Ah ! chère petite... sans toi !...(Dépliant le papier.) Comment trouves-tu le commencement ?

BLANCHE.

Très-beau !

CABOUSSAT, lisant.

« Messieurs et chers collègues, l'agriculture est la plus noble des professions... » (S'arrêtant.) Tiens ! tu as mis deux s à profession ?

BLANCHE.

Sans doute...

SCÈNE SEPTIÈME.

CABOUSSAT, l'embrassant.

Ah! chère petite!... (A part.) Moi, j'avais mis un *t*... tout simplement. (Lisant.) « La plus noble des professions. » (Parlé.) Avec deux *s*. (Lisant.) « J'ose le dire, celui qui n'aime pas la terre, celui dont le cœur ne bondit pas à la vue d'une charrue, celui-là ne comprend pas la richesse des nations!... » (S'arrêtant.) Tiens, tu as mis un *t* à nations?

BLANCHE.

Toujours.

CABOUSSAT, l'embrassant.

Ah! chère petite!... (A part.) Moi, j'avais mis un *s* tout simplement!... les *t*, les *s*... jamais je ne pourrai retenir ça! (Lisant.) « La richesse des nations... » (Parlé.) Avec un *t*...

BLANCHE, tout à coup.

Ah! papa, tu ne sais pas? M. Poitrinas vient d'arriver

CABOUSSAT.

Comment! Poitrinas d'Étampes? (A part.) Un vrai savant, lui! (Haut.) Où est-il, ce cher ami?

Poitrinas paraît.

SCÈNE VII.

CABOUSSAT, BLANCHE, POITRINAS.

CABOUSSAT, allant vers Poitrinas.

Ah! cher ami! quelle heureuse visite!

Ils se serrent la main.

POITRINAS.

Il y a longtemps que je désirais explorer votre canton au point de vue archéologique.

Blanche remonte

CABOUSSAT.

Ah! oui, les petits pots cassés! ça vous amuse toujours?

POITRINAS.

Toujours! Je voulais aussi vous parler d'une affaire... d'une grande affaire...

BLANCHE, à part.

La demande! (Haut.) Je vous laisse... (A Poitrinas, très-aimable.) J'espère, monsieur, que vous passerez quelques jours avec nous?

POITRINAS.

Je n'ose vous le promettre... Cela dépendra de mes fouilles... Si je trouve.... je reste.

BLANCHE.

Vous trouverez... espérons-le.

Elle sort par le premier plan à droite.

SCÈNE VIII.

CABOUSSAT, POITRINAS.

CABOUSSAT.

N'est-ce pas qu'elle est gentille, ma petite Blanche?

POITRINAS.

Charmante! et c'est avec bonheur que... mais plus tard... Mon ami, je vous apporte une nouvelle... considérable!...

CABOUSSAT.

A moi?

POITRINAS.

Vous venez d'être nommé, sur ma recommandation, membre correspondant de l'Académie d'Étampes.

SCÈNE HUITIÈME.

CABOUSSAT, à part.

Académicien!... Il me fourre dans l'Académie!

POITRINAS.

Eh bien, voilà une surprise!

CABOUSSAT.

Ah oui!... pour une surprise... Mais je ne sais vraiment si je dois accepter... j'ai de bien faibles titres.

POITRINAS.

Et vos discours?

CABOUSSAT.

Ah! c'est pour mes discours... Chère petite!

POITRINAS.

Et puis j'avais mon idée en vous présentant... Vous pourrez nous être fort utile.

CABOUSSAT.

Comment?

POITRINAS.

Vous surveillerez les fouilles que je vais entreprendre dans ce pays; vous relèverez les inscriptions latines et vous nous enverrez des rapports.

CABOUSSAT, effrayé.

En latin?

POITRINAS, mystérieusement.

Chut!... Je soupçonne aux environs d'Arpajon la présence d'un camp de César.... N'en parlez pas!

CABOUSSAT.

Soyez tranquille!

POITRINAS.

Notre département n'en a pas... c'est peut-être le seul.

CABOUSSAT.

C'est une tache.

POITRINAS.

Alors, j'ai fait des recherches... que je vous communiquerai... Gabius Lentulus a dû passer par ici...

CABOUSSAT.

Vraiment ?... Gabius... Lin... turlus... Vous en êtes sûr ?

POITRINAS.

Certain !... N'en parlez à personne.

Il remonte.

CABOUSSAT.

Soyez donc tranquille.

POITRINAS.

Mais je suis venu encore pour un autre motif... Mon fils Edmond a vu cet été mademoiselle Blanche à Étampes... Il a conçu pour elle un sentiment ardent mais honorable... et je profite de l'occasion de mes fouilles pour vous faire une ouverture de mariage.

CABOUSSAT.

Mon Dieu !... je ne dis pas non... mais je ne dis pas oui... Il faut que je consulte ma fille...

POITRINAS.

C'est trop juste... Edmond est un bon jeune homme, affectueux, rangé, jamais de liqueurs... excepté dans son café...

CABOUSSAT.

Le gloria...

POITRINAS.

Cent trente mille francs de dot...

CABOUSSAT.

C'est à peu près ce que je donne à Blanche.

SCÈNE HUITIÈME.

POITRINAS.

Mais avant tout, il faut être franc... Edmond a un défaut... un défaut qui est presque un vice...

CABOUSSAT.

Ah! diable!... lequel?

POITRINAS.

Eh bien! sachez... Non!... je ne puis pas!... moi, président de l'Académie d'Étampes. (Lui tendant une lettre.) Tenez, lisez...

CABOUSSAT.

Une piquante chanson contre l'Académie?

POITRINAS.

Une lettre qu'il m'a adressée il y a huit jours... et que je vous soumets avec confusion.

CAROUSSAT.

Vous m'effrayez!... voyons. (Lisant.) « Mon cher papa, il faut que je te fasse un aveu dont dépend le bonheur de toute ma vie... »

POITRINAS, à part.

Dépend avec un *t*... le misérable!

CABOUSSAT, lisant.

« J'aime mademoiselle Blanche d'un amour insensé, depuis que je l'ai vue... »

POITRINAS, à part.

Vu... sans *e!*... Le régime est avant, animal!

CABOUSSAT, lisant.

« Je ne mange plus, je ne dors plus... »

POITRINAS, à part.

Dors... il écrit ça comme dorer!

CABOUSSAT, lisant.

« Son image emplit ma vie et trouble mes rêves... «

POITRINAS, à part.

Rêves... *r-a-i*... (Haut.) C'est atroce, n'est-ce pas ?

CABOUSSAT.

Quoi ?

POITRINAS.

Enfin, je devais vous le dire ; maintenant, vous le savez.

CABOUSSAT.

Je sais qu'il adore ma fille.

POITRINAS.

Oui, mais contre toutes les règles... Voyez, décidez... Je vais faire une petite inspection dans votre jardin... il m'a semblé reconnaître un renflement de terrain... ça sent le romain... A bientôt.

Il sort par le fond.

SCÈNE IX.

CABOUSSAT, puis BLANCHE.

CABOUSSAT, mettant la lettre dans sa poche.

De quel diable de défaut a-t-il voulu me parler ? (Blanche paraît habillée.) Tiens ! tu as fait toilette ?... tu vas sortir ?

BLANCHE, revenant par le premier plan à droite.

Oui, je dois, depuis longtemps, une visite à notre voisine, madame de Vercelles... C'est une famille très-portée pour ton élection... je prendrai la voiture.

SCÈNE NEUVIÈME.

CABOUSSAT.

Un mot seulement... Blanche, as-tu quelquefois songé à te marier?

BLANCHE, sournoisement.

Moi?... jamais, papa!

CABOUSSAT.

Enfin, s'il se présentait un parti honorable... un bon jeune homme... affectueux, rangé... jamais de liqueurs... excepté dans son café...

BLANCHE, à part.

M. Edmond!

CABOUSSAT.

Éprouverais-tu quelque répugnance?

BLANCHE, vivement.

Oh non!..... c'est-à-dire... je ferai tout ce que tu voudras.

CABOUSSAT.

Moi, je désire que tu sois heureuse... c'est bien le moins... après ce que tu fais pour moi...

BLANCHE.

Quoi donc?

CABOUSSAT.

Eh bien... (Regardant autour de lui.) mes discours, mes lettres...

BLANCHE, avec embarras.

Je les recopie.

CABOUSSAT.

Oui... c'est convenu... nous ne devons pas en parler... (Il l'embrasse au front.) Va... et reviens bien vite.

Blanche sort par le fond.

SCÈNE X

CABOUSSAT, puis JEAN, puis POITRINAS.

CABOUSSAT, seul.

Ah çà! j'ai un invité, il faut que je songe au dîner... Un académicien, ça doit aimer les petits plats... (Appelant.) Jean!

JEAN.

Monsieur?

CABOUSSAT.

Qu'est-ce que nous avons pour dîner?

JEAN.

Monsieur... il y a le chou... ensuite la betterave...

CABOUSSAT.

Je ne te parle pas de ça, imbécile!

JEAN.

Dame! puisque monsieur fait son marché lui-même... monsieur se méfie...

POITRINAS, entrant triomphant par le fond; il porte un fragment de cuisinière plein de terre et une vieille broche rouillée.

Je suis venu, j'ai fouillé, j'ai trouvé!

CABOUSSAT.

Qu'est-ce que c'est que ça?

POITRINAS.

Un bouclier romain... *scutum*... le bouclier long, vous savez...

SCÈNE DIXIÈME.

CABOUSSAT.

Oui...

POITRINAS.

Clypeus... c'est le bouclier rond...

JEAN, bas, à Caboussat.

Monsieur, c'est notre vieille cuisinière qui était percée.

CABOUSSAT.

Parbleu! je l'ai bien reconnue!

POITRINAS, brandissant la broche.

Maintenant voici le *gladium*... l'épée du centurion... pièce extrêmement rare...

JEAN, bas, à Caboussat.

C'est notre broche cassée...

CABOUSSAT, à part.

Cet homme-là trouverait du romain dans une allumette chimique!

Poitrinas est allé déposer les objets dont il a parlé sur la table au fond et revient au milieu.

POITRINAS, enthousiasmé.

Mon ami, j'ai découvert un tumulus au fond du jardin!

JEAN, à part, inquiet.

Comment! au fond du jardin?

POITRINAS.

Je suis en nage... c'est la joie... et la pioche... (A Jean) Tu vas aller me chercher tout de suite deux sous de blanc d'Espagne... tu le passeras dans un tamis et tu me l'apporteras dans une terrine.

CABOUSSAT.

Qu'est-ce que vous voulez faire de ça?

POITRINAS.

Je veux nettoyer ces fragments... j'espère y découvrir quelques inscriptions... (A Jean.) Va !

JEAN.

Tout de suite. (A part.) Ça, c'est un marchand de vieilles ferrailles !

Il sort.

POITRINAS, à Caboussat.

Ah ! j'oubliais... il y a un abricotier qui me gêne.

CABOUSSAT.

Où ça ?

POITRINAS.

Au fond... à gauche... Je vous demanderai la permission de l'abattre.

CABOUSSAT.

Ah non ! permettez... Il n'y a que lui qui me donne... Les abricots sont petits, mais d'un juteux...

POITRINAS.

Mon cher collègue, je vous le demande au nom de la science.

CABOUSSAT.

Ah ! du moment que c'est pour la science... je n'ai rien à lui refuser. (A part.) A elle qui me refuse tout !

POITRINAS.

Merci, merci... pour l'archéologie !... Je retourne continuer mes recherches. (Fausse sortie.) A propos, avez-vous parlé à votre fille du mariage ?

CABOUSSAT.

Je lui en ai touché un mot... la proposition n'a pas déplu.

POITRINAS.

Et le défaut, le lui avez-vous confié?

CABOUSSAT.

Pas encore... je cherche un biais.

POITRINAS

C'est horrible, n'est-ce pas?... Je retourne là-bas... ça embaume le romain!

Il sort par le fond.

SCÈNE XI.

CABOUSSAT, puis MACHUT.

CABOUSSAT, seul.

Il commence à m'inquiéter avec ce défaut... qui est presque un vice!... je ne serais pourtant pas fâché de le connaître.

MACHUT, paraissant au fond, très-animé et parlant à la cantonade.

C'est une calomnie... et je le prouverai!

CABOUSSAT.

Machut!... à qui en as-tu donc?

MACHUT.

C'est M. Chatfinet, votre concurrent... qui fait courir sur mon compte un bruit infâme!

CABOUSSAT.

Un bruit... infâme?

Il ne fait pas sentir la liaison.

MACHUT.

Il prétend que j'ai tué votre vache.

CABOUSSAT.

Mais c'est faux... puisqu'elle était morte avant ton arrivée.

MACHUT.

Eh bien, écrivez-moi ça sur un bout de papier, pour que je le confonde, cet animal-là !

CABOUSSAT.

Écrire, moi?... (A part.) Et ma fille qui n'est pas là! (Haut.) Mon ami, il est des injures auxquelles un homme qui se respecte ne doit répondre que par le silence et le mépris.

MACHUT.

Oui, mais, moi, je préfère l'aplatir... Vite! écrivez-moi un mot...

CABOUSSAT.

Tu n'y penses pas... j'aurais l'air de te donner un certificat.

MACHUT.

Précisément, voilà ce que je veux...

CABOUSSAT.

Non... je ne peux pas... c'est impossible...

MACHUT.

Comment! vous me refusez?... vous refusez de dire la vérité?... moi qui, depuis huit jours, piétine dans les campagnes pour vous ramasser des voix..

CABOUSSAT.

Tu as raison.. ce certificat, je te le donnerai.

MACHUT.

Ah!

SCÈNE ONZIÈME.

CABOUSSAT.

Plus tard... demain...

MACHUT.

Tout de suite... Les électeurs sont assemblés, et je veux le faire lire à tout le monde.

CABOUSSAT, à part.

A tout le monde!... Et ma fille qui n'est pas là!

MACHUT.

Il s'agit de ma réputation, de mon honneur de vétérinaire... Si je ne démens pas sur-le-champ un pareil bruit, mon état est perdu; je suis ruiné, obligé de quitter le pays... (Avec attendrissement.) Songez que j'ai une femme et cinq enfants.

CABOUSSAT, faiblissant, à part.

Le fait est qu'il a cinq enfants...

MACHUT, confidentiellement.

Et un autre en route...

CABOUSSAT, à part.

Et un autre... en route...

MACHUT, préparant le papier sur la table.

Voyons... mettez-vous là... Il vous est si facile de griffonner deux lignes, à vous, un savant.

Il le fait passer à la table.

CABOUSSAT, s'asseyant.

Deux lignes... seulement?

MACHUT.

Je certifie que ma vache était déjà morte quand le sieur Machut s'est présenté chez moi... » Ce n'est pas long.

CABOUSSAT.

C'est vrai. (A part.) Après ça, en m'appliquant et en faisant des pâtés... (Il se met à la table et écrit.) « Je certifie... » (A part.) f... i... fi... non! je crois qu'il faut un *t* à la fin... Ces diables de *t*... Bah! je vais faire un pâté!

Il continue à écrire.

MACHUT.

Ah! nous allons voir un peu le nez que fera M. Chafinet!

CABOUSSAT, se levant et lui remettant le papier.

Voilà, mon ami... Il y a quelques pâtés par-ci par-là... mais j'ai une mauvaise plume.

MACHUT.

Ça n'y fait rien, avec un pareil papier, je suis tranquille...

CABOUSSAT, à part.

Oui... mais, moi, je ne le suis pas

SCÈNE XII.

LES MÊMES, BLANCHE.

BLANCHE, paraissant au fond.

Me voici de retour.

CABOUSSAT.

Ah! tu arrives bien tard... je viens d'écrire un certificat... moi-même.

BLANCHE, effrayée.

Comment?

SCÈNE DOUZIÈME.

MACHUT, montrant le papier.

Le voici; je vais le montrer à tout le monde...

Il met la lettre dans sa poche de redingote et cherche son chapeau.

CABOUSSAT, bas, à sa fille.

Tu n'étais pas là!...

BLANCHE, bas, à son père.

A tout prix, il faut ravoir cette lettre!

CABOUSSAT.

Oui, mais comment?

BLANCHE, à part.

Elle est dans la poche de sa redingote... Oh! quelle idée! (Haut, à Machut.) Monsieur Machut, avez-vous votre trousse, votre lancette?

MACHUT.

Oui, pourquoi?

BLANCHE.

Courez vite! la jument baie vient de tomber d'un coup de sang en rentrant.

CABOUSSAT.

Ah! mon Dieu! la jument!... et ce matin, la vache!

MACHUT.

J'y cours... pourvu qu'on ne m'accuse pas encore...

Il remonte.

BLANCHE.

Laissez votre redingote... elle vous gênera!

MACHUT, sortant vivement.

Non, ça me retarderait.

Il sort par le pan coupé gauche.

BLANCHE

Manqué !

CABOUSSAT.

Quoi ?... Et tu penses que ce pauvre animal...

BLANCHE.

Il se porte très-bien.

CABOUSSAT.

Comment ?

BLANCHE.

Une ruse pour obliger Machut à ôter sa redingote, et pour reprendre la lettre...

CABOUSSAT.

Ah ! je comprends ! Il opère toujours en bras de chemise.

BLANCHE.

Pourvu maintenant qu'il n'aille pas trouver que la jument est malade !

CABOUSSAT.

Oh ! je suis tranquille... Machut connaît son affaire... il a une manière de regarder les bêtes dans l'œil... il leur ouvre la paupière... et il vous dit : « Ça, c'est une entorse !... »

SCÈNE XIII.

Les Mêmes, MACHUT, puis JEAN.

MACHUT, paraissant au fond.

Voilà !... c'est fait.

SCÈNE TREIZIÈME.

CABOUSSAT.

Quoi?

MACHUT.

Je l'ai saignée!

CABOUSSAT.

Allons, bon!

MACHUT.

Abondamment... Deux minutes de plus, l'animal était perdu.

CABOUSSAT, à part.

Et dire que, si je savais l'orthographe, on n'aurait pas saigné Cocotte!

JEAN, entrant avec une terrine pleine de blanc d'Espagne.

Voilà le blanc d'Espagne.

BLANCHE, à part.

Oh! (Bas, à Jean.) Jette tout cela sur Machut.

JEAN, étonné.

Hein! plait-il?

BLANCHE, bas.

Va donc!

JEAN, à part.

Je veux bien, moi!

Il passe entre Machut et Caboussat, et renverse la terrine sur la redingote de Machut.

MACHUT.

Ah! sapristi!

BLANCHE, marchant sur Jean

Maladroit!

CABOUSSAT.

Imbécile !

JEAN.

Mais c'est mamzelle qui m'a dit...

BLANCHE.

Moi ?

CABOUSSAT.

Tais-toi, animal ! butor !

JEAN, se sauvant par la porte de droite

Je vais chercher une brosse !

CABOUSSAT, à Machut.

Vite ! ôtez votre redingote !

MACHUT.

Merci ! ce n'est pas la peine...

BLANCHE.

Si !

CABOUSSAT, exaspéré.

Mais ôtez donc votre redingote !

Il le dépouille, aidé de sa fille

BLANCHE, se sauvant avec la redingote.

Un coup de brosse... je reviens.

Elle sort vivement par le premier plan gauche.

SCÈNE XIV.

CABOUSSAT, MACHUT, puis JEAN, puis POITRINAS

MACHUT.

Vraiment, c'est trop d'obligeance !... quand je pense que mademoiselle Blanche va brosser elle-même...

SCÈNE QUATORZIÈME.

CABOUSSAT.

Oui, nous sommes comme ça...

MACHUT, à part

On voit bien que c'est le jour des élections...

JEAN, entrant vivement par la porte de droite.

Voilà la brosse !

Il brosse la chemise de Machut, par inadvertance.

MACHUT, le repoussant.

Aïe ! tu me piques avec ta brosse !

POITRINAS, entrant par le fond, avec des fragments de vaisselle cachés dans un mouchoir.

Ah ! mes enfants !... quelle chance !... quelle émotion !... J'ai mis à jour un tumulus... sous l'abricotier.

JEAN, à part.

Ma cachette !

POITRINAS, tirant du mouchoir un morceau de porcelaine doré

Examinez d'abord ceci !

JEAN, à part.

Ah ! saperlotte ! le saladier doré !

CABOUSSAT.

Hein ! (Regardant Jean.) Mais je reconnais ça !

POITRINAS.

Le chiffre est dessus... un F et un C.

CABOUSSAT, à part.

François Caboussat.

POITRINAS.

Fabius Cunctator ! c'est signé !

CABOUSSAT, faisant de gros yeux à Jean.

Qui est-ce qui a cassé ça ?

POITRINAS.

Les Romains, parbleu !

JEAN.

C'est les Romains!... Ah! il est embêtant, il déterre tout ce que je casse!

<small>Il sort par le pan coupé gauche.</small>

POITRINAS, <small>tirant un fragment de vase nocturne.</small>

Voici un autre fragment... Savez-vous ce que c'est que ça?...

MACHUT, <small>s'approchant.</small>

Voyons... (Se reculant tout à coup.) Je connais ça.

CABOUSSAT, <small>même jeu.</small>

Moi aussi!... (A part.) Pourquoi nous apporte-t-il cela ici?

POITRINAS.

Très-rare! C'est un lacrymatoire... de la décadence.

CABOUSSAT.

Ça?... (A part.) Au fait, à quoi bon le détromper... ça lui fait plaisir...

POITRINAS.

Quand les Romains perdaient un membre de leur famille, c'est là dedans qu'ils épanchaient leur douleur...

MACHUT.

Vraiment? Singulier peuple!

<small>Poitrinas remonte au fond et range tous ses fragments sur le buffet.</small>

JEAN, <small>revenant par le pan coupé gauche, à Machut.</small>

Voici votre redingote.

MACHUT, <small>l'endossant.</small>

Merci... (Se fouillant.) Ai-je bien ma lettre? (Il la tire.) Oui, la voilà!...

SCÈNE QUINZIÈME.

CABOUSSAT, à part.

L'écriture de Blanche!... Je suis sauvé!

MACHUT.

Je vous quitte... je vais aux élections... je reviendrai vous en donner des nouvelles.

Il sort par le fond.

CABOUSSAT, bas, à Jean.

A nous deux maintenant!

JEAN, craintif.

Monsieur?

CABOUSSAT.

Ici! ici!

JEAN, s'approchant.

Voilà!

CABOUSSAT.

M'expliqueras-tu maintenant comment le saladier doré...?

JEAN.

Pardon... on m'attend pour fendre du bois.

Il sort vivement par le pan coupé gauche.

SCÈNE XV.

CABOUSSAT, POITRINAS, puis BLANCHE.

POITRINAS, au fond, rangeant sur le buffet.

Un morceau de verre!... du verre!

CABOUSSAT, à part.

Bien! ma carafe!

POITRINAS, descendant.

Et il y a des ânes qui prétendent que les Romains ne connaissaient pas le verre!... et taillé! Je vais leur décocher un mémoire.

CABOUSSAT.

Et vous ferez bien!

POITRINAS.

Mon ami, je vous dois un des plus beaux jours de ma vie... et je veux, sans tarder, faire connaître à mes collègues... (Se reprenant.) à nos collègues de l'Académie d'Étampes ce grand fait archéologique..

CABOUSSAT.

C'est une bonne idée.

POITRINAS.

Je vais les prier de nommer une sous-commission pour continuer les fouilles dans votre jardin.

CABOUSSAT.

Ah! mais non!

POITRINAS.

Au nom de la science! vite! une plume... de l'encre!
Il passe à la table.

CABOUSSAT.

Tenez... là!... sur mon bureau.
Il l'installe à son bureau

POITRINAS.

Ah! vous vous servez de plumes d'oie?...

CABOUSSAT.

Toujours! (Avec importance.) Une habitude de quarante années!

POITRINAS.

Elle est trop tendue... Vous n'auriez pas un canif?

SCÈNE QUINZIÈME.

CABOUSSAT, lui donnant un canif.

Si... voilà!

POITRINAS, tout en taillant sa plume.

Ah! les Romains ne connaissaient pas le verre! (Poussant un cri.) Aïe!

CABOUSSAT.

Quoi?

POITRINAS.

Je me suis coupé!

CABOUSSAT.

Attendez... dans le tiroir... un chiffon... (Lui emmaillottant le doigt.) Je vais vous arranger une petite poupée... Ne bougez pas... La... voilà ce que c'est...

POITRINAS.

Merci... Maintenant je vais vous demander un service.

CABOUSSAT.

Lequel?

POITRINAS.

C'est de tenir la plume à ma place; je vais dicter.

CABOUSSAT, à part.

Diable! (Haut.) Mais... c'est que...

POITRINAS.

Quoi?

CABOUSSAT.

Écrire à une académie...

POITRINAS.

Puisque vous êtes membre correspondant... c'est pour correspondre...

CABOUSSAT va s'asseoir à la table.

C'est juste! (A part, s'asseyant au bureau.) Ils ont tous la rage de me faire écrire aujourd'hui... et ma fille qui n'est pas là !

POITRINAS.

Y êtes-vous ?

CABOUSSAT.

Un moment ! (A part.) Peut-être qu'avec beaucoup de pâtés...

POITRINAS, dictant.

« Messieurs et chers collègues... l'archéologie vient de s'enrichir... »

CABOUSSAT, à part.

Allons, bon ! voilà qu'il me flanque des mots difficiles... Archéologie !

POITRINAS.

Vous y êtes ?

CABOUSSAT.

Attendez... (A part.) Archéologie... est-ce q-u-é qué ? ou k-é ? Oh ! une idée !

Il prend le canif et taille sa plume.

POITRINAS, dictant.

« Vient de s'enrichir, grâce à mes infatigables travaux... »

CABOUSSAT, poussant un cri.

Aïe !

POITRINAS.

Quoi

CABOUSSAT.

Je me suis coupé... Donnez-moi du chiffon dans le tiroir.

Poitrinas ouvre le tiroir et y prend un chiffon.

SCÈNE QUINZIÈME.

POITRINAS.

En voilà... Attendez... je vais à mon tour...

Il lui emmaillotte le doigt.

CABOUSSAT, à part, agitant son doigt emmaillotté.

Ça y est!... je suis sauvé!

POITRINAS, agitant aussi son doigt.

C'est désolant... Enfin, j'écrirai demain.

CABOUSSAT.

Voulez-vous que j'appelle ma fille? Elle rédige comme Noël et Chapsal.

POITRINAS, soupirant.

Ah! vous êtes un heureux père, vous! Croyez-vous qu'elle consente à accepter mon fils?

CABOUSSAT.

Pourquoi pas?

POITRINAS.

Excusez-moi... c'est un petit détail de ménage... mais je désirerais avoir une prompte réponse... parce qu'il y a, sur le cours, à Étampes, une maison charmante qui sera libre à la Toussaint...

CABOUSSAT.

Eh bien?

POITRINAS.

Je la louerais pour le jeune ménage.

CABOUSSAT.

Comment! ma fille habiterait Étampes?

POITRINAS.

Sans doute : la femme suit son mari.

CABOUSSAT, à part.

Ah! mais non! ça ne me va pas! mon orthographe

serait à Étampes et moi à Arpajon! Ça ne se peut pas!

BLANCHE, paraissant par la porte du premier plan à gauche.

Je vous dérange?...

POITRINAS.

Je vous laisse, mademoiselle; je viens de prier monsieur votre père de vous faire une communication... considérable...

BLANCHE.

Ah!

POITRINAS.

Et je serais bien heureux de vous la voir agréer.

UNE VOIX, en dehors.

Monsieur Poitrinas! monsieur Poitrinas!

POITRINAS.

C'est votre jardinier que j'ai chargé d'un nouveau sondage sous le prunier. (Saluant Blanche.) Mademoiselle...

Il sort par le fond.

SCÈNE XVI.

CABOUSSAT, BLANCHE.

CABOUSSAT, à part.

Décidément ce jeune homme-là ne nous convient pas du tout... D'abord, il a un défaut... Je ne sais pas lequel... mais c'est presque un vice.

BLANCHE.

Eh bien, papa... et cette communication?

CABOUSSAT.

Voilà ce que c'est... une bêtise... un enfantillage...

SCÈNE SEIZIÈME.

Poitrinas ne s'est-il pas mis dans la tête de te marier à son fils Edmond...

BLANCHE.

Ah! vraiment?

CABOUSSAT.

Tu ne le connais pas... je vais te le dépeindre... Ce n'est pas un mauvais sujet... mais il est chauve, myope, petit, commun... avec un gros ventre...

BLANCHE.

Mais, papa...

CABOUSSAT.

Ce n'est pas pour t'influencer... car tu es parfaitement libre... De plus, il lui manque trois dents... par devant.

BLANCHE

Oh! par exemple!

CABOUSSAT.

De plus... il a un défaut... un défaut énorme... qui est presque un vice...

BLANCHE, effrayée.

Un vice, M. Edmond!

CABOUSSAT, tirant la lettre remise par Poitrinas.

Attends! je l'ai là, dans ma poche... Écoute et frémis! (A part.) Elle trouvera peut-être le défaut, elle! (Lisant.) « Mon cher papa, il faut que je te fasse un aveu... dont dépend le bonheur de toute ma vie... j'aime mademoiselle Blanche d'un amour insensé... »

BLANCHE, à part, touchée.

Ah! qu'il est bon!

CABOUSSAT, lisant.

« Depuis que je l'ai vue, je ne mange plus, je ne dors plus... »

BLANCHE, à part.

Pauvre garçon!

CABOUSSAT.

Le trouves-tu?

BLANCHE.

Non!

CABOUSSAT, à part.

Alors, c'est plus loin. (Lisant.) « Son image emplit ma vie... » (Parlé.) C'est atroce, n'est-ce pas?

BLANCHE.

Oh! c'est bien doux, au contraire!

CABOUSSAT.

Comment, doux?... (Mettant vivement la lettre dans sa poche.) J'étais sûr que ce mariage ne te conviendrait pas!

BLANCHE.

Mais, papa...

SCÈNE XVII.

LES MÊMES, POITRINAS, revenant par le fond.

POITRINAS, paraissant.

On a abattu un prunier... mais il n'y avait rien dessous!

CABOUSSAT.

Mon prunier? que diable!...

POITRINAS, à Blanche.

Eh bien, mademoiselle, quelle réponse dois-je porter à mon fils?...

SCÈNE DIX-SEPTIÈME.

BLANCHE.

Mon Dieu, monsieur...

CABOUSSAT, bas, à Blanche.

Laisse-moi répondre... (A Poitrinas.) J'ai le regret, mon cher ami, de vous annoncer qu'il nous est impossible de passer par-dessus le défaut...

POITRINAS.

Je vous comprends... Je m'y attendais...

CABOUSSAT, à sa fille.

Tu vois... monsieur s'y attendait...

POITRINAS.

Mais ne m'ôtez pas tout espoir... et promettez-moi... qu'un jour... si, par impossible, Edmond parvenait à se faire recevoir bachelier...

CABOUSSAT.

Oh! alors!...

BLANCHE.

Bachelier?

POITRINAS.

Nous nous comprenons... Je vais refermer ma valise et repartir immédiatement.

Il remonte.

BLANCHE, à Caboussat.

Comment!

POITRINAS, redescendant.

J'ai hâte de reporter cette mauvaise nouvelle à mon fils. (Blanche remonte à la table au premier plan et s'assied.) Mais j'ai encore une prière à vous adresser... Voulez-vous me permettre d'emporter ces fragments d'un autre âge?

CABOUSSAT.

Faites donc!... puisque c'est cassé...

POITRINAS.

Je m'engage à les déposer au musée d'Étampes, avec cette inscription : CABOUSSATUS DONAVIT.

<small>Il a été prendre les objets sur la table du fond.</small>

CABOUSSAT.

Vous êtes bien bon!

POITRINAS, entrant dans sa chambre.

Je vais boucler ma valise.

<small>Il sort par la porte latérale à droite.</small>

SCENE XVIII.

CABOUSSAT, BLANCHE, puis MACHUT, puis JEAN.

<small>Blanche s'est assise devant le bureau et met ses mains devant ses yeux.</small>

CABOUSSAT.

Allons, voilà une affaire terminée!... Es-tu contente?.. Comment! tu pleures?... Qu'as-tu donc?

BLANCHE, se lève et traverse devant son père.

Je crois bien! vous calomniez M. Edmond! Il n'est pas myope; il est grand, distingué, spirituel...

CABOUSSAT.

Tu le connais donc?

BLANCHE.

Nous avons dansé ensemble cet été.

CABOUSSAT.

Ah! diable!... et... et il ne te déplaît pas, ce jeune homme?

SCÈNE DIX-HUITIÈME.

BLANCHE, baissant la tête.

Pas beaucoup.

CABOUSSAT, à part.

Elle l'aime! pauvre petite!... que j'ai fait pleurer!...

MACHUT, entrant, un bouquet à la main, par le fond.

Vous êtes nommé... Chatfinet n'a eu qu'une voix... la sienne... (Caboussat ne répond pas.) Ça n'a pas l'air de vous faire plaisir...

CABOUSSAT, préoccupé.

Si... si... beaucoup...

MACHUT.

A la bonne heure!... (Appelant.) Jean!... Je lui ai dit de préparer deux paniers de vin.

CABOUSSAT.

Pour quoi faire?

MACHUT.

Pour arroser la classe agricole... c'est l'usage!... (Appelant.) Jean! Jean! du liquide!

JEAN, entrant avec deux paniers de vin par le pan coupé à droite.

Voilà! voilà! (Bas, à Machut.) J'ai fourré une bouteille de bordeaux pour les gens de la maison.

MACHUT, lui prenant un panier.

Allons! en route!

Il sort avec Jean par le fond.

CABOUSSAT, à part.

Ma pauvre petite Blanche... il n'y a pas à hésiter

Il s'asseoit devant le bureau et prend la plume

BLANCHE, à part, étonnée.

Comment! il écrit... tout seul?

Elle s'approche doucement de son père, de façon à lire ce qu'il écrit par-dessus son épaule.

CABOUSSAT, écrivant.

« Arpajonais... je donne ma démission... »

BLANCHE.

Par exemple!

Elle prend le papier et le déchire

CABOUSSAT.

Que fais-tu?

BLANCHE, bas.

Démission prend deux s!

CABOUSSAT, se levant.

J'ai encore mis un *t*... (A part.) Je ne peux pas même donner ma démission sans ma fille (On entend la voix de Poitrinas dans la coulisse.) Lui!

BLANCHE.

Je me retire.

CABOUSSAT.

Non... reste!

SCÈNE XIX.

LES MÊMES, POITRINAS.

POITRINAS, avec sa valise et ses objets.

Mon cher collègue, avant de prendre congé de vous...

CABOUSSAT, lui prenant sa valise

Mon ami, souvent femme varie... Je viens de causer longuement avec ma fille... nous avons pesé le pour et le contre .. et j'ai la satisfaction de vous apprendre qu'elle consent à épouser votre fils Edmond.

Poitrinas laisse tomber ce qu'il porte sur les pieds de Caboussat.

SCÈNE DIX-NEUVIÈME.

POITRINAS, à Blanche.

Ah! mademoiselle! que je suis heureux! Je vais tout de suite louer la petite maison d'Étampes.

BLANCHE.

Quelle maison?

CABOUSSAT, tristement.

Celle que tu vas habiter avec ton mari.

BLANCHE, à part.

Ah! pauvre père! et ses discours! (Haut, à Poitrinas.) Monsieur Poitrinas, il y a une condition dont mon père a oublié de vous parler.

POITRINAS.

Laquelle, mademoiselle?

BLANCHE.

A aucun prix et sous aucun prétexte, je ne consentirai à quitter Arpajon.

CABOUSSAT, bas, serrant la main de sa fille.

Ah! chère petite!

POITRINAS.

Je le comprends... c'est une ville si riche au point de vue archéologique... Ce ne sera pas un obstacle... nous vous demandons seulement de venir passer deux mois par an à Étampes.

BLANCHE, regardant son père.

C'est que... deux mois...

CABOUSSAT, bas, à sa fille.

Accepte, je m'arrangerai. (A part.) J'ai un moyen, je me couperai... (Haut.) C'est convenu.

POITRINAS, à Blanche.

Que vous êtes bonne d'avoir bien voulu passer par-dessus le défaut d'Edmond!

BLANCHE.

Mais quel défaut?

POITRINAS, à Caboussat.

Comment! vous n'avez donc pas dit?

CABOUSSAT.

Non!... le courage m'a manqué... dites-le, vous! (A part.) Comme ça nous allons le connaître.

POITRINAS, à Blanche.

Mon fils est un bon jeune homme, affectueux, rangé, jamais de liqueurs, excepté dans son café...

CABOUSSAT.

Le gloria!

POITRINAS.

Mais il n'a jamais pu faire accorder les participes.

CABOUSSAT.

Ce n'est que cela! mais nous ne sommes pas des participes... pourvu que nous nous accordions.

BLANCHE.

D'ailleurs il suffira de quelques leçons... mon père connait quelqu'un qui s'en chargera.

CABOUSSAT, à part.

Un élève de plus!... Elle sera la grammaire de la famille.

CHŒUR.

AIR de M. Robillard.

La science qui doit nous plaire
Est bien la science du cœur ;
Dans un ménage, la grammaire
N'enseigne jamais le bonheur.

FIN DE LA GRAMMAIRE

LES PETITS OISEAUX

COMÉDIE

EN TROIS ACTES

Représentée pour la première fois, à Paris, sur le théâtre du VAUDEVILLE, le 1ᵉʳ avril 1862.

COLLABORATEUR: M. DELACOUR

PERSONNAGES

                                              ACTEURS
                                  qui ont créé les rôles.

BLANDINET.	MM. Numa.
FRANÇOIS, son frère.	Parade.
TIBURCE, son fils.	Saint-Germain.
LÉONCE, fils de Blandinet.	Julien Deschamps, fils
AUBERTIN, ami de Blandinet, négociant.	Chaumont.
MIZABRAN, bottier.	Boisselet.
JOSEPH, domestique.	Riquier.
UN DEUXIÈME BOTTIER.	Fromont.
HENRIETTE, femme de Blandinet.	Mmes Germa.
LAURE, fille d'Aubertin.	Adèle Simon.
PRUDENCE, femme de chambre.	Duclairet.

Les trois actes à Paris de nos jours.

LES PETITS OISEAUX

ACTE PREMIER.

Un salon élégamment meublé. Porte au fond et portes latérales. — Au milieu du théâtre, une table servie. — A gauche, un guéridon. — A droite, un divan.

SCÈNE PREMIÈRE.

HENRIETTE, LÉONCE, puis PRUDENCE et JOSEPH.

Henriette est sur le divan, brodant un sachet à serrer les mouchoirs
Léonce est assis sur un pouf auprès d'elle.

HENRIETTE.

Et voilà qu'avec tes confidences tu m'empêches de terminer mon sachet.

LÉONCE.

Le grand malheur !

HENRIETTE.

Laure ne sera pas contente.

LÉONCE.

C'est donc à elle que vous le destinez?

HENRIETTE.

C'est mon lot.. pour la loterie de bienfaisance dont elle s'occupe... Elle doit venir le chercher aujourd'hui...

LÉONCE.

Ah! nous verrons aujourd'hui mademoiselle Aubertin?

HENRIETTE.

Oui, monsieur, nous la verrons.

LÉONCE.

Et vous me promettez de lui parler?...

HENRIETTE.

Je te le promets... De ton côté, cause avec son père... et, si tout marche, comme je le crois, avant quinze jours M. et madame Blandinet auront l'honneur de faire part à leurs amis et connaissances du mariage de M. Léonce Blandinet, leur fils et beau-fils, avec mademoiselle Laure Aubertin.

LÉONCE.

Que vous êtes bonne!

HENRIETTE.

Dame! une belle-mère... doit être deux fois bonne... pour lutter contre le préjugé.

LÉONCE.

En se remariant, il me semble que mon père m'a donné une sœur...

Joseph entre, pose un ravier sur la table servie et prend la chaise placée à gauche pour la mettre près de la table.

HENRIETTE.

Ce qui n'empêche pas, monsieur, que vous devez craindre et m'obéir!

ACTE PREMIER.

LÉONCE, prenant le ton petit garçon.

Oui maman...

JOSEPH.

Madame... le déjeuner est servi...

LÉONCE.

Joseph, prévenez mon père.

HENRIETTE, à Joseph.

Monsieur est dans son cabinet... en train de faire un coup... de tête.

LÉONCE.

Un coup de tête! Comment?

Joseph entre à gauche.

HENRIETTE.

Il écrit à ses locataires... il leur annonce qu'il les augmente!

LÉONCE.

Mon père... augmenter ses locataires?... (Riant.) Allons donc, c'est impossible... lui qui, depuis vingt ans, n'a jamais pu s'y résoudre...

HENRIETTE.

Je l'ai décidé ce matin... oh! j'ai eu de la peine! « Ce ne sont plus des locataires, me disait-il, ce sont des amis... C'est vingt ans d'amitié que je vais perdre... »

LÉONCE.

Pauvre père!... je reconnais bien son excellent cœur...

HENRIETTE, apercevant Blandinet, qui entre par la gauche, un papier à la main.

Le voilà!

Henriette se lève, ainsi que Léonce, qui traverse la scène pour descendre à gauche.

SCÈNE II.

HENRIETTE, LÉONCE, BLANDINET, puis JOSEPH.

HENRIETTE, à son mari.

Eh bien, est-ce fait?

BLANDINET.

Est-ce fait? est-ce fait? si tu crois que cela va comme ça!... (Dépliant son papier.) J'ai rédigé un petit brouillon...

LÉONCE.

Oh! que de ratures!

BLANDINET.

Oui... J'ai cherché à adoucir. (Lisant.) « Monsieur... » (S'arrêtant.) « Monsieur... » à des gens dont on reçoit l'argent depuis vingt ans!

HENRIETTE.

Mets : « Cher monsieur... »

BLANDINET.

Ah! oui!... (Prenant un crayon.) Je vais l'écrire tout de suite, parce que je l'oublierais. (Écrivant.) « Cher monsieur.... » (Lisant.) « Cher monsieur... croyez bien que c'est le cœur navré que je prends la plume pour vous écrire... »

HENRIETTE.

Très-bien!

BLANDINET.

Ce n'est pas un peu sec?

LÉONCE.

Mais non!

BLANDINET, lisant.

« Mais des raisons, dont vous apprécierez la valeur quand je vous les aurai fait connaitre, m'obligent à prendre une grave détermination... »

LÉONCE.

Parfait!

HENRIETTE.

Après?

BLANDINET.

Voilà!... j'en suis resté là...

HENRIETTE et LÉONCE.

Comment?

BLANDINET.

Dame! je leur annonce des raisons et je n'en ai pas à leur donner... Ah! si j'en avais! mais je n'en ai pas!... ma maison est ce qu'elle était quand je la leur ai louée... je ne l'ai pas agrandie... je ne l'ai pas embellie... au contraire... les plafonds sont noirs, les serrures crient... mais ce serait à eux à me demander de la diminution! Il faut être logique!

HENRIETTE.

Sans doute, mon ami... mais puisque tout augmente.

BLANDINET, s'animant.

Non! c'est cruel, c'est odieux, c'est méchant. ce que vous voulez me faire faire là!

LÉONCE.

Mon père!

HENRIETTE.

Voyons... voyons... ne parlons plus de cela... et viens te mettre à table...

BLANDINET.

Non... je n'ai pas faim... Quand on a une pareille lettre à écrire...

HENRIETTE.

Eh bien, tu l'écriras plus tard, pour le terme prochain.

BLANDINET, enchanté.

C'est cela... ça me donnera le temps de chercher des raisons... de bonnes... s'il y en a! (Ils s'asseyent à table.) Ah! ça va mieux! (A Léonce.) Passe-moi des radis... A propos, tu sais que mon frère François arrive aujourd'hui d'Elbeuf?

HENRIETTE.

J'ai fait préparer sa chambre.

LÉONCE.

Je suis bien sûr que mon oncle augmente ses locataires, lui.

BLANDINET.

S'il a des raisons, il fait bien... Quand j'ai des raisons. je suis très-ferme... je suis même un peu Turc...

HENRIETTE.

Toi!

LÉONCE, riant.

Ce pauvre père!

BLANDINET.

Témoin Williams, notre ancien cocher...

HENRIETTE.

Il se grisait tous les jours.

LÉONCE.

Il nous versait trois fois par semaine.

ACTE PREMIER.

BLANDINET.

Aussi je l'ai mis à la porte assez vertement!

HENRIETTE.

C'est-à-dire que c'est moi qui l'y ai mis...

BLANDINET.

C'est toi... oui! mais je t'ai dit : « Je ne veux plus le voir!... Qu'il parte!... » et tu t'es chargée de la question de détail...

LÉONCE.

Et vous, vous lui avez fait remettre cent francs par Joseph, au moment de partir.

BLANDINET.

Joseph est un bavard!... (A Léonce.) Donne-moi à boire.

LÉONCE, lui versant à boire.

Dites donc, mon père, hier à la Bourse, il courait de mauvais bruits sur votre banquier, M. Turneps... On le dit malade...

BLANDINET.

Ah! le pauvre homme!... j'irai lui porter ma carte.

LÉONCE.

Non!... malade... dans ses affaires!

BLANDINET.

Vraiment?... Ah! ça me fait beaucoup de peine...

LÉONCE.

D'autant plus que vous avez chez lui trois cent mille francs en compte courant.

BLANDINET.

C'est vrai!

LÉONCE.

Et si vous vouliez m'autoriser à les retirer?..

BLANDINET.

Oh!... comme ça, tout de suite?... ça pourrait le blesser

LÉONCE.

Cependant...

BLANDINET.

Il faudrait lui reprendre ça tout doucement..., sans avoir l'air... par cinq cents francs..

LÉONCE, à part.

Ça n'en finira pas!...

BLANDINET.

A propos, on m'a dit que M. Mizabran, mon bottier, était venu ce matin...

HENRIETTE.

Oui, il doit repasser... Encore un de tes locataires... qui te paye en phrases!

Joseph entre avec un plateau sur lequel se trouvent le café et les tasses.

BLANDINET.

C'est un père de famille... et, après tout, il ne me doit que six termes!...

Joseph retire les assiettes et place devant chaque personne les tasses à café, puis le sucrier.

LÉONCE.

Six termes!

BLANDINE'

Oui..., mais il me donne des à-comptes... La semaine dernière, il m'a encore apporté trois paires de bottes

HENRIETTE.

Que tu ne lui avais pas commandées..

ACTE PREMIER.

BLANDINET.

C'est vrai!... il a eu la délicatesse de me les faire de lui-même.

Joseph sort.

HENRIETTE.

Ce qui fait qu'en ce moment, tu as soixante paires de bottes neuves dans ton armoire...

BLANDINET.

Que veux-tu! je n'use pas... et puis c'est votre faute... si vous vous faisiez chausser par lui, il s'acquitterait plus vite... Il ne demande qu'à travailler, cet homme!

LÉONCE.

Merci... il vous moule un pied d'éléphant!

Joseph rentre tenant un carafon d'eau-de-vie qu'il place sur la table.

BLANDINET.

Oui, mais c'est solide... et ça ne blesse pas.

JOSEPH.

Monsieur...

BLANDINET.

Quoi?

JOSEPH.

Il y a là M. Mizabran... Il dit qu'il vient pour son terme...

HENRIETTE et LÉONCE, étonnés.

Tiens!

BLANDINET.

La!... vous voyez, il m'apporte de l'argent... (A Joseph.) Faites-le entrer... (A Henriette et à Léonce.) Il ne faut pas comme ça se presser de juger les gens...

Mizabran paraît. Joseph sort, emportant le plateau et les assiettes.

SCÈNE III.

LANDINET, HENRIETTE, LÉONCE, MIZABRAN

BLANDINET.

Entrez donc, monsieur Mizabran... entrez!

MIZABRAN, accent allemand.

Oh! pardon... je dérange monsieur et madame, je reviendrai...

BLANDINET.

Non! restez! je prends mon café et je suis à vous... Tenez, asseyez-vous.

MIZABRAN, regardant à sa gauche et ne voyant pas de siége, pose son chapeau à terre.

Oh! je ne suis pas fatigué...

BLANDINET.

Eh bien, quoi de nouveau? Vos affaires reprennent-elles un peu?

MIZABRAN, tirant sa mesure de sa poche.

Oh! oh! mes affaires...

Il se met à genoux à côté de Blandinet et lui prend mesure.

BLANDINET, sans le voir.

Je me suis pourtant laissé dire... (L'apercevant.) Eh bien, que faites-vous donc?

MIZABRAN.

J'ai pensé qu'à l'occasion du terme...

Il se relève

HENRIETTE, bas, à Blandinet.

Toujours la même chanson!

LÉONCE, bas.

Soixante et unième couplet!

BLANDINET, bas.

je vais lui parler... ça devient un abus! (Haut, se levant.) Monsieur Mizabran, j'espère que vous ne prendrez pas en mauvaise part ce que je vais vous dire... mais je vous avoue... qu'aujourd'hui... (Regardant Henriette et élevant la voix.) j'espérais un peu d'argent...

MIZABRAN.

Croyez que...

BLANDINET, baissant la voix.

Pas tout!... mais un peu...

MIZABRAN.

Ce n'est pas ma faute, monsieur Blandinet... et certainement, si je le pouvais... car, je le disais encore ce matin à ma femme : « Il n'y a pas de plus grand bonheur que de payer son terme! »

BLANDINET.

Très-bien... ces sentiments vous honorent...

MIZABRAN.

Mais la chaussure ne va pas... c'est la guerre d'Amérique qui en est cause... Je n'y peux rien, moi!

BLANDINET, à sa femme et à son fils, en se rasseyant à table.

Le fait est qu'il n'y peut rien...

MIZABRAN.

Sans compter que ma femme est malade et que mon petit dernier a la coqueluche... Il tousse à fendre vos plafonds...

BLANDINET.

Ah ça! mais...

MIZABRAN, vivement.

Mais on y prend garde...

BLANDINET.

Je vous en remercie...

MIZABRAN.

Même que nous ne pouvons pas faire de feu dans la chambre.

BLANDINET.

Pourquoi?

MIZABRAN.

Ça fume à vous manger les yeux...

BLANDINET.

C'est la suie... Avez-vous fait ramoner?

MIZABRAN.

Oh! monsieur... deux fois par an!...

BLANDINET.

Alors, c'est la cheminée...

MIZABRAN.

Probablement... et si c'était un effet de votre bonté de nous faire poser une petite trappe et une petite ventouse...

BLANDINET, à Henriette.

Le fait est que... (Henriette lui fait un signe. Se récriant.) Ah! permettez! vous me demandez des réparations...

MIZABRAN.

Moi, monsieur? je ne demande rien... Monsieur est trop juste pour qu'on lui demande quelque chose... Si monsieur l'exige... nous continuerons à ne pas allumer de feu...

ACTE PREMIER.

BLANDINET.

Je ne dis pas cela.

MIZABRAN.

Ce qui ne m'empêchera pas de faire ramoner la cheminée!... parce que je suis un bon locataire...

BLANDINET.

Je le sais... je le sais...

MIZBARAN.

Croyez bien que, si mon petit dernier n'avait pas la coqueluche... et ma femme une fluxion...

BLANDINET, à part.

Pauvres gens! (Haut.) Voyons! une trappe et une ventouse... ça ne doit pas être une grosse affaire...

MIZABRAN.

Oh! rien du tout! c'est-à-dire qu'avec un méchant maçon, un fumiste et un petit architecte... ça sera fait tout de suite!

BLANDINET.

C'est bien.... soyez tranquille... je vais écrire à mon petit... (Se reprenant.) à mon architecte...

MIZABRAN.

Oh! merci, monsieur... C'est égal, vous m'avez fait du chagrin...

BLANDINET.

Moi?

MIZABRAN.

Oui... vous avez eu l'air de croire que je ne voulais pas payer mon terme...

BLANDINET, vivement.

Je n'ai pas dit ça! vous vous êtes mépris, monsieur Mizabran!... vous vous êtes mépris!

Il se lève.

MIZABRAN, pleurnichant.

C'est bien pénible, quand on est honnête homme... et qu'on a une femme malade...

BLANDINET.

Voyons, du courage! tout ça s'arrangera!

MIZABRAN.

Oh! je n'ai pas de chance, moi... Adieu, monsieur...

BLANDINET, la retenant et bas.

Eh bien, faites-m'en deux ou trois paires... sans le dire à ma femme!

MIZABRAN.

Bien, monsieur... Je ferai observer à monsieur que son pied a grossi...

BLANDINET.

Ah!

MIZABRAN.

Ce n'est pas pour vous augmenter que je dis ça!...

BLANDINET.

Cependant... si ça prend des proportions par trop grandes...

MIZABRAN.

Non, monsieur! on n'augmente pas ses vieilles pratiques.

BLANDINET, à part.

Ah! c'est bien!... il a de ça!... (Haut.) Allons, adieu Mizabran!

MIZABRAN, saluant.

Monsieur... madame...

BLANDINET, l'accompagnant.

Du courage! du courage!

MIZABRAN.

Ah! monsieur, sans l'Amérique!

BLANDINET.

Ça s'arrangera! ça s'arrangera!

Mizabran sort.

SCÈNE IV.

BLANDINET, HENRIETTE, LÉONCE, puis JOSEPH

BLANDINET, se remettant à table.

Pauvre homme! j'ai été un peu raide avec lui!

LÉONCE.

Je trouve même que vous avez été dur...

HENRIETTE.

Avec tout cela, tu n'as pas reçu un sou et tu as promis des réparations...

BLANDINET.

Oh! des réparations! une petite trappe!... Enfin, ces gens-là ne peuvent pas rester sans feu... Je leur loue une cheminée... c'est pour qu'elle marche! il faut être logique!

HENRIETTE.

Mais ils ne te payent pas la location de ta cheminée...

BLANDINET.

Ça, c'est une autre question... n'embrouillons pas les questions. De deux choses l'une...

JOSEPH, entrant.

Les locataires de monsieur sont là...

BLANDINET, à sa femme.

Tu vois... à midi... quelle exactitude!

HENRIETTE se lève, ainsi que Léonce

Apportent-ils de l'argent?

JOSEPH.

Je ne sais pas... mais ils ont une réclamation à faire à monsieur...

Prudence entre et aide Joseph à emporter la table.

BLANDINET.

Ah!... faites entrer dans mon cabinet.

HENRIETTE, à Léonce.

Si tu m'en crois, tu accompagneras ton père.

LÉONCE.

Volontiers.

BLANDINET.

J'aime mieux cela... parce que, quand on est deux... S'ils me demandent quelque chose, je leur dirai que ça te regarde! Viens!

Ils vont pour sortir, Tiburce paraît.

SCENE V.

Les Mêmes, TIBURCE.

LÉONCE.

Tiens! Tiburce!

BLANDINET.

Mon neveu!

ACTE PREMIER.

HENRIETTE, à part.

Lui !

Léonce va près de sa belle-mère.

TIBURCE.

Bonjour, mon oncle... bonjour, Léonce... (Saluant Henriette avec réserve.) Ma tante...

BLANDINET.

Ah çà ! que deviens-tu ? je ne t'ai pas vu depuis le jour de l'an... autrefois, tu ne sortais pas d'ici...

TIBURCE, embarrassé.

C'est vrai, mon oncle, mais, vous savez, les occupations... je travaille beaucoup...

BLANDINET.

Ah !

TIBURCE.

Oui, énormément. (Changeant de ton.) Papa n'est pas arrivé ?

BLANDINET.

Pas encore, nous l'attendons.

TIBURCE.

Il m'a donné rendez-vous ici.

BLANDINET.

Sans cela, tu ne serais pas venu... Oh ! j'ai à te gronder... mais tout à l'heure... Plusieurs personnes m'attendent... tiens compagnie à ta tante... Viens, Léonce... C'est bien convenu... je dirai que ça te regarde...

Il sort avec Léonce par la gauche.

SCÈNE VI.

HENRIETTE, TIBURCE.

Henriette, qui s'était assise après l'entrée de Tiburce et avait repris son ouvrage, se lève aussitôt la sortie de Blandinet et plie son travail.

TIBURCE, *s'approchant d'elle en hésitant.*

Vous ne travaillez plus, ma tante... c'est déjà fini...

Henriette le salue sévèrement et sort par la droite.

SCÈNE VII.

TIBURCE, puis FRANÇOIS

TIBURCE, *seul, après l'avoir regardée sortir.*

Toujours la même chose! elle est encore fâchée... Gentille, ma tante... mais susceptible... trop susceptible!

Bruit dans l'antichambre.

FRANÇOIS, *entrant.*

En voilà un cocher!... il demande un pourboire... je la connais celle-là!

Il pose sa valise au fond, à gauche.

TIBURCE.

Tiens, papa!... bonjour, papa!...

FRANÇOIS

Ah! c'est toi, mon garçon!...

TIBURCE, faisant mine de l'embrasser.

Voulez-vous permettre?...

FRANÇOIS, l'arrêtant.

Un instant!... causons... Le travail?

TIBURCE.

Bon!

FRANÇOIS.

La conduite?

TIBURCE.

Excellente.

FRANÇOIS.

Les mœurs?

TIBURCE.

Irréprochables.

FRANÇOIS.

C'est bien... embrasse-moi. (Ils s'embrassent. — A part.) Voilà comme il faut mener les enfants!

TIBURCE.

Et tout le monde va bien à Elbeuf?

FRANÇOIS.

Pas mal... la cotonnade languit, mais la draperie se ranime... (A lui-même avec énergie.) Oh! nous finirons par les battre à plates coutures!

TIBURCE.

Qui ça?

FRANÇOIS.

Eh bien, les Anglais!... Je viens de monter quinze nouveaux métiers... pour les vexer! hein!... Où est mon frère?

TIBURCE.

Dans son cabinet... je vais le prévenir...

Il remonte.

FRANÇOIS, passant à droite.

Non... ne le dérange pas... causons... Nous disons que tu travailles?...

TIBURCE.

Oui, papa!...

FRANÇOIS.

C'est bien vrai?

TIBURCE.

Vous en doutez?

FRANÇOIS.

Non... mais je ne crois que ce que je vois. Plaides-tu?

TIBURCE.

Pas encore... je n'ai pas de causes... mais je donne des leçons de droit... des répétitions...

FRANÇOIS.

Et tu gagnes de l'argent?

TIBURCE.

Oui, papa.

FRANÇOIS.

Combien?

TIBURCE, hésitant

Mais...

FRANÇOIS.

Combien?

TIBURCE, résolûment.

Quatre cents francs par mois!

FRANÇOIS.

C'est gentil... fais-les-moi voir...

TIBURCE.

Je ne les ai pas sur moi.

FRANÇOIS.

Tu sais ce que je t'ai dit... Quand tu auras des économies... je suis là... envoie-les-moi.

TIBURCE.

Oui, papa.

FRANÇOIS.

Je t'ai promis dix pour cent d'intérêts... pour t'encourager... mais je n'ai encore rien vu venir.

TIBURCE.

Plus tard... cette année, je me suis meublé...

FRANÇOIS.

Ah!... j'irai demain matin voir ton mobilier.

TIBURCE.

Et puis j'ai acheté une montre en or... avec la chaîne, (Montrant.) Voici...

FRANÇOIS.

Une montre à Paris! C'est inutile!... il y a des horloges!

SCÈNE VIII.

Les Mêmes, BLANDINET et LÉONCE.

BLANDINET, entrant et à son fils.

Je te dis qu'ils ont raison... ils ne doivent pas payer les portes et fenêtres!

LÉONCE.

Mais, mon père, c'est l'usage...

BLANDINET.

Je leur loue une maison... C'est pour qu'ils puissent entrer et sortir... il faut être logique !

FRANÇOIS, intervenant.

Puisqu'on te dit que c'est l'usage...

BLANDINET.

Tiens ! François ! je ne te voyais pas... Tu as fait bon voyage ?

FRANÇOIS.

Très-bon !

Ils se donnent la main.

BLANDINET.

Et tout le monde va bien à Elbeuf ?

FRANÇOIS.

Pas mal... la draperie se ranime.

BLANDINET.

Allons, tant mieux !

LÉONCE, saluant François.

Eh bien, mon oncle... vous ne me reconnaissez pas ?

Il passe devant son père.

FRANÇOIS.

C'est Léonce !... mon neveu !

Il lui serre la main.

BLANDINET.

Tu ne l'as pas vu depuis deux ans... et il a laissé pousser ses moustaches.

FRANÇOIS.

Ah !... tu l'as autorisé ?...

BLANDINET.

A quoi?... à laisser pousser ses moustaches? est-ce que ça me regarde?

FRANÇOIS.

Diable! tu fais bon marché de ton autorité.

BLANDINET.

Ton fils en porte bien?

FRANÇOIS.

Lui?

BLANDINET.

Il me semble que... (Regardant Tiburce, et à part.) Tiens! il les a coupées!

FRANÇOIS.

Et qu'est-ce que tu fais de ce grand garçon à moustaches?

BLANDINET.

Il est avocat!

LÉONCE.

Je suis avocat.

BLANDINET.

Comme son cousin.

FRANÇOIS.

Plaide-t-il?

LÉONCE.

Oh! pas encore...

FRANÇOIS.

Ah çà! ils ne plaident donc pas les avocats à Paris!... A quoi t'occupes-tu?

BLANDINET.

Dame!... il se promène... il va dans le monde

TIBURCE, à son père.

La... vous voyez...

FRANÇOIS, à Tiburce.

Chut! n'écoute pas ça, toi!

BLANDINET.

Et puis il m'aide à gérer mes propriétés. Il a ma procuration.

FRANÇOIS.

Ce n'est pas fatigant!

LÉONCE, à part.

De quoi se mêle-t-il?

Il descend à gauche.

FRANÇOIS.

Moi, je pose en principe qu'à vingt ans un jeune homme est un homme... et ne doit plus rien coûter à ses parents! (A Tiburce.) Écoute ça, toi!

TIBURCE.

Oui, papa...

BLANDINET.

Comment! rien? avec quoi veux-tu qu'il vive?...

FRANÇOIS, montrant Tiburce.

Tu vois bien ce bonhomme-là... A vingt ans et un jour, je lui ai coupé les vivres radicalement... je lui ai dit : « Tu es un homme... tire-toi d'affaires... » et il s'en est tiré... il a pioché... il donne des leçons de droit... des répétitions... enfin il gagne de l'argent! Est-ce vrai?

TIBURCE.

Oui, papa.

BLANDINET.

Tu lui envoies bien quelque petite chose?...

FRANÇOIS.

Cinq louis à ma fête et cinq louis au jour de l'an... je les lui place sur ma maison, en lui tenant compte des intérêts à dix pour cent... que je replace encore.

BLANDINET.

Ça lui fait une belle jambe!

FRANÇOIS.

Il a bien tenté, la première année, de me tirer quelques carottes... il m'écrivait des histoires romanesques pour m'attendrir... je ne lui répondais que deux mots : « Je la connais, celle-là!... à toi de tout cœur! »

BLANDINET.

Et il t'aime?

FRANÇOIS.

Comment, s'il m'aime! (Brusquement, à Tiburce.) M'aimes-tu?

TIBURCE.

Oh! oui, papa!...

FRANÇOIS.

La... tu vois!

BLANDINET, à part.

Je crois bien!... il lui demande ça avec une trique!

FRANÇOIS.

Et le tien?... qu'est-ce que tu lui donnes par mois?

LÉONCE, à part.

Il est indiscret, l'oncle d'Elbeuf!

BLANDINET.

Mais dame!... ce qu'il me demande... nous ne comptons pas...

LÉONCE.

Quand je n'ai plus d'argent, je le dis à mon père..

TIBURCE.

A la bonne heure!

FRANÇOIS, à Tiburce.

N'écoute pas ça, toi! (Répétant la phrase de Léonce.) « Quand je n'ai plus d'argent, je le dis à mon père... » ça doit bien aller... merci!

BLANDINET.

Léonce est très-raisonnable...

FRANÇOIS, montrant Tiburce.

Quand ce gaillard-là est venu au monde, je lui ai ouvert un compte... le compte Tiburce... Sais-tu ce qu'il m'a coûté depuis sa naissance?

BLANDINET.

Non!

FRANÇOIS.

Douze mille francs!... regarde-moi ça!

BLANDINET.

C'est pour rien... tout compris?

FRANÇOIS.

Tout!... douze mille francs et vingt centimes d'un port de lettre pour lui annoncer que je ne lui enverrais plus rien.

BLANDINET.

Mon compliment!... Léonce m'en coûte au moins le double...

FRANÇOIS.

Vingt-quatre mille francs! ça!

BLANDINET.

Oh! je ne les regrette pas!... je me suis donné là un brave garçon... un ami!

ACTE PREMIER.

LÉONCE, ému.

Oh! oui!... et qui vous aime... qui vous respecte comme le meilleur, le plus doux, le plus irrésistible des pères!

Ils s'embrassent.

FRANÇOIS, à part.

Je la connais, celle-là!... ça me crispe!... (Haut.) Où est ma chambre?

BLANDINET.

Toujours la même... près de mon cabinet.

FRANÇOIS, prenant sa valise, à Tiburce.

Tu dîneras avec moi... nous passerons la soirée ensemble.

TIBURCE, à part.

Ah! quel ennui!

FRANÇOIS.

Quoi?

TIBURCE.

C'est que... j'ai ce soir une leçon... très-importante!

FRANÇOIS.

Très-bien... je dînerai avec ton oncle... et j'irai te voir demain... faire connaissance avec ton mobilier. Maintenant, je t'ai vu... tu vas bien... file à tes affaires!

TIBURCE.

Adieu, papa... mon oncle... Léonce... (Bas, à Léonce.) Hein! est-il embêtant, papa?

Il sort.

FRANÇOIS, à part, regardant sortir Tiburce.

Voilà comme je comprends les enfants.

Il sort par la gauche, deuxième plan.

SCÈNE IX.

BLANDINET, LÉONCE, puis AUBERTIN et LAURE.

BLANDINET.

Douze mille francs, un fils de vingt ans !

LÉONCE.

Oui... mon oncle élève les enfants au rabais.

BLANDINET.

Ma foi ! moi, j'aime mieux y mettre le prix !

AUBERTIN, entrant par le fond avec Laure.

Bonjour, Blandinet...

Léonce va à Laure et la conduit à droite, où elle s'assied

BLANDINET.

Eh ! c'est Aubertin... qu'as-tu donc ?

AUBERTIN, bas, à Blandinet.

Rien ! Renvoie les enfants, j'ai à te parler...

BLANDINET.

A moi ?... (Haut, à Léonce.) Conduis donc Laure près de ta mère... je crois qu'elle a quelque chose à lui remettre.

LAURE se lève.

Mon lot... pour ma loterie... Franchement, je venais le chercher.

BLANDINET.

Allez, mes enfants...

Laure et Léonce sortent par la droite.

SCÈNE X.

BLANDINET, AUBERTIN.

BLANDINET.

Voyons! parle... tu as l'air tout bouleversé.

AUBERTIN.

Je crois bien... voilà trois nuits que je n'ai pas fermé l'œil...

BLANDINET.

Ta femme est donc malade?

AUBERTIN.

Non! mon ami... depuis un mois, je suis sans nouvelles de *la Belle Irma.*

BLANDINET.

Comment! *la Belle Irma?*

AUBERTIN.

Un bâtiment que j'attends d'Amérique.

BLANDINET.

Ah! à la bonne heure! *la Belle Irma,* j'ai cru que c'était une...

AUBERTIN.

Il devrait être au Havre depuis huit jours...

BLANDINET, suivant son idée.

Je n'aurais pas approuvé ça...

AUBERTIN.

Et on ne le signale pas encore...

BLANDINET.

Alors, il est en retard, ton bâtiment.

AUBERTIN.

Si ce n'était que ça!... J'ai été avisé, il y a deux mois, qu'il avait réussi à forcer le blocus... mais peut-être a-t-il été rencontré en mer par les croisières américaines.

BLANDINET.

Ah! diable!

AUBERTIN.

Un navire magnifique... tout chargé de coton... et aujourd'hui, le coton... c'est de l'or!...

BLANDINET.

Tu es assuré?

AUBERTIN.

Mais non! aucune compagnie n'a voulu me garantir les risques de guerre... Comptant vendre ma cargaison, j'ai pris des engagements... J'ai une échéance très-lourde... et si après-demain, à midi, je n'ai pas réalisé une somme... que je n'ai pas, je serai peut-être forcé de suspendre mes payements.

BLANDINET.

Oh! mon Dieu, mon pauvre ami!... et combien... combien te faut-il?

AUBERTIN.

Il me fallait une somme énorme...

BLANDINET.

Énorme?

AUBERTIN.

J'ai fait flèche de tout bois... et il me manque encore cinquante mille francs!

ACTE PREMIER.

BLANDINET.

Ah! merci!... tu m'as fait peur.

AUBERTIN.

Quoi donc?

BLANDINET.

Je craignais de ne pas pouvoir te les prêter.

AUBERTIN.

Comment! toi?

BLANDINET.

Parbleu!

AUBERTIN.

Eh bien, non!... non, je ne veux pas!

BLANDINET.

Pourquoi?

AUBERTIN.

Parce que... si mon navire n'arrive pas, je ne suis pas sûr de pouvoir te les rendre...

BLANDINET.

Où serait le mérite si tu étais sûr de me les rendre? Autant prêter à la Banque de France alors!...

AUBERTIN.

Mais...

BLANDINET.

Voyons, mon ami... Gustave!... pas d'enfantillages!

AUBERTIN, souriant.

Gustave!

BLANDINET.

C'est le nom que je te donnais autrefois... à la pension... t'en souviens-tu?... En vieillissant, on perd son petit nom... on a peur d'être ridicule... Mais, quand on se trouve seul... sans témoin... avec un vieil ami... c'est si bon de s'appeler comme autrefois!... Dis donc... il n'y a personne... appelle-moi Edmond... ça me fera plaisir...

AUBERTIN, lui sautant au cou.

Edmond!

BLANDINET.

Gustave! (Ils s'embrassent.) Ah! ça me rajeunit!

AUBERTIN.

Quel ami tu fais!

BLANDINET.

Gustave, ne dis donc pas de bêtises! Je vais consulter mon portefeuille... et après-demain, à midi, tu auras ton affaire... Quant à ton coton, il arrivera... il passera à la barbe des Américains! On leur en passera bien d'autres, aux Américains!

Il sort par la gauche

SCÈNE XI.

AUBERTIN, puis LÉONCE.

AUBERTIN, seul.

Quel brave homme! Oh! les vieux amis!... il n'y a que ça de solide!... Je retourne au télégraphe... j'aurai peut-être des nouvelles...

Il remonte vers le fond.

LÉONCE, entrant.

Vous sortez, monsieur Aubertin?...

AUBERTIN.

Oui... une course dans le quartier... je reviendrai chercher ma fille...

LÉONCE.

C'est que... j'aurais voulu vous parler...

AUBERTIN.

A moi? je t'écoute, mon garçon...

LÉONCE.

Ce que j'ai à vous dire est sérieux...

AUBERTIN.

Cela ne fait rien... pourvu que cela soit court...

LÉONCE.

Oh! très-court.

AUBERTIN.

Parle!

LÉONCE.

Monsieur Aubertin... j'aime mademoiselle Laure...

AUBERTIN.

Ah! diable! en effet, ce n'est pas long.

LÉONCE.

J'espère réussir à me faire aimer d'elle... et mon rêve le plus cher serait de la voir devenir ma femme..

AUBERTIN.

Mon cher Léonce, ma réponse sera nette comme ta demande... Tu es un brave et honnête garçon!... je t'aime.. tu ressembles à ton père... et je serais heureux... mais la... bien heureux de t'avoir pour gendre. .

LÉONCE, joyeux.

Ah! monsieur!

AUBERTIN.

Mais des circonstances... que je ne puis t'expliquer... ne me permettent pas de te donner une réponse définitive avant huit jours...

LÉONCE.

J'attendrai, monsieur Aubertin...

AUBERTIN.

Attends... et fais comme moi... espère!

LÉONCE.

Oh! oui, j'espère.

AUBERTIN, à part.

Alors, je serai riche ou ruiné. (Haut.) Espère!...

LÉONCE.

Que vous êtes bon!

Aubertin sort, Léonce le reconduit, et, lorsqu'il redescend en scène, il aperçoit Laure qui entre; il ferme la porte du fond.

SCÈNE XII.

LÉONCE, LAURE, puis FRANÇOIS, puis BLANDINET.

LAURE entre en brodant le sachet auquel travaillait madame Blandine. à la première scène. Elle va s'asseoir à droite.

LÉONCE, l'apercevant.

Comment, vous travaillez à ce sachet?...

LAURE.

Il le faut bien, puisque ce matin vous avez empêché madame Blandinet de le terminer.

ACTE PREMIER.

LÉONCE.

Ah!... elle vous a rapporté notre conversation?

LAURE.

Passez-moi la soie, je vous prie...

LÉONCE.

Voilà, mademoiselle...

Il va chercher la soie dans la corbeille qui se trouve sur le guéridon.

LAURE.

Je croyais trouver mon père ici...

LÉONCE.

Il me quitte à l'instant... mais il va revenir... je viens d'avoir avec lui une conversation...

LAURE, curieuse.

Ah! une conversation... sur quel sujet?

LÉONCE, avec intention.

La soie, mademoiselle?... la voici!

Il la lui donne.

LAURE.

Mais non!... je ne vous la demandais pas...

LÉONCE, allant près du guéridon.

Pardon... je croyais... (Un temps.) Jolie journée aujourd'hui...

Il s'assied.

LAURE.

Charmante!

LÉONCE.

Le ciel est d'une pureté!...

LAURE.

Voyons, ne me taquinez pas!... Qu'avez-vous dit à mon père?

LÉONCE.

Je lui ai parlé d'une demoiselle...

LAURE.

Ah!

LÉONCE, vivement.

Que vous ne connaissez pas... une demoiselle que j'aime.. et que je voudrais épouser...

LAURE.

Et... qu'a répondu mon père?...

LÉONCE.

Il m'a dit d'espérer...

Il se lève et va près d'elle.

LAURE, joyeuse, se levant.

Ah! (Changeant de ton.) Après ça, du moment que je ne la connais pas!

FRANÇOIS, entrant, à lui-même.

Me voilà habillé!... (Apercevant Laure et Léonce.) Oh! oh!... je vous dérange?

LÉONCE.

Mais du tout!... Mon oncle, mademoiselle Laure Aubertin que je vous présente...

Il laisse passer François devant lui.

FRANÇOIS, saluant.

Mademoiselle, j'ai fait des affaires avec votre père... c'est un travailleur... et je vois que vous tenez de lui... vous avez raison... moi, j'aime les gens qui travaillent...

LÉONCE, à part.

C'est pour moi qu'il dit ça!

FRANÇOIS.

C'est gentil, ce que vous faites là!... Comment appelez-vous ça?

LAURE.

C'est un sachet pour serrer les mouchoirs... un lot pour une loterie de bienfaisance... dont je place les billets...

FRANÇOIS, à part.

Aïe! j'ai mis le pied sur une trappe!

LAURE.

Il s'agit de pauvres orphelins à secourir...

FRANÇOIS, à part.

Je la connais, celle-là!

LAURE, qui a tiré des billets de sa poche.

Combien en désirez-vous?

LÉONCE.

Allons, mon oncle!

FRANÇOIS.

Oh! moi!... j'ai souvent pris de ces machines-là... et je n'ai jamais gagné qu'une fois... une paire de pantoufles... trop petites!

LAURE.

Voyons, je vous porterai bonheur...

FRANÇOIS.

Allons! en tenez-vous pour vingt francs?... Alors, donnez-m'en!... (A part.) Quand on a fait des affaires avec le père...

Il donne vingt francs, Laure lui remet les billets.

BLANDINET, entre en calculant sur son carnet.

Trente et un mille... et vingt-cinq Lyon à mille quarante... J'aurai mon affaire... (Voyant Léonce.) Ah! Léonce!

LÉONCE.

Mon père?

BLANDINET.

Prends ton chapeau et cours chez Durandet, mon agent de change... tu lui diras de me vendre vingt-cinq Lyon... au mieux.

LÉONCE.

Oui, mon père...

BLANDINET.

En te pressant un peu, tu arriveras avant la fin de la Bourse.

LÉONCE.

Je vais prendre un cabriolet... Mon oncle... Mademoiselle...

Il sort. Laure l'accompagne, puis elle redescend à gauche s'assied près du guéridon et travaille.

SCÈNE XIII.

BLANDINET, FRANÇOIS, LAURE, travaillant.

FRANÇOIS.

Tiens, tu vends des Lyon?... est-ce que tu crois à la baisse?

BLANDINET.

Moi? non!... mais! j'ai besoin de cinquante mille francs

FRANÇOIS.

Ah!

BLANDINET.

J'ai promis de les prêter à un ami...

FRANÇOIS.

Plaît-il?

BLANDINET.

Un vieux camarade...

FRANÇOIS.

Ce n'est pas possible! tu deviens fou!...

BLANDINET.

Pourquoi?

FRANÇOIS.

Cinquante mille francs... Qu'est-ce que c'est que cet ami?

BLANDINET.

Eh bien, c'est... (Voyant Laure.) Non... je ne peux pas le nommer.

FRANÇOIS.

Quelque intrigant, quelque escroc!

BLANDINET.

François! voyons!... tais-toi!

FRANÇOIS.

Te donne-t-il une hypothèque au moins?...

BLANDINET.

Puisque je te dis que c'est un ami...

FRANÇOIS.

Tiens, tu m'exaspères avec ton ami!

BLANDINET.

Si tu connaissais sa situation...

FRANÇOIS.

Je n'ai pas besoin de la connaître... je la vois d'ici... on

sera venu te faire une histoire bien bête, bien épaisse...
un quartier de mélodrame... tout cru!... et tu l'as avalé
comme une tasse de lait! imbécile, va!

BLANDINET.

Ah! mais!

FRANÇOIS.

Oui, imbécile! Tu crois tout! tu gobes tout! tu te laisses
gruger par un tas de mendiants!

BLANDINET.

Je ne me laisse gruger par personne... et, quand il le
faut, je suis aussi ferme que toi... ce matin encore, j'ai
secoué un locataire!...

FRANÇOIS.

Oui, comme tu secouais les ouvriers, quand nous étions
associés à Elbeuf.

BLANDINET.

Eh bien, mais... il me semble que...

FRANÇOIS.

J'avais placé sous ta surveillance l'atelier des enfants...
comme étant le plus facile à conduire...

BLANDINET.

Eh! qu'est-ce que tu veux! ça m'attristait de voir ces
pauvres petits travailler dix heures par jour à dévider des
bobines...

FRANÇOIS.

Et alors, tu leur disais : « Reposez-vous, mes enfants
ne travaillez pas tant! . la santé avant tout! »

BLANDINET.

C'est possible!... mais je savais me faire écouter !

FRANÇOIS.

Parbleu!... on t'écoutait tellement... que nous perdions deux cents francs par jour!

BLANDINET.

Tu exagères...

FRANÇOIS.

Et j'ai été obligé de te renvoyer à Paris... toi et ton bon cœur!

BLANDINET.

Tu as beau dire... les ouvriers m'ont regretté là-bas...

FRANÇOIS.

Oui... comme l'âne regrette sa litière!

BLANDINET.

L'âne!... François!...

FRANÇOIS.

Et, une fois revenu à Paris... monsieur a pris la mouche! monsieur s'est retiré de l'association!

BLANDINET.

Du tout! je n'ai pas pris la mouche! mais j'ai réfléchi, je suis rentré en moi-même... et j'ai reconnu que je ne pouvais pas continuer à m'engraisser de la sueur...

FRANÇOIS.

Ah! très-joli! Tu fais des phrases maintenant... comme tous les gens retirés des affaires!... Eh bien, moi, j'ai continué à m'engraisser tout seul... et, au lieu de vivoter comme toi avec vingt-cinq pauvres petites mille livres de rente...

BLANDINET.

Si j'en trouve assez!...

FRANÇOIS.

Oui, tu iras loin... avec un cœur qui fuit de tous les côtés... comme un panier percé !

BLANDINET.

Chacun son goût... mais je ne dîne pas avec plaisir quand je sais qu'il y a près de moi des gens qui ont faim !

FRANÇOIS.

Allons donc ! est-ce qu'on a faim ? qui est-ce qui a faim ?

BLANDINET.

Ceux qui n'ont pas de quoi manger !... Mais hier... pas plus tard qu'hier... car vous ne savez pas ça à Elbeuf... j'ai rencontré, rue de Trévise, un pauvre diable qui n'avait pas mangé depuis cinq jours...

FRANÇOIS.

Il te l'a dit ?

BLANDINET.

Il me l'a dit... non ! il me l'a avoué péniblement !...

FRANÇOIS.

Et tu lui as donné ?

BLANDINET.

Probablement !...

FRANÇOIS.

Eh bien, tu as été refait... d'abord on ne peut pas vivre cinq jours sans manger...

BLANDINET.

Qu'en sais-tu ? l'as-tu essayé ?

FRANÇOIS.

Non.

BLANDINET.

Eh bien, essaye-le!

FRANÇOIS.

Il fallait lui acheter une livre de pain, à ton petit ami.. et tu aurais vu!...

BLANDINET.

Quoi?

FRANÇOIS.

Il t'aurait envoyé promener... je la connais, celle-là!

BLANDINET.

Oh! tu les connais toutes, toi!... Il a tout dit quand il a dit ça!... Qu'un ami... un vieil ami de quarante ans, vienne vous confier ses embarras... ses chagrins... au lieu de lui tendre la main, de le sauver... on lui répond : « Je la connais, celle-là!... » Un malheureux vous accoste dans la rue... « Je la connais, celle-là!... » Enfin, on n'a qu'un enfant... un fils... on le lance sans ressources sur le pavé de Paris... et quand le pauvre petit diable, humilié, râpé, affamé peut-être... obéissant à son instinct d'enfant... se tourne vers son père... on lui écrit : « Je la connais, celle-là!... » et, on porte vingt centimes à son compte!... Ce n'est pas cher... mais c'est vilain! c'est laid!... et tu me ferais croire à la fin que tu n'es qu'un...

FRANÇOIS.

Un quoi? va donc!

BLANDINET.

Non!... je ne veux pas le dire... parce que ça te ferait de la peine!...

FRANÇOIS.

As-tu fini?

BLANDINET.

Oui.

FRANÇOIS.

Eh bien, allons dîner maintenant... chez Brébant... Je vais embrasser ta femme et lui dire que je t'emmène.

BLANDINET.

Je veux bien aller chez Brébant.... parce qu'on y dîne bien... mais...

FRANÇOIS.

Oh! ne discutons pas!... Pour moi, le monde se divise en deux... côté des gens qu'on attrape... côté de ceux qu'on n'attrape pas... Nous n'habitons pas le même compartiment... voilà tout!

BLANDINET.

Je m'en flatte!

FRANÇOIS.

Mais j'en suis pour ce que j'ai dit... Avec tes grands mots et ta sensiblerie... tu ne seras jamais qu'un imbécile!

Il sort par la droite.

SCÈNE XIV.

BLANDINET, LAURE, puis FRANÇOIS.

BLANDINET.

Un imbécile!

LAURE, allant à lui.

Et moi, je vous dis que vous êtes... et que vous serez toujours un brave homme! (Se jetant dans ses bras.) Oh! tenez, embrassez-moi!

BLANDINET, l'embrassant.

Chère petite!... tu as entendu?...

LAURE.

Oui... Continuez à croire le bien... continuez à le faire... Soyez du côté de ceux qu'on attrape... c'est le bon, quoi qu'on en dise...

BLANDINET.

A la bonne heure!

LAURE.

Que vous importe la reconnaissance?... le bienfait n'est pas un placement...

BLANDINET.

Parbleu! (A part.) Je suis fâché que François soit parti...

LAURE.

Tenez, moi.. je nourris tous les petits oiseaux de mon quartier.

BLANDINET.

Vraiment?

LAURE.

Oui... je leur jette du pain tous les matins sur mon balcon... L'hiver, j'écarte avec soin la neige pour les préserver du froid... l'été, je dispose des arbustes qui les protégent contre le soleil... Eh bien, vous croyez qu'ils m'en savent gré?... du tout!... dès que j'ouvre ma fenêtre, les ingrats s'envolent... quelques-uns même me donnent des coups de bec...

BLANDINET, révolté.

Ah!

LAURE.

Mais je ne leur demande pas de reconnaissance... ils ne m'en doivent pas... ce sont des créatures de Dieu qui ont faim, et je suis trop heureuse de pouvoir les nourrir... Vous avez vos petits oiseaux... chacun a les siens...

BLANDINET.

Oh! cher petit ange!... que je t'embrasse encore!

Il l'embrasse et s'essuie les yeux.

FRANÇOIS, entrant. — A part.

Le voilà qui pleure à présent! (Toussant très-fort.) Hum!

LAURE, le voyant.

Oh!... adieu, monsieur Blandinet!... continuez à aimer les petits oiseaux... continuez! continuez!

Elle sort à gauche.

SCÈNE XV.

BLANDINET, FRANÇOIS.

FRANÇOIS.

Allons nous mettre à table... Ah! tiens! une lettre que ta femme m'a dit de te donner...

BLANDINET.

Une lettre!... (L'ouvrant.) Ah! mon Dieu! les malheureux!

FRANÇOIS.

Qu'y a-t-il encore?

BLANDINET.

Ah! tu dis qu'on ne meurt pas de faim... écoute. (Lisant.) « Je m'adresse à vous, connaissant votre bon cœur... »

FRANÇOIS, à part.

Une carotte!

BLANDINET, lisant.

« Je suis sans travail.. »

FRANÇOIS, à part.

Paresseux !

BLANDINET, lisant.

« Mon père est aveugle, ma mère paralysée, j'ai de plus trois petits enfants au berceau qui me demandent du pain... »

FRANÇOIS, à part.

Au berceau... ils parlent de bonne heure!

BLANDINET, lisant.

« Nous laisserez-vous dans la peine, vous dont l'âme est si généreuse ? Simonot rue du Contrat Social, 15 *bis*, au septième, l'échelle à droite... » (Ému.) On monte chez eux par une échelle!

FRANÇOIS, ironiquement.

Ce n'est pas commode pour le père aveugle!

BLANDINET, de bonne foi.

Et la mère paralysée... (Lisant.) « *Post-scriptum*. Laissez la réponse chez le concierge. » (Tirant sa bourse.) Pauvres gens!

FRANÇOIS.

Comment! tu gobes ça, toi?

BLANDINET.

Oh! on n'invente pas ces choses-là!... un père aveugle... une échelle... une mère paralysée... D'ailleurs, ce sont mes petits oiseaux... chacun a les siens!

FRANÇOIS.

Qu'est-ce que tu chantes?

BLANDINET.

C'est juste... tu n'étais pas là... Crois-tu que quarante francs?...

FRANÇOIS.

Laisse-moi donc tranquille!... Tiens, je te fais un pari!...

BLANDINET.

Un pari?

FRANÇOIS.

C'est qu'il n'y a pas un mot de vrai dans cette lettre!

BLANDINET.

Allons donc!... eh bien, soit! je veux te convaincre au moins une fois... qu'est-ce que nous parions?

FRANÇOIS.

Notre dîner chez Brébant; allons d'abord le manger!

BLANDINET.

Oh! non! je ne pourrais pas dîner avec cette lettre-là dans ma poche.... Allons d'abord voir ces pauvres gens!

FRANÇOIS.

Soit! allons-y! mais c'est toi qui payeras! l'échelle au septième étage... ça me paraît louche!

BLANDINET, à part.

Le malheureux! Il ne croit même pas à la mansarde!

Ils sortent pendant que le rideau baisse.

ACTE DEUXIÈME.

Une salle à manger. Porte au fond; portes à droite et à gauche; au premier et deuxième plans, buffet, armoire; à droite, une table.

SCÈNE PREMIÈRE.

JOSEPH, PRUDENCE, HENRIETTE, puis TIBURCE

PRUDENCE, époussetant.

C'est singulier tout de même, monsieur qui n'est pas encore levé.

JOSEPH.

Son frère non plus... Il paraît qu'ils s'en sont donné hier, à dîner.

HENRIETTE, entrant par la gauche, premier plan, en costume de ville.

Comment! onze heures, et votre ménage n'est pas fait'

PRUDENCE.

C'est fini, madame.

JOSEPH.

Nous avons craint de réveiller monsieur.

HENRIETTE.

Il dort encore?... Est-ce qu'il serait malade?

JOSEPH.

Oh! non, madame... mais il est rentré tard, et il s'est promené dans sa chambre une partie de la nuit.

HENRIETTE.

Il aura pris du café... ça l'agite... Vous lui direz que je suis sortie, je vais au bain...

JOSEPH.

Oui, madame.

Il sort suivi de Prudence.

HENRIETTE, s'ajustant.

Voyons... dépêchons-nous...

TIBURCE, paraissant au fond.

Merci ! je l'attendrai !

HENRIETTE, se retournant.

Hein !

Elle prend son manchon qu'elle a mis en entrant sur la chaise.

TIBURCE.

Ah ! ma tante... je ne vous demande pas comment vous vous portez... vous avez des couleurs charmantes ce matin...

Henriette le salue froidement et sort.

SCÈNE II.

TIBURCE, puis LÉONCE.

TIBURCE, seul.

Elle est encore fâchée. Gentille, ma tante, mais susceptible...

LÉONCE, *entrant par la gauche, deuxième plan, son chapeau sur la tête.*

Tiens! c'est toi!

TIBURCE.

Bonjour, Léonce... j'attends papa...

LÉONCE.

Il n'est pas encore levé.

TIBURCE.

Je le sais... il a dîné hier avec ton père... et tout me porte à croire que ces deux burgraves ont fortement causé avec la veuve Cliquot...

LÉONCE.

Qu'est-ce que ça veut dire?

TIBURCE.

C'est un mot de mon quartier... pour indiquer qu'on n'aime pas la bière...

LÉONCE.

Tu seras donc toujours fou?

TIBURCE.

Papa n'est pas là... et pourtant je ne suis pas en train de rire ce matin.

LÉONCE.

Tu as du chagrin?...

TIBURCE.

Ah bien, oui!... non... mais j'ai douze mille francs de dettes!

LÉONCE.

Toi! des dettes?...

TIBURCE.

Dame! depuis deux ans que papa m'a coupé les vivres...

il a bien fallu m'adresser au crédit public, et dans ce moment il se fâche, le crédit public!

LÉONCE.

Comment?

TIBURCE.

Il me lance des petits carrés de papier... avec des images dans le coin...

LÉONCE.

Du papier timbré... on te poursuit?

TIBURCE.

Ça m'en a l'air... je ne sais pas comment ces gredins-là ont appris que papa était à Paris... ils profitent de la circonstance...

LÉONCE.

Que vas-tu faire?

TIBURCE.

Je n'en sais rien... donne-moi un conseil...

LÉONCE.

Tu n'as qu'un parti à prendre, c'est de tout avouer à ton père...

TIBURCE.

Non!... cherche autre chose!...

LÉONCE.

A ta place, c'est ce que je ferais...

TIBURCE.

Oui! mais ton père et le mien... ça fait deux. Ton père, c'est un brave homme... c'est une caisse qui s'ouvre de temps en temps... comme toutes les caisses. Tandis que le mien, c'est une tire-lire en fonte... et sans porte... Pour l'ouvrir, il faut la casser.

LÉONCE.

Mais non! tu te trompes... mon oncle François a l'écorce un peu rugueuse... mais c'est un excellent homme... il t'aime au fond...

TIBURCE.

Oui... bien au fond...

LÉONCE.

D'ailleurs tu n'as pas d'autre moyen...

TIBURCE.

C'est vrai... Allons! si je peux trouver un biais heureux... Dis donc, tu ne te chargerais pas de la communication?

LÉONCE.

Oh! non... ces choses-là se traitent de père à fils... D'ailleurs, il faut que je sorte...

FRANÇOIS, en dehors.

Joseph, de l'eau chaude!

TIBURCE.

C'est lui!

LÉONCE.

Allons! je te laisse, bonne chance.

Il sort par la droite.

TIBURCE.

Il file, le capon!

SCÈNE III.

TIBURCE, FRANÇOIS, puis JOSEPH.

FRANÇOIS, entrant par la gauche, deuxième plan; il est en robe de chambre.

Joseph!... de l'eau chaude... (Apercevant Tiburce.) Tiens, c'est toi!... qu'est-ce que tu viens faire ici?

TIBURCE.

Je me suis levé de bonne heure... et alors, je me suis dit : « Je vais aller embrasser papa... »

FRANÇOIS.

Et c'est pour ça que tu viens du Panthéon?

TIBURCE

Oui... à pied!...

FRANÇOIS.

Tiburce, je ne t'en remercie pas moins... mais je n'aime pas qu'on perde son temps pour des bêtises pareilles.

TIBURCE, à part.

Hein, est-il aimable! (Haut.) J'oubliais de vous dire que j'ai un élève dans le quartier.

FRANÇOIS.

Ah! si tu es venu pour affaires... c'est différent. Embrasse-moi. (Ils s'embrassent.) J'ai passé hier une soirée charmante... j'ai donné une leçon à ton oncle... il est resté aplati!

TIBURCE, s'efforçant de rire.

Ah! ah! très-joli... très-joli.

FRANÇOIS.

De quoi ris-tu?

TIBURCE.

De votre mot... aplati... c'est très-spirituel!

FRANÇOIS, sèchement.

Je n'aime pas les courtisans...

TIBURCE, à part, cessant de rire.

Mal disposé...

FRANÇOIS.

Qu'est-ce que c'est que cet élève que tu vas voir?

TIBURCE.

Oh! mon Dieu!... c'est un élève. (A part, frappé d'une idée.) Tiens!... si je pouvais... (Haut.) C'est plutôt un client qui m'a fait prier de passer pour me demander une consultation...

FRANÇOIS.

Payée?

TIBURCE.

Parbleu!... voici l'affaire...

FRANÇOIS.

Combien?

TIBURCE.

Vingt-cinq francs.

FRANÇOIS.

C'est gentil...

TIBURCE.

Voici l'affaire... mon client est un fils de famille... un jeune homme charmant... doux... honnête... qui aime bien son père!... oh! il aime bien son père... mais il a eu le malheur de faire des dettes...

FRANÇOIS.

Des dettes ?...

TIBURCE.

Oh! pas beaucoup... douze mille francs...

FRANÇOIS.

Douze mille francs de dettes ?... (Avec véhémence.) Tu diras de ma part à ton client que c'est un polisson...

TIBURCE.

Permettez, il a pour excuse...

FRANÇOIS.

Il n'y a pas d'excuses... un jeune homme qui a un père... qui appartient à une famille respectable... et qui se vautre dans la fange de l'emprunt... ne peut être qu'un polisson !

TIBURCE.

Mais...

FRANÇOIS, avec colère.

Voyons! est-ce ton avis, oui ou non ?

TIBURCE.

Oui!... c'est un... polisson!

FRANÇOIS.

Ah!

TIBURCE, à part.

Décidément je ne lui parlerai pas de la chose aujourd'hui.

FRANÇOIS.

Si un pareil malheur t'arrivait..

TIBURCE.

Eh bien!

FRANÇOIS.

Mais je suis tranquille... tu es rangé... tu es travailleur... tu fais des économies!

TIBURCE.

Oh! des économies!... de petites économies.

FRANÇOIS.

Puisque tu achètes des meubles... j'irai les voir aujourd'hui!

TIBURCE.

A quelle heure?

FRANÇOIS.

A l'heure de ton déjeuner...

TIBURCE.

Ah!

FRANÇOIS.

J'accepte... mais pas de folies!...

TIBURCE.

Soyez tranquille... (A part.) Il aime le chablis et les pieds de mouton... je vais lui en donner... ça le disposera bien.

FRANÇOIS.

Je fais ma barbe et je suis chez toi dans une demi-heure.

TIBURCE.

Adieu, papa... (A part.) Je lui établirai mon bilan au dessert.

Il sort par le fond. — Joseph entre avec une bouillotte d'eau chaude.

FRANÇOIS.

Bon petit enfant! je l'aime bien... mais je ne le lui dis pas! Ah! Joseph!

JOSEPH.

Voilà, monsieur...

FRANÇOIS.

Je déjeune en ville... vous le direz...

JOSEPH.

Bien, monsieur.

<small>Joseph précède François, qui entre dans la chambre de gauche, deuxième plan.</small>

SCÈNE IV.

BLANDINET, puis FRANÇOIS, puis JOSEPH.

<small>La scène reste un moment vide.</small>

BLANDINET, sort de sa chambre, à droite, premier plan, et entre à pas lents.

Je suis triste... j'ai mal dormi... nous arrivons rue du Contrat-Social, 15 bis... vilaine rue... vilaine maison... vilaine allée... j'étais ému. « L'infortuné Simonot? » dis-je au concierge avec attendrissement... « Au cinquième, la porte à gauche!... » Ça m'étonne, la lettre disait : « Au septième, l'échelle à droite... « N'importe?... nous montons... la clef était sur la porte... je la tourne sans bruit... avec la discrétion de la charité qui pénètre chez la misère... nous trouvons... qui?... mon ancien cocher... Williams! celui que ma femme... (Se reprenant.) celui que j'ai chassé si rudement! il était attablé avec un groom anglais et six bouteilles vides... pas le moindre père aveugle... J'avoue que ça m'a un peu cassé les bras... il y a des gens qui vous corrigeraient du plaisir de faire le bien! Mon frère François triomphait, il rayonnait... mais qu'est-ce que cela prouve?... que je suis tombé sur un coquin... Il y a des oiseaux qui donnent des coups de bec... ce n'est pas une raison pour abandonner les autres...

FRANÇOIS, entrant; il est habillé

Eh bien, monsieur le philanthrope?

BLANDINET.

Quoi?

FRANÇOIS, riant.

Au septième... l'échelle à droite...

BLANDINET.

Je te prie de me laisser tranquille... j'ai payé le dîner... tu n'as rien à dire...

FRANÇOIS.

Il était très-bon!

BLANDINET.

Je crois bien, quarante-sept francs cinquante centimes; voici la carte. (Il la tire de son gilet.) Potage à la reine, deux francs; crevettes, trois francs.

FRANÇOIS.

Comment, crevettes?... je n'ai pas mangé de crevettes!...

BLANDINET.

Ah! tu crois?... moi non plus...

FRANÇOIS.

On ne nous en a pas même servi... Ah! ils vont bien, les restaurateurs!...

BLANDINET.

Comment! tu vas supposer...? Il y a un monsieur à côté de nous qui en a mangé... c'est une erreur, voilà tout!

FRANÇOIS.

C'est possible! mais, à ta place, avant de payer, je vérifierais les additions. (Montrant le sucrier et le carafon d'eau-de-vie qui sont sur le buffet.) Et, de plus, je serrerais mon sucre et mon eau-de-vie... ces choses-là s'évaporent facilement

BLANDINET.

Allons, il va soupçonner Joseph maintenant, un brave garçon qui est chez moi depuis dix ans...

FRANÇOIS.

Mon ami, je suis du côté de ceux qu'on n'attrape pas... Adieu, je déjeune chez mon fils.

Il sort.

BLANDINET, seul.

Joseph!... un garçon sûr... auquel je confierais... (Il s'est approché machinalement du sucrier et en compte les morceaux.) quatre, six, sept, huit... et un petit... Je mange le petit... ça m'embrouillerait... (Il le croque.) L'eau-de-vie, maintenant... (Prenant le carafon.) Ce n'est pas par méfiance... C'est pour confondre mon frère!... Comment marquer...? Ah! avec mon mouchoir. (Mesurant.) Vraiment j'en suis honteux. Ça vient jusque-là... Je vais faire un nœud...

Il fait un nœud à son mouchoir. Entre Mizabran avec une paire de bottes.

SCÈNE V.

BLANDINET, MIZABRAN, puis JOSEPH et un DEUXIÈME BOTTIER.

BLANDINET.

Tiens! c'est encore vous!

ACTE DEUXIÈME.

MIZABRAN.

Monsieur, je vous apporte vos bottes

BLANDINET.

Chut! si ma femme vous entendait...

JOSEPH, qui vient d'entrer.

Il y a plus d'une heure que madame est sortie... elle est au bain...

MIZABRAN.

Regardez-moi cela.

Il lui donne une botte, puis repose l'autre à droite.

BLANDINET, prenant la botte.

C'est bien, Mizabran; et c'est bon?

MIZABRAN.

Oh! monsieur... examinez cela... tout ce qu'il y a de meilleur en qualité...

BLANDINET, à part.

Il a une bonne figure... ça fait plaisir à regarder.

MIZABRAN.

C'est du veau, et du veau de Bordeaux.

BLANDINET.

Oui, ça me paraît bon. (Apercevant le deuxième bottier qui entre.) Encore un bottier! C'est donc la journée aux bottiers?

JOSEPH, au deuxième bottier, qui se dirige à gauche.

M. Léonce ne tardera pas à rentrer... si vous voulez l'attendre.

Le deuxième bottier pose les bottines sur la chaise.

BLANDINET.

Ah! celui de mon fils!... il a aussi une bonne figure... (Prenant les bottines.) Ah! voilà de jolies chaussures...

LE DEUXIÈME BOTTIER, accent allemand.

Je prie monsieur d'examiner la qualité... c'est du veau... de Bordeaux... (Montrant la botte que tient Blandinet.) Et voilà de la vache.

BLANDINET, étonné.

Comment ! mes bottes...?

LE DEUXIÈME BOTTIER.

Il n'y a qu'à comparer...

BLANDINET, au deuxième bottier.

Permettez... (Allant à Mizabran et lui montrant les bottines.) Mizabran, quel est ce cuir ?

MIZABRAN

C'est de la vache. (Montrant les bottes.) Voilà du veau.

BLANDINET.

Ah ! merci.... (A part.) Il y en a un des deux qui est un coquin... peut-être tous les deux. (Haut.) C'est bien, messieurs... On passera chez vous... (A Mizabran, qui emporte la botte.) Dites donc, donnez-moi l'autre.

MIZABRAN, s'excusant.

Oh ! pardon, c'est une distraction. Bonjour à madame.

Les deux bottiers sortent. Blandinet reste interdit, et, tenant d'une main une bottine et de l'autre les bottes, il descend sur le devant du théâtre.

SCÈNE VI.

BLANDINET, puis LÉONCE.

BLANDINET, seul.

Je n'ai pas de chance aujourd'hui!... Ceci n'est rien... eh bien, ça me taquine... Il faudrait donc renoncer à croire aux bottiers... je ne crois déjà plus aux restaurateurs... (Il se débarrasse des chaussures, qu'il place sur la chaise à gauche.) Et ma femme qui ne revient pas... (Regardant à sa montre et soupçonneux.) Deux heures de bain, c'est bien extraordinaire... il faut avouer que je suis d'une bonne pâte... Je laisse Henriette aller, venir, sortir, rentrer... une femme plus jeune que moi... beaucoup plus jeune... et jolie!... et coquette... je le suppose... car je ne m'en suis jamais aperçu... mais elle achète des diamants, des dentelles.. pour plaire à qui? allons! voilà que je soupçonne ma femme à présent! c'est cet animal de François qui me fourre ses idées dans la tête!

LÉONCE, entrant par le fond.

Je viens de chez l'agent de change... voici le montant des vingt-cinq Lyon.

Il lui remet un portefeuille.

BLANDINET.

Merci! (Il met le portefeuille dans la poche de son habit, qu'il boutonne par un mouvement de réflexion.) Mon ami, j'ai à te parler.

LÉONCE.

Moi aussi, mon père.

BLANDINET, allant chercher une bottine et revenant près de son fils.

Laisse-moi commencer... Léonce, tu ne sais pas une

chose... Ton bottier te vole... et le mien aussi... ces messieurs nous donnent de la vache...

LÉONCE, indifférent.

Vraiment?

BLANDINET.

J'en suis sûr... Tu acceptes tout de confiance... c'est une faute... avec ces gens-là, il faut se défier... c'est comme avec les restaurateurs... Sans cela, ils te comptent des crevettes... comprends-tu! on ne mange pas de crevettes... et ils vous font payer trois francs de crevettes!

LÉONCE.

Quelle diable d'histoire me faites-vous là

BLANDINET.

Je te préviens... tu es jeune... tu peux encore prendre l'habitude de te méfier... tandis que moi... Voyons, à toi!... qu'est-ce que tu as à me dire?

Il lui donne la bottine et va s'asseoir près de la table.

LÉONCE, allant poser la bottine sur la chaise et revenant s'asseoir de l'autre côté de la table.

Il s'agit d'un projet dont j'ai déjà parlé à ma mère.

BLANDINET.

Ta mère... (A part, regardant à sa montre.) Deux heures et demie de bain!... c'est bien étrange!

LÉONCE.

J'aime mademoiselle Aubertin!

BLANDINET.

Laure?... elle est charmante... elle nourrit des petits oiseaux.

LÉONCE.

Mon rêve serait de l'épouser.

BLANDINET.

Dame! mon ami, si c'est ton goût...

LÉONCE.

Hier, j'en ai touché deux mots à son père... et il m'a dit que je pouvais espérer...

BLANDINET.

Comment! son père?... c'est impossible!

LÉONCE.

Quoi donc?

BLANDINET.

Dans sa position.

LÉONCE.

Mais il me semble que la position de M. Aubertin...

BLANDINET.

Lui! il est ruiné...

Il se lève

LÉONCE, se levant aussi.

Comment?

BLANDINET.

J'en sais quelque chose... je dois lui prêter cinquante mille francs demain matin.

LÉONCE.

Ce n'est peut-être qu'un embarras momentané.

BBLANDINET.

Certainement... je ne soupçonne pas Aubertin... c'est un ami... mais tu as une belle dot... et des espérances!... et on pourrait croire... François ne manquerait pas de croire... que M. Aubertin spécule sur ton amour pour sa fille.

LÉONCE, indigné.

Oh! mon père!...

BLANDINET.

Ce n'est pas moi... c'est François qui parle... la petit est jolie et il s'en sert comme d'une amorce...

LÉONCE.

Est-ce bien vous, si bon, si bienveillant?

BLANDINET.

Mon ami... je connais les hommes.... depuis hier soir...

LÉONCE.

Pouvez-vous parler ainsi d'un vieil ami?

BLANDINET.

Ce n'est pas moi... c'est François...

LÉONCE.

En vérité, mon père, vous m'affligez...

BLANDINET.

Mais que veux-tu que je te dise?... c'est François...

LÉONCE.

Prêter de pareils sentiments à une famille que depuis mon enfance vous m'avez appris à aimer et à respecter...

BLANDINET.

Mais encore une fois...

LÉONCE, en sortant par la gauche, premier plan.

Ah! tenez je ne vous reconnais plus...

SCÈNE VII.

BLANDINET, puis JOSEPH.

BLANDINET, revenant en scène.

Eh bien, oui! il a raison!... mais ce n'est pas ma faute... les bottiers, les crevettes... et ma femme qui ne revient pas... (Regardant à sa montre.) Trois heures de bain!...(Il met son chapeau.) C'est invraisemblable! il y a quelque chose là-dessous. (Appelant.) Joseph! Joseph!... mon chapeau..

JOSEPH, entrant.

Mais vous l'avez.

BLANDINET.

Hein! quoi?... ah! c'est juste; je cours à l'établissement. (Enfonçant son chapeau.) Il y a quelque chose là-dessous.

Il sort, on sonne.

JOSEPH.

C'est madame qui sonne... j'ai oublié de dire à monsieur qu'elle était rentrée depuis deux heures...

Il entre à gauche, au moment où Tiburce et François paraissent au fond.

SCÈNE VIII.

FRANÇOIS, TIBURCE.

FRANÇOIS, appuyé familièrement sur le bras de Tiburce; ils sont un peu animés tous les deux.

Ah! voilà ce que j'appelle un joli déjeuner: des huîtres,

du chablis, des pieds de mouton... tu as régalé ton père... embrasse-moi, petit!

TIBURCE.

Comment donc! (A part, après l'avoir embrassé.) Je crois qu'il a un peu causé avec la veuve Chablis.

FRANÇOIS.

Tu m'as offert à déjeuner... C'est mon tour, je paye le café.

TIBURCE, à part.

Nous venons de le prendre!

FRANÇOIS.

Je te proposerais bien de venir dîner... mais je n'ai pas faim...

TIBURCE

Moi non plus... j'ai soif.

FRANÇOIS.

Ah! Tiburce... tu crois peut-être que je ne t'aime pas... parce que je suis sévère avec toi... parce que je ne t'envoie pas d'argent... mais c'est pour ton bien... ça me fait beaucoup de peine, et souvent si je m'écoutais...

TIBURCE.

Oh! écoutez-vous, papa!

FRANÇOIS, avec attendrissement.

Non! il faut que tu trimes, que tu connaisses la peine, le travail... Vois-tu, dans le corps de tous les hommes, écoute ça!... dans le corps de tous les hommes qui sont devenus remarquables... il y a un morceau de vache enragée.

TIBURCE, protestant.

Oh! cependant...

ACTE DEUXIÈME.

FRANÇOIS.

Il y en a un!... quelquefois deux! mais sois tranquille! quand tu seras célèbre... quand tu seras riche... je ne te refuserai plus rien!

TIBURCE.

Vous êtes bien bon!

FRANÇOIS, avec attendrissement.

Ah! Tiburce! tu crois peut-être que je ne t'aime pas... mais tu es tout pour moi... mais si je travaille encore... si je consume ma vie à fabriquer du drap... si je monte quinze nouveaux métiers...

TIBURCE.

C'est pour battre les Anglais.

FRANÇOIS.

C'est pour toi... et pour vexer les Anglais. (Avec effusion.) Tiens! embrasse-moi!

TIBURCE.

Avec plaisir, papa. (Ils s'embrassent. A part.) Je crois que le moment est bon pour lui avouer les douze mille francs. (Haut.) Papa, quoiqu'il m'en coûte...

FRANÇOIS, l'interrompant.

J'ai examiné ton mobilier... c'est gentil... Par exemple, tu as trop de commodes...

TIBURCE.

Je n'en ai que trois...

FRANÇOIS.

C'est trop!

TIBURCE.

Je vais vous dire... c'est une occasion... un lot de commodes, j'ai été séduit par le bon marché.

FRANÇOIS, le regardant sans l'écouter.

Ah! qu'il est gentil mon Tiburce... qu'il est beau!... Tiens! je ne t'ai rien donné depuis deux ans... je vais te donner quelque chose...

TIBURCE, stupéfait.

A moi?

FRANÇOIS.

Je vais te donner mon épingle en diamant!
Il la détache de sa chemise.

TIBURCE.

Oh! papa!

FRANÇOIS, la lui attachant.

Ne va pas la perdre... ça vaut douze cents francs... songe que voilà trente ans que je la porte... et, si le malheur voulait qu'elle se détachât... jamais je ne pourrais me consoler... (Tout à coup.) Tiens! rends-la moi!

TIBURCE, se reculant.

Ah! non!

FRANÇOIS.

Alors ne te remue pas comme ça... il suffit d'un mouvement... (A part.) J'ai eu tort de la lui donner... il est trop jeune.

TIBURCE, à part.

Il faut pourtant aborder la question... (Haut.) Papa... mon bon père...

FRANÇOIS.

Ah! voilà que j'ai mal à la tête!...

TIBURCE.

Ça ne sera rien... je voulais vous parler de ce malheureux jeune homme... mon client... qui a fait douze mille francs de dettes...

FRANÇOIS.

C'est un chenapan!... et si j'étais son père... je l'enverrais en... Afrique!

TIBURCE, à part.

Boum!

FRANÇOIS.

Mon Dieu! que j'ai mal à la tête... je vais dormir un petit peu...

TIBURCE.

Mais, papa...

FRANÇOIS.

Rendez-vous à six heures au café Lemblin.

TIBURCE.

Il n'existe plus!

FRANÇOIS.

Alors devant la porte... Adieu... prends garde à ton épingle... (A part.) J'ai eu tort de la lui donner... je la lui reprendrai... A six heures au café Lemblin.

Il rentre dans sa chambre.

SCÈNE IX.

TIBURCE, puis JOSEPH.

TIBURCE, seul.

Pas moyen! j'ai voulu lui en parler à déjeuner, mais il n'était pas suffisamment... mûr. D'un autre côté, il y a de par le monde une prise de corps qui trottine après moi... si je pouvais... (S'arrêtant.) J'ai soif! (Apercevant le sucrier et le caraton.) Tiens! je vais me faire un grog. (Il s'approche de buffet et se fait un grog.) Voyons donc! il me vient une idée... violente... je vais écrire à l'huissier... — Joseph !

JOSEPH, paraissant.

Monsieur?

TIBURCE.

Donnez-moi une plume... de l'encre.

JOSEPH, montrant la table.

Voilà tout ce qu'il faut pour écrire. (A part, le voyant remuer son grog.) Il fait comme chez lui.

Il sort par la droite.

TIBURCE, seul, écrivant.

« Monsieur... il faut que la justice suive son cours... papa est à Paris, pincez-moi à son bras... nous nous promènerons ce soir à six heures devant la porte de l'ex-café Lemblin. » Voilà ! (Il avale son grog.) De cette façon, papa saura tout... je n'aurai rien à dire et il payera !... (Réfléchissant.) Il payera! s'il allait me laisser sous les plombs de Clichy pendant quelques mois... il me faudrait un peu d'argent pour mes petites dépenses... (Vidant sa poche.) Onze francs ! Ah! que je suis bête! L'oncle Blandinet! je vais lui emprunter vingt louis. — Allons d'abord faire porter ma lettre ..

Il sort par la droite, deuxième plan.

SCÈNE X.

HENRIETTE, puis BLANDINET.

HENRIETTE, sortant de sa chambre.

J'ai oublié mon manchon au bain, Prudence.

BLANDINET, paraissant au fond; il est très-pâle et très-agité, il tient un manchon à la main.

Enfin! vous voilà, madame.

HENRIETTE, l'apercevant.

Ah! mon Dieu... qu'as-tu donc, mon ami?

BLANDINET.

J'arrive de l'établissement de bains, madame... et l'on m'a répondu que vous l'aviez quitté depuis deux heures.

HENRIETTE, étonnée

Sans doute...

BLANDINET.

Qu'avez-vous fait de ces deux heures?

HENRIETTE.

Mais je suis rentrée...

BLANDINET.

Où?

HENRIETTE.

Ici!

BLANDINET.

Je ne vous y ai pas vue!

HENRIETTE.

J'étais dans ma chambre... Tenez, j'ourlais vos cravates.

BLANDINET.

Ah! je la connais, celle-là!

HENRIETTE.

Plaît-il?

BLANDINET.

Prenez votre manchon... votre complice...

HENRIETTE.

Comment?

Elle porte le manchon sur la chaise à gauche où se trouve la chaussure.

BLANDINET.

Oh! je vois clair maintenant : ces sorties fréquentes et prolongées... ces bains d'une longueur invraisemblable...

HENRIETTE.

Que voulez-vous dire?

BLANDINET.

Madame, vous avez une intrigue... il est impossible que vous n'ayez pas une intrigue.

HENRIETTE.

Ah çà! deviens-tu fou?

BLANDINET.

Raisonnons! Êtes-vous jeune? oui... êtes-vous jolie? oui.. êtes-vous coquette? oui.

HENRIETTE.

Non!

BLANDINET.

Toutes les femmes le sont!... et vous voulez me faire croire que, depuis six ans que nous sommes mariés, on ne vous a jamais fait la cour?... Allons donc! ce serait honteux!

HENRIETTE.

C'est pourtant la vérité...

BLANDINET.

Donnez-moi votre parole d'honneur

HENRIETTE, *se troublant.*

Mais...

ACTE DEUXIÈME.

BLANDINET.

Vous hésitez... c'est un aveu... Ses lettres, madame, je vous demande ses lettres.

HENRIETTE.

Des lettres? mais je vous prie de croire qu'il ne m'a jamais écrit!...

BLANDINET, avec force.

Il!... il y a un *il*... j'en étais sûr!

HENRIETTE, à part.

Maladroite!

BLANDINET.

Son nom, madame... le nom du misérable!

HENRIETTE.

Vous voulez le savoir?

BLANDINET.

Oh oui!

HENRIETTE.

Eh bien, c'est Tiburce, votre neveu!

SCÈNE XI.

Les Mêmes, TIBURCE.

BLANDINET.

Hein! Tiburce?

TIBURCE, entrant par la droite.

Voilà.

HENRIETTE.

Ah!

Elle se sauve dans sa chambre.

BLANDINET, à part

Lui!

TIBURCE.

Bonjour, mon oncle. (A part.) Il a l'air bien disposé... je vais enlever mes vingt louis au pas de course!... (Haut.) Mon oncle, j'ai une confidence à vous faire.

BLANDINET.

Moi aussi!

TIBURCE.

Ah!

BLANDINET, très-doucement.

Eh bien, mon ami... nous faisons donc la cour à notre tante?

TIBURCE, absourdi.

Hein?... comment!... qui vous a dit?...

BLANDINET.

Elle-même!

TIBURCE.

Ah! (A part.) Pas gentille, ma tante!

BLANDINET.

Malheureux! tu n'as donc aucun sentiment de la famille? Comment une idée aussi... exorbitante a-t-elle pu entrer dans ton cerveau?

TIBURCE.

Vous savez, mon oncle... je venais tous les jours ici... et alors... vous voyant tous les deux... une jeune femme... un vieux mari...

BLANDINET.

Hein?

TIBURCE.

Oh! mais elle n'a jamais voulu m'écouter...

BLANDINET.

Je l'espère bien! Après ça, tu ne me le dirais pas... Donne-moi ta parole d'honneur.

TIBURCE.

Ma parole d'honneur.

BLANDINET.

Merci. (A part.) Ça ne prouve rien.

TIBURCE.

Un jour même, dans l'escalier, elle m'a donné un soufflet... sur chaque joue...

BLANDINET, satisfait.

Ah! c'est bien, ça... c'est très-bien... (A part.) si c'est vrai!... (Par réflexion.) Mais qu'est-ce que tu lui avais dit pour qu'elle se soit portée à une pareille extrémité... dans un escalier?

TIBURCE.

Oh! pas grand'chose.

BLANDINET.

Mais quoi?

TIBURCE.

Vous savez... on veut plaisanter. (Avec feu.) Mais je n'ai pas tardé à reconnaître ma faute... mon crime... je me suis méprisé... oui, mon oncle, je me suis méprisé.

BLANDINET.

A la bonne heure!... il faut continuer.

TIBURCE, à part.

Il s'adoucit... (Haut.) Alors, pour m'étourdir... pour faire diversion à cette passion criminelle... je me suis jeté dans le désordre.

BLANDINET.

Bien!

TIBURCE.

Dans la dissipation...

BLANDINET.

Oh! très-bien!

TIBURCE.

J'ai aimé une autre femme...

BLANDINET.

Parfait! il faut continuer.

TIBURCE, d'une voix attendrie.

Une pauvre jeune fille.... une fille du peuple..

BLANDINET.

Ça m'est égal!

TIBURCE.

Que je suis obligé de soutenir... de mon travail, de mes veilles... de mes sueurs...

BLANDINET, lui serrant la main.

Donne-moi la main, courageux enfant!

TIBURCE.

C'est une ouvrière dont le père est aveugle..

BLANDINET, en défiance.

Ah!

TIBURCE.

Et la mère...

ACTE DEUXIÈME.

BLANDINET.

Paralysée ?

TIBURCE.

Des deux mains !

BLANDINET.

Oui...

TIBURCE.

Naturellement ces sacrifices ont épuisé mon petit pécule et je venais vous demander... si c'était un effet de votre bonté... de me prêter vingt... ou vingt-cinq louis... vous dont l'âme est si généreuse...

BLANDINET, regardant autour de lui.

Chut! (Tiburce tout joyeux tend la main.) Non, c'est inutile! (D'un ton confidentiel.) Mon ami... je la connais, celle-là... A toi de tout cœur.

TIBURCE.

Le mot de papa... Comment... vous me refusez !

BLANDINET.

Considérablement !

TIBURCE.

Ah! vous n'êtes plus l'oncle Blandinet... vous vous êtes frotté contre papa!... Adieu!...

BLANDINET.

Où vas-tu ?

TIBURCE.

Au café Lemblin ! le sort en est jeté.

Il sort par le fond.

SCÈNE XII.

BLANDINET, HENRIETTE.

BLANDINET.

Sans la mère paralysée... j'étais refait!

HENRIETTE, entrant.

Eh bien... mon ami, as-tu vu Tiburce?

BLANDINET.

Oui, je viens de causer avec lui... il paraît que, dans l'escalier, tu lui as donné...

HENRIETTE

Quoi donc?

BLANDINET, à part.

Voyons, si c'est vrai... (Haut.) Un témoignage de ton affection.

HENRIETTE.

Comment! il a osé dire...? Je lui ai donné un soufflet!

BLANDINET.

Oh! merci!... je le savais...

HENRIETTE.

Eh bien, alors?...

BLANDINET.

Mais je n'étais pas fâché de l'entendre une seconde fois... (Par réflexion.) Mais qu'est-ce qu'il t'avait donc dit?... car enfin on ne donne pas comme cela un soufflet.

HENRIETTE.

Ce qu'il m'avait dit?... Ne pense plus à cela, vilain jaloux!... qu'il te suffise de savoir que tu as une femme fidèle à ses devoirs... et à son affection pour toi...

BLANDINET.

Oui! tu ne veux pas me le dire? tu me le diras demain.

HENRIETTE.

C'est cela... une autre fois...

Elle allume une bougie sur le buffet.

BLANDINET, à part.

C'est bien drôle, qu'elle ne me le dise pas!...

SCÈNE XIII.

HENRIETTE, BLANDINET, FRANÇOIS.

FRANÇOIS, entrant exaspéré.

Le polisson! le drôle! le chenapan!

BLANDINET.

Quoi donc?

FRANÇOIS.

Tiburce... on vient de l'enlever... sous mon bras... pour le conduire à Clichy!...

BLANDINET.

Comment! il a des dettes?

FRANÇOIS.

Douze mille... douze mille francs!

BLANDINET.

Tiens! ça te le met à vingt-quatre mille... comme le

mien!... Eh bien, mais il s'arrondit le compte Tiburce... il prend du ventre...

FRANÇOIS.

Ça m'est égal! je ne payerai pas! il restera en prison!... toute sa vie!

BLANDINET.

Jusqu'à demain matin.

FRANÇOIS, furieux.

Oh! je voudrais l'avoir là... près de ma main... (Tout à coup.) Je vais le chercher.

Il remonte.

BLANDINET.

A quoi bon?

HENRIETTE, à part, en s'en allant par la gauche.

Pauvre garçon!

BLANDINET.

On ne te le donnera pas ce soir... l'établissement est fermé...

FRANÇOIS.

Tu crois... alors donne-moi un verre d'eau.

Il va s'asseoir à droite.

BLANDINET.

Tout de suite.

Il s'approche du buffet.

FRANÇOIS.

Puisque je ne puis pas le voir... je vais lui écrire... toute la nuit... ça me soulagera!

BLANDINET, regardant le sucrier.

Oh!

FRANÇOIS.

Quoi donc?

BLANDINET.

Cinq morceaux! il en manque trois!

FRANÇOIS.

Parbleu!

BLANDINET, prenant vivement le carafon d'eau-de-vie et le regardant.

Il a baissé!... (Il tire son mouchoir et mesure.) Juste! ils ont bu le nœud!

FRANÇOIS.

Eh bien, es-tu convaincu maintenant? Cela te prouve que, dans ce monde, il faut savoir ouvrir les yeux et fermer les serrures!... Bonsoir, je n'ai plus soif. (Il rentre dans sa chambre.) Oh! le brigand!

SCÈNE XIV.

BLANDINET, seul.

Ce n'est pas possible!... je me suis trompé!... (Il compte de nouveau les morceaux de sucre.) Deux... quatre... cinq... Ah Joseph!... mais je ne lui en ai jamais refusé, du sucre!... Je crois que François a raison... je suis du compartiment de ceux qu'on attrape. Changeons de compartiment et, pour commencer, fermons les serrures! (Il va à l'armoire, la ferme à double tour et met la clef dans sa poche.) Il paraît que le monde est peuplé de coquins! les restaurateurs, les bottiers, les neveux, les domestiques... (Il prend le sucrier, le carafon et le flambeau allumé.) Et les amis!... cet Aubertin... Gustave!... le vilain nom!... (Il prend le manchon, puis les bottes et les bottines.) Non content de m'emprunter cinquante mille francs, il cherche à entortiller mon fils dans un mariage... mais je suis là... je veille... Ah! j'y vois clair aujourd'hui... (Rentrant dans sa chambre.) Oui... mais j'étais peut-être plus heureux hier.

ACTE TROISIÈME.

Cabinet de Blandinet, bureau, casiers, bibliothèque, une table au milieu du théâtre. — Porte au fond. — Deux portes de chaque côté.

SCÈNE PREMIÈRE.

HENRIETTE, JOSEPH, puis PRUDENCE.

HENRIETTE, à Joseph, qui tient des balances.

Eh bien, qu'est-ce que vous voulez faire de ces balances?

JOSEPH.

Je n'en sais rien, madame... c'est monsieur qui m'a dit de les acheter...

Il pose les balances sur le bureau.

PRUDENCE, entrant par la droite.

Madame, monsieur demande toutes les factures de l'année.

HENRIETTE, à part.

Voilà une autre idée, maintenant... Ce matin, au point du jour, il m'a fait réveiller pour avoir mon livre de dépenses... (A Prudence) Que fait monsieur?

PRUDENCE.

Il est dans sa chambre... il épluche le livre de madame... il m'a demandé le mien aussi. Qu'est-ce que ça veut dire?

HENRIETTE, à part.

En vérité, je crois qu'il devient fou.

SCÈNE II.

Les Mêmes, BLANDINET.

BLANDINET, entrant par la droite, deuxième plan; il tient un livre de dépenses sous le bras; appelant.

Joseph!

JOSEPH.

Monsieur, voici les balances.

BLANDINET, les prenant

Ah! très-bien... Sont-elles justes?

JOSEPH.

Elles sortent de chez le marchand.

BLANDINET.

Ce n'est pas une raison... le marchand!... c'est l'ennemi!... (A Joseph.) Tenez, et tous les fournisseurs qui viendront, vous les pèserez...

JOSEPH, étonné.

Comment! il faudra peser les fournisseurs?

BLANDINET.

Non!... leurs marchandises!... ou plutôt, vous m'appellerez, je veux être là...

JOSEPH.

Bien, monsieur. (Bas, à Prudence.) Qu'est-ce qu'il a?

Joseph et Prudence sortent.

SCÈNE III.

HENRIETTE, BLANDINET, puis JOSEPH, puis PRUDENCE, puis LÉONCE.

HENRIETTE.

Mais pourquoi ces défiances, ces soupçons?

BLANDINET.

La vie est une promenade... j'ai reconnu que le chemin était mauvais... et je porte des lunettes!

HENRIETTE.

Tu vas te rendre malheureux pour des misères...

BLANDINET.

Du tout!... J'en ai pris mon parti!... je suis très-gai!... j'éprouve un plaisir âcre à suivre à la piste toutes les petites gredineries de mes semblables... j'étudie les animaux nuisibles.

HENRIETTE.

Peux-tu parler ainsi de gens qui t'estiment, qui t'aiment, qui t'ouvrent leurs maisons...

BLANDINET.

Mais l'araignée aussi ouvre ses salons aux bonnes petites mouches qui passent...

HENRIETTE.

Oh! quelle comparaison!

BLANDINET.

Vois-tu, je serais bien heureux... mais bien heureux !... si quelqu'un venait me demander un service...

HENRIETTE.

A la bonne heure, je te reconnais!

BLANDINET.

Oui... je le refuserais... avec sensualité!

HENRIETTE.

Comment!

BLANDINET.

Ah! je commence à comprendre le bonheur qu'on éprouve à désobliger ses contemporains!

HENRIETTE, riant.

Mais c'est de la férocité!

BLANDINET.

Du tout! C'est de la civilisation... Tiens! voilà ton livre de dépenses... (Il le lui remet.) Ah! tu ne sais pas, mon chapelier... c'est un voleur!

HENRIETTE, prenant le livre, le pose sur la table et passe à droite.

Par exemple!

BLANDINET.

Je viens d'en acquérir la preuve... il me compte quatre chapeaux cette année... et je n'en ai pris que deux... un père de famille! c'est très-drôle!

HENRIETTE.

Il y en a deux pour toi, et deux pour Léonce.

BLANDINET.

Ah! tu es sûre?

ACTE TROISIÈME.

HENRIETTE.

Certainement.

BLANDINET, vexé.

C'est différent! Il n'y a rien à dire... (A part.) Je le rattraperai une autre fois, celui-là.

PRUDENCE, entrant.

Madame, je ne trouve pas la clef de l'armoire...

BLANDINET, fouillant dans sa poche.

La voilà, vous me la rapporterez immédiatement.

JOSEPH, entrant.

Je ne sais pas ce qu'est devenue la clef du buffet.

BLANDINET, fouillant dans une autre poche.

La voilà! vous me la rapporterez immédiatement... Priez mon fils de venir.

Prudence et Joseph sortent.

HENRIETTE.

Ah çà! est-ce que tu vas mettre toutes les clefs de la maison dans ta poche?

BLANDINET.

Si les sucriers pouvaient parler... ils te diraient qu'il n'y a pas de meilleure place pour une clef que la poche de son maître... axiome!

LÉONCE, entrant par la gauche.

Vous m'avez fait appeler, mon père.

BLANDINET.

Oui, j'ai un éclaircissement à te demander... Ce matin, j'ai jeté les yeux sur le livre de ta mère et j'y ai relevé... (Prenant le livre.) « 16 mai... Léonce... dépenses diverses... cent francs. » Où cela a-t-il passé?

LÉONCE.

Dame ! je ne sais pas... depuis le temps... nous sommes au mois d'octobre...

BLANDINET.

Oui. (Rouvrant le livre.) Je trouve encore : « 9 juin, Léonce, dépenses diverses... cent cinquante francs. » Tu as beaucoup de dépenses diverses....

LÉONCE.

Mais, mon père...

BLANDINET.

Je ne te soupçonne pas... cependant, je ne serais pas fâché de savoir où va ton argent... Dorénavant, je te donnerai cent francs par mois...

HENRIETTE.

Oh !

BLANDINET, vite.

Si ça ne suffit pas, tu m'en redemanderas !

LÉONCE.

Cela suffira, mon père.

JOSEPH, paraissant.

Monsieur, c'est le boucher !

BLANDINET.

Très-bien !... j'y vais ! (Se frottant les mains.) Ah ! nous allons rire !

Il sort avec Joseph.

SCÈNE IV.

LÉONCE, HENRIETTE, puis FRANÇOIS et TIBURCE.

LÉONCE.

Qu'est-ce que cela veut dire ?

HENRIETTE.

Je n'y comprends rien ! je ne reconnais plus ton père... il est malade !

FRANÇOIS, paraissant avec Tiburce.

Entre, polisson, et baisse les yeux !

HENRIETTE et LÉONCE.

Qu'y a-t-il ?

FRANÇOIS.

Je vous présente un monsieur qui sort de Clichy.

TIBURCE.

Mais...

FRANÇOIS, avec colère.

Baisse les yeux !

TIBURCE, à part.

C'est égal, il a payé !

FRANÇOIS, à Henriette.

Figurez-vous que...

HENRIETTE.

Pardon !... un fournisseur qui m'attend !

Elle sort par la droite.

FRANÇOIS.

Maintenant que nous ne sommes plus dans la rue... que je ne crains plus les attroupements... (Menaçant.) nous allons causer !

LÉONCE.

Mon oncle.

FRANÇOIS.

Laisse-nous.

Léonce va pour sortir par la gauche, Tiburce le retient.

TIBURCE.

Léonce...

FRANÇOIS, avec autorité.

Allons... laisse-nous !

Léonce sort.

SCÈNE V.

FRANÇOIS, TIBURCE, puis LÉONCE.

FRANÇOIS.

Ici ! approche ! garnement ! bohème !... Tu as donc du crédit sur la place ? tu trouves donc des imbéciles qui acceptent ta signature ?

TIBURCE.

Dame, papa !

FRANÇOIS.

Tu te seras adressé à des usuriers.

TIBURCE.

Oh ! non !... j'avais absolument besoin de deux cents francs !

ACTE TROISIÈME.

FRANÇOIS.

Pour quoi faire? pour manger des dindes truffées?

TIBURCE.

Je ne crois pas...

FRANÇOIS, s'asseyant près de la table.

Parle... après, je te jugerai!

TIBURCE.

On m'indiqua un marchand de meubles... un brave et digne homme... qui m'offrit de me prêter cette somme... sans intérêt.

FRANÇOIS, étonné.

Ah! c'est bien!

TIBURCE

Attendez... il n'y mit qu'une condition... c'est que je lui achèterais trois commodes... qui le gênaient dans son magasin...

FRANÇOIS.

Il n'y a rien à dire... c'est du commerce...

TIBURCE.

Ce brave homme me fit souscrire une lettre de change de quatre mille francs!

FRANÇOIS.

Tu m'as dit de deux mille...

TIBURCE.

Oui... mais les commodes...

FRANÇOIS.

Deux mille francs!... trois commodes!...

TIBURCE.

Les commodes sont très-chères à Paris... quand on n'en a pas besoin.

FRANÇOIS.

Ah!

TIBURCE.

L'échéance arriva... je ne payai pas...

FRANÇOIS.

Il fallait m'écrire!

TIBURCE.

C'est ce que je fis... Vous me répondîtes : « Je la connais, celle-là... A toi de tout cœur. »

FRANÇOIS, après un mouvement de regret et d'une voix mal assurée.

Après?

TIBURCE.

Le marchand de meubles devenait intraitable... lorsque je fis la connaissance d'un marchand de châles... un homme très-rond... il me compta tout de suite mes quatre mille francs sans intérêt...

FRANÇOIS.

Aïe!

TIBURCE.

Seulement il me fit comprendre qu'il serait bien aise de me vendre un cachemire de l'Inde! Je n'en avais pas... j'y consentis... je lui souscrivis une lettre de change de huit mille francs.

FRANÇOIS.

Malheureux! quatre mille francs de cachemire!

TIBURCE.

Il y en a à tout prix! celui-là est superbe!

ACTE TROISIÈME.

FRANÇOIS.

Tu me le donneras... nous verrons, quand tu te marieras, à le placer dans ta corbeille...

TIBURCE.

C'est trop juste! (Posant un papier sur la table.) Le voilà!

FRANÇOIS, le prenant.

Qu'est-ce que c'est que ça? une reconnaissance du mont-de-piété! (Marchant sur lui avec menace.) Misérable! Ah! tu mets au mont-de-piété!

TIBURCE, résolûment.

Oui, mon père, les jours où j'ai faim!

FRANÇOIS.

Quoi? faim!... et tes leçons? tes répétitions?

TIBURCE.

Je vous ai trompé... je n'en ai pas!

FRANÇOIS.

Alors, de quoi as-tu vécu depuis deux ans?

TIBURCE.

Ah! ça, je n'en sais rien... mais il y a des jours où je me suis couché sans avoir... je buvais ma carafe...

FRANÇOIS.

Comment! Ah! mon Dieu!... (A part, très-ému.) Mon pauvre enfant! mon petit Tiburce! sa carafe!... (Le regardant.) Comme il est maigre! (Haut.) Tiburce!

TIBURCE.

Papa?

FRANÇOIS, lui ouvrant ses bras.

Viens donc!

TIBURCE, l'embrassant.

Oh!

Léonce entre.

LÉONCE.

Tiens!

FRANÇOIS, pleurant.

C'est bien mal de ne pas m'avoir écrit... Léonce!...

LÉONCE.

Mon oncle?

FRANÇOIS.

Pourrait-on se procurer tout de suite trois ou quatre biftecks et une bouteille de bordeaux?

LÉONCE.

Très-facilement... si vous voulez passer dans la salle à manger... Joseph va vous servir...

FRANÇOIS.

Ce n'est pas pour moi... je n'ai pas faim.

TIBURCE, ému.

Oh! moi non plus!

FRANÇOIS.

C'est possible... mais je veux que tu manges! je veux que tu te refasses!

TIBURCE

Pour vous obéir!...

FRANÇOIS.

Donne-moi le bras... je veux te regarder manger... Pauvre enfant! (Lui tâtant le bras, et à part.) Comme tout cela est maigre, mon Dieu! que tout cela est maigre!... (Il le regarde, l'embrasse, puis le prenant par-dessous le bras.) Viens!

Il sort avec lui par la gauche.

SCÈNE VI.

LÉONCE, BLANDINET.

LÉONCE, riant

Il va l'étouffer maintenant....

Il descend à droite.

BLANDINET entre en se frottant les mains.

Je viens de peser le boucher!... Sept grammes de moins... et deux gros os!... et ils appellent ça de la réjouissance... un père de famille. C'est très-drôle!

LÉONCE.

Mon père!

BLANDINET.

Ah! c'est toi!

LÉONCE.

Il est onze heures et demie...

BLANDINET.

Eh bien ?

LÉONCE.

C'est à midi que M. Aubertin doit envoyer prendre les cinquante mille francs que vous avez promis de lui prêter...

BLANDINET.

C'est ma foi vrai! je n'y pensais plus!

LÉONCE, étonné.

Comment!

BLANDINET.

Ma parole!...

LÉONCE.

Heureusement, mon père, qu'il s'agit d'un vieil ami...
et votre cœur, j'en suis sûr, vous eût rendu la mémoire.

BLANDINET.

Oh! le cœur! vois-tu, à mon âge... il ne faut pas trop
compter sur cet organe-là.

LÉONCE.

Et moi, j'y compte mon père... comme je compte sur
vous. (Lui serrant la main.) Adieu et merci!

Il sort.

SCÈNE VII.

BLANDINET, puis JOSEPH.

BLANDINET, seul.

Un enfant!... je suis fâché de le voir aussi romanesque...
(Ouvrant un tiroir et en tirant une liasse de billets.) Les voilà!
ces cinquante mille francs... en bons billets de banque...
Tiens! ils sont tout neufs!..! (Comptant.) Un, deux, trois...
C'est ennuyeux de prêter des billets neufs... on vous en
rend des vieux... déchirés... quatre, cinq... quand on vous
les rend!... six, sept, huit... Aubertin ne me les rendra
jamais... c'est un homme coulé... neuf, dix... Son navire
n'est pas assuré... onze... Les Américains l'ont pris, son
navire!... C'est un peuple actif, vigilant, audacieux... Eh
bien, où en étais-je? Allons, bon! il faut que je recom-
mence... Un, deux... J'ai chaud!... c'est drôle comme ça
échauffe de prêter de l'argent... trois, quatre, cinq... Et
d'abord a-t-il un navire? Il me l'a dit... mais je ne l'ai pas
vu!... six, sept.... Si encore cette somme devait le sauver... mais elle ne le sauvera pas... huit... elle servira à

payer des créanciers... neuf... qui se moqueront de lui... dix... et de moi... onze... (Frappé d'une idée.) Tiens! si je consultais François?... A quoi bon?... Après tout, je ne suis pas chargé de rembourser les bateaux de ce monsieur, moi!... J'ai une femme... des enfants... c'est-à-dire... et j'irais compromettre leur patrimoine?... Non! ce serait trop bête! (Il remet vivement les billets dans sa poche.) Je vais lui écrire... Après tout, je défends mon bien!... je ferme les serrures!... (Il se met à la table et écrit.) « Mon cher ami, » une catastrophe imprévue m'empêche de te prêter les » cinquante mille francs que je t'ai promis... C'est pour » moi un chagrin dont je ne me consolerai jamais... A » toi de tout cœur...» Ça se met toujours quand on refuse!

Il sonne.

JOSEPH.

Monsieur a sonné?

BLANDINET.

Cette lettre à son adresse... tout de suite...

JOSEPH.

Y a-t-il une réponse?

BLANDINET.

Non... vous ne l'attendrez pas!

JOSEPH.

Bien, monsieur; je prends mon chapeau et j'y vais tout de suite.

Il sort.

BLANDINET, seul.

Ah! ah! que c'est mal, ce que je viens de faire là!... c'est lâche!... c'est méchant!... c'est cruel!... un vieil ami! (Appelant.) Joseph! (Se ravisant.) Eh bien, tant mieux!... c'est bien fait!... je deviens coquin! je me bronze!... comme les autres!

Joseph traverse le fond et se rencontre avec Aubertin

SCÈNE VIII.

BLANDINET, AUBERTIN, puis JOSEPH et PRUDENCE.

AUBERTIN, paraissant à la cantonade.

Une lettre!... c'est bien!... donnez-la-moi!

BLANDINET, à part.

Lui!

AUBERTIN.

Ah! mon ami! quelle joie! quel bonheur! je suis sauvé!

BLANDINET.

Quoi?

AUBERTIN.

Mon navire... *la Belle-Irma*... il est au Havre!

BLANDINET.

Ah bah!

AUBERTIN.

Entré ce matin! je viens d'en recevoir la nouvelle! une cargaison magnifique!... une fortune!... mais embrasse-moi donc!

BLANDINET.

Avec plaisir! (Il l'embrasse. A part.) Sapristi! et ma lettre!

AUBERTIN.

Je viens t'annoncer cette bonne nouvelle et te dire que je n'ai plus besoin de tes cinquante mille francs!

ACTE TROISIÈME

BLANDINET, à part.

Si je l'avais su !

AUBERTIN.

Mais, vois-tu, Blandinet... non, Edmond ! (Ils se serrent la main.) mon vieil Edmond !

BLANDINET, gêné.

Gustave ! mon vieux Gustave !

AUBERTIN.

Les revers de fortune nous éprouvent quelquefois bien cruellement... mais ils ont un bon côté... c'est de nous faire connaître nos vrais amis...

Il tient sa lettre de la main droite qu'il pose sur l'épaule droite de Blandinet.

BLANDINET, étendant la main.

Oui... ma lettre !

AUBERTIN, retire sa main et la pose sur l'autre épaule.

Aussi, jamais... jamais, entends-tu, je n'oublierai ce que tu as fait pour moi !

BLANDINET, même jeu.

Ne parlons pas de ça !

AUBERTIN.

Et nos enfants ! nos chers enfants ! vont-ils être heureux ! Hier, Léonce m'a demandé la main de ma fille...

BLANDINET.

Oui... je sais...

AUBERTIN.

Mais tu comprends que, dans la position où je me trouvais... mon navire perdu... j'étais ruiné ! je n'ai pu lui répondre qu'une chose : « Attends, mon ami... fais comme moi... espère !

BLANDINET.

Comment?

AUBERTIN.

En bonne conscience, je ne pouvais pas donner à ton fils une fille sans dot.

BLANDINET, lui serrant la main.

Ah! Gustave!

AUBERTIN.

Mais aujourd'hui... je suis riche... plus riche que toi peut-être, et j'ai l'honneur, monsieur, de vous demander la main de votre fils...

BLANDINET.

Trop heureux.... certainement! (Haut, s'oubliant.) Ma lettre... si je pouvais...

Il veut la prendre.

AUBERTIN.

Qu'as-tu donc? Ah! ta lettre!

BLANDINET, s'efforçant de sourire.

Elle est inutile! rends-la-moi!

AUBERTIN.

Du tout... je veux savoir ce que tu m'écrivais...

BLANDINET.

Non!

AUBERTIN, ouvrant la lettre.

Ah! mon Dieu!

BLANDINET, à part.

Ça y est! que lui dire?

Joseph entre du fond, s'arrête aux premiers mots d'Aubertin et écoute la scène.

AUBERTIN.

« Une catastrophe imprévue! » ah! mon pauvre ami!
Ce qu'on dit est donc vrai? je n'osais pas t'en parler!

BLANDINET.

Quoi donc?

AUBERTIN.

Tes banquiers... M. Turneps et compagnie...

BLANDINET.

Eh bien?

AUBERTIN.

Ils sont en fuite!

BLANDINET.

Ah! mon Dieu! que dis-tu là?

AUBERTIN.

Est-ce que tu ne le savais pas?

BLANDINET.

Non!

AUBERTIN, montrant la lettre.

Mais alors...

BLANDINET, vite.

Si! si! la catastrophe! mais où sont-ils?

AUBERTIN.

On n'en sait rien encore!

BLANDINET.

Mais j'ai trois cent mille francs chez eux! je suis ruiné!

JOSEPH.

Ruiné!

AUBERTIN.

Ah! mon ami! mon pauvre ami! quel coup! **toi**, si bon! si dévoué! Mais sois tranquille! du courage, nous nous reverrons!

Il sort vivement.

SCÈNE IX.

BLANDINET, JOSEPH.

BLANDINET, allant s'asseoir près de la table.

Eh bien, il s'en va! il me plante là! après le service que j'ai été sur le point de lui rendre! C'est fini, il ne reviendra plus! (Apercevant Joseph.) Quant à celui-là, il va me demander son compte. (Sanglots de Joseph.) Je la connais, celle-là... c'est pour avoir un bon certificat... (Joseph sanglote de nouveau.) Eh bien, oui, vous l'aurez.

JOSEPH, des larmes dans la voix.

Ça n'incommoderait pas monsieur de me garder pour rien? quant à la nourriture, je ne suis pas difficile...

BLANDINET, étonné.

Comment! vous voulez me servir sans gages, vous?

JOSEPH, pleurant.

Ça me ferait tant de peine de quitter monsieur.

BLANDINET.

C'est qu'il pleure réellement!

JOSEPH, sanglotant.

Un si bon maître!... qui l'année dernière... lorsque j'ai été enrhumé... a été me chercher du sirop de gomme.. lui-même... (Pleurant.) Ah! ah!

BLANDINET, s'épanouissant en pleurant.

Ah! Joseph! ça me fait de la peine d'être ruiné... Mais, d'un autre côté... ça me fait plaisir...

Tous deux s'essuient les yeux et sanglotent.

SCÈNE X.

Les Mêmes, HENRIETTE, LÉONCE.

HENRIETTE, entrant par la gauche, suivie de Léonce, et les voyant tous deux s'essuyer les yeux.

Comment, des larmes?

LÉONCE

Qu'est-ce qu'il y a?

JOSEPH.

Ah! madame... monsieur est ruiné!...

LÉONCE et HENRIETTE.

Ruiné!

BLANDINET.

Que voulez-vous! la confiance! la bêtise!

HENRIETTE.

Mon ami!

LÉONCE.

Mon père!

HENRIETTE.

Ah! je comprends maintenant tes inquiétudes... les réformes que tu voulais introduire dans notre dépense...

JOSEPH.

Sans cela, est-ce qu'il aurait jamais pesé le boucher!

HENRIETTE.

J'ai des diamants... des dentelles... nous les vendrons...

BLANDINET.

Elle veut vendre ses diamants!

LÉONCE.

Et ce matin encore vous m'offriez cent francs par mois! Oh! je n'en veux pas, mon père... je suis jeune, je travaillerai... C'est à moi maintenant de pourvoir à vos besoins...

BLANDINET.

Brave garçon!

HENRIETTE.

Pauvre ami! nous te serrerons si bien entre nos deux cœurs, que tu ne sentiras pas le froid de la misère!

JOSEPH.

Entre nos trois cœurs!

     Ils sanglotent tous les quatre.

BLANDINET, prenant sous ses bras le bras de Léonce et celui d'Henriette.

Oh! continuez! continuez! Si vous saviez le bien que vous me faites! Oh! la famille! il ne faut croire qu'à cela... et un peu aux domestiques! (A Joseph.) Merci, Joseph... ceci vous absout!

JOSEPH.

De quoi donc, monsieur?

BLANDINET.

Oh! rien... presque rien... Hier... le sucre... l'eau-de-vie... mais ne parlons plus de ça!

JOSEPH.

Hier... mais c'est M. Tiburce qui s'est fait un grog...

ACTE TROISIEME.

BLANDINET.

Ah bah! (A part.) Et je l'accusais! (Il fouille dans sa poche et en tire une quantité innombrable de clefs.) Tenez, Joseph! je les avais reprises... pas par méfiance... mais pour les faire arranger...

SCÈNE XI.

Les Mêmes, MIZABRAN.

MIZABRAN, entrant vivement, très-ému.

Monsieur!... Ah! pauvre brave homme!

BLANDINET.

Quoi donc?

MIZABRAN.

Je viens d'apprendre l'événement et je vous apporte deux termes à compte.

Il lui remet des billets de banque.

BLANDINET, LÉONCE et HENRIETTE.

Hein?

BLANDINET.

Ah! Mizabran!

MIZABRAN.

Je vous donnerai le reste à la fin du mois...

BLANDINET.

Ça ne presse pas...

MIZABRAN.

Quand vous étiez riche, vous pouviez attendre, mais aujourd'hui...

BLANDINET, s'essuyant les yeux avec les billets de banque.

Ah! Mizabran! ce que vous faites là!... (A part.) Son cuir n'est peut-être pas de première qualité... mais son cœur... (Haut, avec effusion.) Mizabran! j'ai besoin de bottes!

MIZABRAN.

Non, monsieur... je ne vous en ferai plus!

BLANDINET.

Mais cependant...

MIZABRAN.

Non, monsieur!... voici votre mesure.

Il la déchire.

BLANDINET, à part.

C'est sublime! Il faut donc croire aussi aux bottiers!

SCÈNE XII.

Les Mêmes, FRANÇOIS, TIBURCE.

FRANÇOIS, entrant avec Tiburce par la gauche.

Eh bien, j'apprends de belles choses! Ruiné!... à ton âge!... Je l'avais prévu! tu te seras laissé duper... gruger... comme un niais...

TIBURCE, à part.

Pauvre bon oncle!

BLANDINET, à part.

C'est comme cela qu'il me console!

Il remonte avec Henriette. Léonce le fait asseoir.

FRANÇOIS.

Tu vas avoir des difficultés, des procès... Je te recommande Tiburce... il est avocat...

BLANDINET.

Merci!... (A part.) Si c'est là tout ce qu'il m'offre...

TIBURCE.

Papa...

FRANÇOIS.

Quoi?

TIBURCE.

C'est que... je ne suis pas complétement avocat.

FRANÇOIS.

Comment?

TIBURCE.

Parce que... l'argent de ma thèse... je l'ai mangé!...

FRANÇOIS.

Ah!... Si c'est pour manger tu as bien fait! (A part, lui tâtant le bras.) Pauvre garçon! (Haut.) Nous dînerons ensemble.

Il se met au bureau et écrit, Tiburce va serrer la main à Léonce, puis s'approche de son oncle qui s'est levé.

TIBURCE, bas, à Blandinet.

Mon oncle!

BLANDINET.

Hein?

TIBURCE, ôtant son épingle, bas.

Prenez ça... pendant que papa écrit.

BLANDINET.

Une épingle en diamant!

TIBURCE, bas.

Ça vaut douze cents francs!... c'est tout ce que j'ai!...

BLANDINET, refusant.

Plus tard... si j'en ai besoin... (A part.) Bon petit homme! et je lui ai refusé vingt louis! Ah! c'est bon, les neveux! il n'y a que les frères! voilà le mien... Il écrit tranquillement son courrier...

FRANÇOIS, se levant et brusquement à Blandinet.

Tiens, signe ça!... imbécile!

BLANDINET.

Qu'est-ce que c'est?

FRANÇOIS.

Un acte d'association.

TOUS.

Comment?

BLANDINET.

Avec toi?

FRANÇOIS.

Il faut bien que je refasse ta fortune, puisque tu l'as perdue!

BLANDINET, lui sautant au cou.

Ah! François!...

SCÈNE XIII.

Les Mêmes, AUBERTIN, LAURE.

AUBERTIN, entrant avec Laure et voyant Blandinet
dans les bras de son frère.

Voyons! ne te désole pas! tout peut se réparer!

LÉONCE et HENRIETTE.

M. Aubertin!

AUBERTIN, tirant un papier de sa poche, à Blandinet.

Tiens, signe-moi ça!

BLANDINET.

Quoi?

AUBERTIN.

Un acte d'association!

BLANDINET.

Encore! (Lui sautant au cou.) Ah! Gustave! (A part, pleurant et s'essuyant les yeux avec les actes d'association.) Et j'ai dit qu'il ne reviendrait pas! Ah! il faut croire aux amis!

AUBERTIN.

Maintenant, voici Laure qui attend que tu veuilles bien demander sa main....

BLANDINET.

Oh! ça ne se peut plus! Léonce n'a pas de dot...

AUBERTIN.

Pardon, il en a une... il a pour dot les cinquante mille francs que tu voulais me prêter...

BLANDINET, vivement.

Ne parlons pas de ça!

AUBERTIN.

Parlons-en, au contraire! je les lui constitue comme apport!

BLANDINET, à part.

Mon Dieu, que les hommes sont bons!

LAURE.

D'ailleurs, je me trouve assez riche pour deux... et, s'il le faut, je me priverai...

BLANDINET.

Te priver! pauvre petite! (A part.) Mon Dieu, que les femmes sont bonnes!

AUBERTIN.

Et puis tout n'est peut-être pas désespéré, M. Turneps, ton banquier, vient d'être arrêté à la frontière de Belgique...

LÉONCE.

M. Turneps...

BLANDINET.

Tu sais... les trois cent mille francs?

LÉONCE.

Mais ils ne sont plus chez lui... Muni de votre procuration, je les ai retirés avant-hier... ils sont à la Banque!

TOUS.

Ah!

BLANDINET.

Est-il possible! je suis... je suis riche! Mizabran! je vous rendrai vos deux termes!

MIZABRAN.

Ça ne presse pas... demain.

BLANDINET, à Joseph.

Joseph! je double vos gages! (A sa femme.) Tu auras des diamants! (A Léonce.) Un cabriolet!

AUBERTIN.

Eh bien, tu es content?

BLANDINET.

Oh! oui! (Le regardant.) C'est-à-dire non!

TOUS.

Pourquoi donc?

BLANDINET.

Ah! pourquoi? parce que j'ai fait une chose.... que je ne vous dirai jamais! Ah! Gustave! mon vieux Gustave, je suis un gueux!... un misérable! j'ai douté de l'amitié, de ma femme, de mon bottier... un ange!

MIZABRAN, se rapprochant.

Oh! monsieur...

BLANDINET.

Pas vous... ma femme!... de M. Brébant!

FRANÇOIS.

A propos! j'ai mangé des crevettes, je m'en souviens!

BLANDINET.

La! c'est bien fait! enfin, j'étais devenu méchant, soupçonneux. (A Laure.) Je ne croyais plus à nos petits oiseaux!

LAURE.

Oh! comme vous deviez être malheureux!

BLANDINET.

Oh! oui! mais je suis corrigé maintenant... Aussi qu'on vienne me demander un service, qu'on vienne m'emprunter de l'argent... et on verra!

FRANÇOIS, bas et vivement.

Chut! Tiburce!

BLANDINET.

C'est bien pour lui que je dis ça, ce brave garçon! Voyez-vous, mes enfants, j'ai bien réfléchi, je connais le monde à présent... depuis cinq minutes! Eh bien, en supposant qu'il y ait quelques hommes qui ne soient pas complètement parfaits... c'est une supposition! pour être heureux, il faut savoir faire deux choses...

FRANÇOIS.

Ouvrir les yeux et fermer les serrures...

BLANDINET.

Non!... fermer les yeux... et ouvrir les mains.

FIN DES PETITS OISEAUX

LA
POUDRE AUX YEUX

COMÉDIE
EN DEUX ACTES, EN PROSE

Représentée pour la première fois, à Paris, sur le théâtre du Gymnase-Dramatique, le 19 octobre 1861.

COLLABORATEUR : E. MARTIN

PERSONNAGES

	ACTEURS qui ont créé les rôles
RATINOIS.	MM. Geoffroy.
MALINGEAR.	Kime.
ROBERT.	Blaisot.
FRÉDÉRIC.	Dieudonné.
UN TAPISSIER.	Lefort.
UN MAITRE D'HOTEL.	Victorin.
CONSTANCE, femme de Ratinois.	Mmes Ch. Lesueur
BLANCHE, femme de Malingear.	Mélanie.
EMMELINE, fille de Malingear.	Albrecht.
ALEXANDRINE, femme de chambre de madame Malingear.	Marie.
JOSÉPHINE, femme de chambre de madame Ratinois.	Alexandre.
SOPHIE, cuisinière de Malingear.	Georgina.
UN CHASSEUR EN LIVRÉE.	MM. Louis.
UN DOMESTIQUE	Ulric.
UN PETIT NÈGRE.	Mlle Léontine

LA
POUDRE AUX YEUX

Un salon bourgeois chez Malingear : piano à gauche, bureau à droite, guéridon au milieu.

SCÈNE PREMIÈRE.

MADAME MALINGEAR, SOPHIE, un panier sous le bras.

SOPHIE.

Alors, madame, il ne faudra pas de poisson ?

MADAME MALINGEAR, assise à droite du guéridon et travaillant.

Non !... Il a fait du vent toute la semaine, il doit être hors de prix... Mais tâchez que votre filet soit avantageux.

SOPHIE.

Et pour légumes ?... On commence à voir des petits pois.

MADAME MALINGEAR.

Vous savez bien que les primeurs n'ont pas de goût... Vous nous ferez un chou farci.

SOPHIE.

Comme la semaine dernière ?...

MADAME MALINGEAR.

En revenant du marché, vous apporterez votre livre. Nous compterons.

SOPHIE.

Bien, madame.

Elle sort par la droite.

SCÈNE II.

MADAME MALINGEAR, MALINGEAR.

MALINGEAR, entrant par le fond.

C'est moi... Bonjour, ma femme!

MADAME MALINGEAR.

Tiens... tu étais sorti?... D'où viens-tu?...

MALINGEAR,

Je viens de voir ma clientèle.

MADAME MALINGEAR.

Ta clientèle! Je te conseille d'en parler... Tu ne soignes que les accidents de la rue, les gens qu'on écrase ou qui tombent par les fenêtres.

MALINGEAR, s'asseyant.

Eh bien, ce matin, on est venu me chercher à six heures... chez moi... J'ai un malade.

MADAME MALINGEAR.

C'est un étranger, alors?

MALINGEAR.

Non... un Français.

MADAME MALINGEAR.

C'est la première fois, depuis deux ans, qu'on songe te déranger.

MALINGEAR, gaiement.

Je me lance.

MADAME MALINGEAR.

A cinquante-quatre ans, il est temps! Veux-tu que je te dise : c'est le savoir-faire qui te manque, tu as une manière si ridicule d'entendre la médecine!

MALINGEAR.

Comment?...

MADAME MALINGEAR.

Quand, par hasard, le ciel t'envoie un client, tu commences par le rassurer... Tu lui dis : « Ce n'est rien! c'est l'affaire de quelques jours. »

MALINGEAR.

Pourquoi effrayer?

MADAME MALINGEAR.

Avec ce système-là, tu as toujours l'air d'avoir guéri un bobo, une engelure!... Je connais plusieurs de tes confrères... de vrais médecins, ceux-là! quand ils approchent un malade, ce n'est pas pour deux jours! Ils disent tout de suite: « Ce sera long, très-long! » Et ils appellent un de leurs collègues en consultation.

MALINGEAR.

A quoi bon?...

MADAME MALINGEAR.

C'est une politesse que celui-ci s'empresse de rendre la semaine suivante... Voilà comment on se fait une clientèle!

MALINGEAR, se levant.

Quant à moi, jamais!

MADAME MALINGEAR.

Toi, avec ta bonhomie, tu as perdu peu à peu tous tes clients... Il t'en restait un... le dernier... un brave homme...

MALINGEAR.

M. Dubourg... notre voisin?

MADAME MALINGEAR.

Il avait avalé une aiguille, sans s'en douter... Tu le traites quinze jours... très-bien!... ça marchait... Mais voilà qu'un beau matin tu as la bêtise de lui dire : « Mon cher M. Dubourg, je ne comprends rien du tout à votre maladie. »

MALINGEAR.

Dame!... quand on ne comprend pas!...

MADAME MALINGEAR.

Quand on ne comprend pas... on dit : « C'est nerveux!... » Ah! si j'étais médecin!...

MALINGEAR.

Quel charlatan tu ferais!...

MADAME MALINGEAR.

Heureusement que la Providence nous a donné vingt-deux bonnes mille livres de rente, et que nous n'attendons pas après ta clientèle. Qu'est-ce que c'est que cette personne qui est venue ce matin?...

Elle se rassied.

MALINGEAR, un peu embarrassé.

C'est... c'est un jeune homme...

MADAME MALINGEAR.

De famille?

MALINGEAR, prenant des billets de banque dans un tiroir du bureau.

Oui... il a de la famille... Tiens, prends ces quatre mille francs.

MADAME MALINGEAR.

Pour quoi faire?

MALINGEAR.

Nous avons fait renouveler notre meuble de salon, et c'est aujourd'hui que le tapissier doit venir toucher sa note.

MADAME MALINGEAR, prenant les billets de banque

Ah! c'est juste... Eh bien, ce client?

Elle se lève.

MALINGEAR.

Ah! que tu es curieuse!... C'est un cocher de la maison qui a reçu un coup de pied de cheval... là!

MADAME MALINGEAR.

Un cocher?... Mon compliment!... Demain, on viendra te chercher pour le cheval.

MALINGEAR.

Plaisante tant que tu voudras! mais je suis enchanté d'avoir donné mes soins à ce brave garçon... En causant avec lui, j'ai appris des choses...

MADAME MALINGEAR.

Quoi donc?

MALINGEAR.

On jase sur notre maison.

MADAME MALINGEAR.

Sur nous?... Que peut-on dire?

MALINGEAR.

Pas sur nous ; mais sur ce jeune homme qui vient tous les jours faire de la musique avec ta fille.

MADAME MALINGEAR.

M. Frédéric? dont nous avons fait connaissance l'été dernier aux bains de mer de Pornic?

MALINGEAR.

On dit que c'est le prétendu d'Emmeline. Hier soir, chez le concierge, on a même fixé le jour du mariage.

MADAME MALINGEAR.

Ah! mon Dieu!

MALINGEAR.

Tu vois qu'il est quelquefois bon de soigner les cochers.

MADAME MALINGEAR.

Que faire?...

MALINGEAR.

Il faut trancher dans le vif... Certainement M. Frédéric est très-gentil, très-distingué...

MADAME MALINGEAR.

Ah! charmant!

MALINGEAR.

Et c'est fort aimable à lui de venir tapoter notre piano sept fois par semaine ; mais il faut qu'il s'explique... Il est temps, grand temps!...

MADAME MALINGEAR.

Comment?...

MALINGEAR.

Emmeline est triste... elle ne mange plus.

MADAME MALINGEAR.

Si je faisais venir le médecin?

MALINGEAR.

Le médecin?... Eh bien, et moi?

MADAME MALINGEAR.

Ah! oui, c'est juste!... (A part.) C'est plus fort que moi... je n'ai aucune confiance en lui!...

MALINGEAR.

Hier, pendant que M. Frédéric chantait un duo avec ta fille, j'ai surpris des regards... très-lyriques!

MADAME MALINGEAR.

Je t'avoue que j'avais songé à lui pour Emmeline.

MALINGEAR.

Parbleu! moi aussi. Il me plaît beaucoup, ce garçon... et s'il est d'une bonne famille...

MADAME MALINGEAR.

Mais il ne se prononce pas...

MALINGEAR.

Sois tranquille... voici son heure... tu vas le voir apparaître avec son petit cahier de musique. (Apercevant Frédéric.) Voilà!

SCÈNE III.

Les Mêmes, FRÉDÉRIC, puis EMMELINE.

FRÉDÉRIC. Il entre du fond avec un cahier de musique sous le bras; saluant.

Madame... monsieur Malingear...

MALINGEAR.

Monsieur Frédéric...

FRÉDÉRIC.

Comment vous portez-vous, ce matin?...

MADAME MALINGEAR.

Très-bien.

MALINGEAR.

Parfaitement.

MADAME MALINGEAR, bas, à son mari.

Parle-lui.

MALINGEAR, bas.

Oui; laisse-moi saisir un joint.

FRÉDÉRIC.

Je ne vois pas mademoiselle Emmeline... serait-elle malade?

MALINGEAR.

Non, mais...

FRÉDÉRIC, ouvrant son cahier de musique.

Je lui apporte une romance nouvelle... un titre charmant : le Premier Soupir.

MADAME MALINGEAR, toussant.

Hum!...

MALINGEAR, à sa femme.

Oui. (Haut.) Monsieur Frédéric, vous êtes un bon jeune homme.... et vous ne trouverez pas mauvais que nous vous demandions, ma femme et moi, cinq minutes d'entretien.

FRÉDÉRIC.

A moi?...

Sur un signe de Malingear, on s'assied

ACTE PREMIER.

MALINGEAR.

Monsieur Frédéric, vous avez trop d'esprit pour ne pas comprendre que vos visites assidues dans une maison...

EMMELINE, entrant de la droite.

Bonjour, papa!

MALINGEAR, bas.

Chut!... ma fille!

Frédéric se lève.

MADAME MALINGEAR.

Vous nous disiez, monsieur, que cette romance faisait fureur?...

MALINGEAR.

De qui est la musique?

FRÉDÉRIC.

D'un Suédois.

EMMELINE.

Comment s'appelle-t-elle?

FRÉDÉRIC.

Le Premier Soupir.

MALINGEAR, vivement.

D'une mère...

MADAME MALINGEAR, de même.

Pour son enfant.

EMMELINE.

Ah! que ce titre est long!

MADAME MALINGEAR.

Emmeline, j'ai oublié mon coton sur l'étagère, dans ma chambre, va me le chercher.

EMMELINE.

Oui, maman.

Elle sort; Frédéric se rassied.

MALINGEAR, à Frédéric.

Je vous disais donc que vos visites assidues, dans une maison où il y a une jeune fille, pouvaient paraître étranges à certaines personnes... Et, ce matin encore, un de mes clients... un...

MADAME MALINGEAR.

Un banquier...

FRÉDÉRIC.

Mais, monsieur... il me semble que ma conduite a toujours été...

MALINGEAR.

Parfaite... je le reconnais... Mais, vous savez, le monde est prompt à interpréter...

EMMELINE, rentrant.

Maman, voilà ton coton.

MALINGEAR, changeant de ton.

C'est un fort joli sujet de romance... cette mère près du berceau de sa fille... et qui soupire.

MADAME MALINGEAR.

C'est délicieux.

MALINGEAR.

On en ferait presque une pendule... en bronze.

MADAME MALINGEAR.

Emmeline, j'ai cassé mon aiguille à broder, va m'en chercher une autre.

EMMELINE.

Oui, maman... (A part.) Voilà deux fois qu'elle me renvoie! Oh! il y a quelque chose!

Elle disparaît.

MALINGEAR.

Je vous disais donc que le monde était prompt à interpréter les démarches les plus naturelles, les plus innocentes... Mais il est de la sagesse d'un père de couper court à ces vagues rumeurs par une explication nette et franche.

MADAME MALINGEAR, bas, à son mari.

Très-bien!

MALINGEAR.

Ce que nous attendons de vous, c'est une réponse loyale.

FRÉDÉRIC, se levant.

Laissez-moi vous remercier, avant tout, monsieur Malingear, d'avoir placé la question sur un terrain que la crainte seule m'empêchait d'aborder. Je n'éprouve aucun embarras maintenant à vous avouer que j'aime mademoiselle Emmeline, et que le plus doux de mes rêves serait de l'obtenir en mariage.

MADAME MALINGEAR, à part.

Je m'en doutais.

MALINGEAR, se levant, ainsi que sa femme.

A la bonne heure, ceci est clair!... Oserais-je vous demander maintenant quelques renseignements...

FRÉDÉRIC.

Sur ma famille... sur ma profession?... Bien volontiers. Je suis avocat.

MALINGEAR.

Ah bah! Excusez mon étonnement... mais, depuis deux mois que j'ai l'honneur de vous connaître, vous êtes toujours sur mon piano...

FRÉDÉRIC.

Oh!... je suis avocat...

MALINGEAR.

Exécutant?

FRÉDÉRIC.

Non! mais je commence... J'ai peu de clients.

MALINGEAR.

Je connais ça!... Je ne vous en veux pas!

FRÉDÉRIC.

Du reste, ma position est indépendante... Mon père, ancien négociant, s'est retiré des affaires avec une fortune honorable... Je suis fils unique.

MADAME MALINGEAR, à part.

Ah!

FRÉDÉRIC.

Enfin, je n'ai pas cru devoir cacher à mes parents les sentiments que j'éprouve pour mademoiselle Emmeline; et j'espère qu'avant peu, mon père et ma mère feront près de vous une démarche qui imposera silence à toutes les interprétations.

MADAME MALINGEAR, bas, à son mari.

Il s'exprime avec un charme...

MALINGEAR, à sa femme.

Un avocat!... (A Frédéric.) Monsieur Frédéric, madame Malingear et moi, nous apprécierons comme elle le mérite la démarche que vous nous annoncez.

FRÉDÉRIC.

Ah! monsieur...

MALINGEAR.

Mais, d'ici là, nous vous demandons comme un service de vouloir bien suspendre vos visites...

FRÉDÉRIC.

Comment?...

MADAME MALINGEAR.

Pour le monde, monsieur Frédéric, pour le monde...

MALINGEAR.

Vous reviendrez dans quelques jours... officiellement... Tenez, emportez votre musique.

<small>Il lui remet son cahier, qu'il a pris sur le piano.</small>

FRÉDÉRIC.

Allons, puisque vous l'exigez... Mais qu'est-ce que je vais faire?

MALINGEAR.

Allez un petit peu au Palais... ça vous distraira...

FRÉDÉRIC.

Oh! non, le Palais... Je vais faire un tour au Musée.

MALINGEAR, à part.

Si celui-là devient bâtonnier!...

FRÉDÉRIC, saluant.

Madame... monsieur... (A Malingear en sortant.) Veuillez dire à mademoiselle Emmeline que je l'aime, que je l'adore... et tant qu'un souffle d'existence...

MALINGEAR, l'accompagnant.

Oui... plus tard... pas si haut!...

<small>Ils sortent par le fond.</small>

SCÈNE IV.

MADAME MALINGEAR, EMMELINE, puis MALINGEAR, puis ALEXANDRINE.

MADAME MALINGEAR.

C'est un bon jeune homme!

EMMELINE, entrant.

Oh! oui, c'est un bon jeune homme! et je suis certaine d'être heureuse avec lui!

MADAME MALINGEAR, étonnée.

Hein?... qu'est-ce que tu dis là?... Comment sais-tu?...

EMMELINE, confuse.

J'ai entendu un peu... sans le vouloir... en cherchant ton aiguille qui était tombée près de la porte.

MADAME MALINGEAR, l'imitant.

« En cherchant ton aiguille!... » C'est très-mal d'écouter aux portes!

EMMELINE.

Oh! ne me gronde pas; je te dirai un secret.

MADAME MALINGEAR.

Un secret?

EMMELINE.

Hier, pendant que tu es allée ouvrir la fenêtre, M. Frédéric m'a confié que sa mère devait venir ici, ce matin.

MADAME MALINGEAR.

Aujourd'hui?...

EMMELINE.

Sous le prétexte de causer de l'appartement du troisième, qui est à louer; elle veut nous voir avant de faire la demande.

MADAME MALINGEAR.

Heureusement que le salon est fait.

EMMELINE.

Et le père, M. Ratinois, doit venir de son côté pour consulter papa.

MADAME MALINGEAR.

Il est malade?

EMMELINE.

Mais non! Encore un prétexte pour faire sa connaissance... Ne le répète pas... à personne... c'est un secret.

MADAME MALINGEAR.

Sois tranquille.

MALINGEAR, entrant.

Charmant garçon! plein de cœur!

MADAME MALINGEAR, bas, à son mari.

Malingear!

MALINGEAR.

Quoi?

MADAME MALINGEAR, bas.

Ne le répète pas... c'est un secret... Madame Ratinois doit venir ce matin sous prétexte de causer de l'appartement à louer.

MALINGEAR.

Tiens!

MADAME MALINGEAR.

Et son mari, pour te consulter...

MALINGEAR.

Alors, c'est un examen.

MADAME MALINGEAR.

Ils désirent nous connaître avant d'aller plus loin... C'est bien naturel.

ALEXANDRINE, entrant.

Madame, il y a là une dame qui demande à parler au propriétaire pour l'appartement du troisième.

MALINGEAR, MADAME MALINGEAR, EMMELINE.

C'est elle !

MADAME MALINGEAR, vivement.

Attendez ! (A Alexandrine.) Vite ! mon bonnet à fleurs, mon bonnet de soirée.

ALEXANDRINE.

Tout de suite !

Elle disparaît.

MADAME MALINGEAR, à Emmeline.

Ote ce tablier... Mon Dieu, que tu es mal coiffée !... Je vais refaire tes boucles.

MALINGEAR, étonné, à part.

Qu'est-ce qui lui prend ?

ALEXANDRINE, rentrant.

Voilà le bonnet.

MADAME MALINGEAR, s'asseyant.

Posez-le-moi ! Vous voyez que je suis occupée. (Alexandrine dispose le bonnet sur la tête de sa maîtresse, pendant que celle-ci coiffe sa fille qui est à genoux. — A Alexandrine.) Plus en arrière !... Malingear... une épingle !

EMMELINE.

Papa, une épingle !

ACTE PREMIER.

MADAME MALINGEAR.

Dépêche-toi donc!

MALINGEAR, l'apportant.

Voilà! (A part.) Qu'est-ce qu'elles ont?...

MADAME MALINGEAR.

Là!... Faites entrer! (Alexandrine sort. — Bas, à son mari.) Surtout ne me tutoie pas devant cette dame.

MALINGEAR.

Pourquoi?

MADAME MALINGEAR.

C'est commun... c'est bourgeois! (A sa fille.) Toi, mets-toi au piano, la tête en arrière, et fais des roulades...

EMMELINE, au piano.

Des roulades?

MADAME MALINGEAR.

Va donc.

Emmeline fait des roulades; madame Malingear se pose sur un fauteuil, une broderie à la main.

SCÈNE V.

Les Mêmes, MADAME RATINOIS, ALEXANDRINE.

MADAME MALINGEAR, à Emmeline.

Assez, mon enfant, voici une visite.

Elle se lève.

MADAME RATINOIS.

Je vous demande mille pardons; j'arrive bien mal à propos... Est-ce à M. le docteur Malingear que j'ai l'honneur de parler?...

MALINGEAR.

Oui, madame.

MADAME RATINOIS.

Je viens de visiter l'appartement du troisième.

MADAME MALINGEAR.

Veuillez donc prendre la peine de vous asseoir.

MADAME RATINOIS, s'asseyant, ainsi que madame Malingear.

Trop bonne, madame... Je crains d'être importune... J'ai interrompu mademoiselle!

EMMELINE.

Oh! madame...

MADAME RATINOIS, à madame Malingear.

C'est mademoiselle votre fille?...

MADAME MALINGEAR.

Oui, madame.

MADAME RATINOIS, à part.

Frédéric a raison... elle est très-bien! (Haut.) Je vois que mademoiselle est musicienne.

MADAME MALINGEAR.

Élève de Duprez.

MALINGEAR, à part, étonné.

Hein!...

MADAME RATINOIS.

Ah!... Duprez est son professeur?...

MADAME MALINGEAR.

Nous l'attendons.

MALINGEAR, à sa femme.

Qu'est-ce que tu chantes là?...

ACTE PREMIER.

MADAME MALINGEAR, vivement.

Un morceau de *la Juive!* (A madame Ratinois.) Mon mari demande à sa fille ce qu'elle chante... c'est un morceau de *la Juive.*

Elle fait des signes à Malingear, qui s'assied à droite.

MADAME RATINOIS, à part.

La maison est sur un grand pied! c'est bien mieux que chez nous!

MADAME MALINGEAR.

Moi, d'abord, j'ai pour principe de m'adresser aux premiers maitres... Ainsi, quand Emmeline a commencé la peinture...

MADAME RATINOIS, à Malingear.

Ah! mademoiselle peint aussi?

MALINGEAR, embarrassé.

Oui... il paraît... Demandez à ma femme.

MADAME MALINGEAR, montrant un tableau accroché au mur.

Comment trouvez-vous ce petit paysage?

MADAME RATINOIS, se levant.

Une peinture à l'huile!

MADAME MALINGEAR, se levant.

Elle s'est amusée à barbouiller ça.

MALINGEAR, à part.

Oh! par exemple, celle-là est trop forte!

EMMELINE, à part.

Quelle idée a donc maman ?...

MADAME RATINOIS, examinant le tableau.

C'est d'une vérité... d'une fraîcheur!... On dirait que c'est d'un peintre.

MALINGEAR, à part.

Je crois bien... c'est un Lambinet... Ça me coûte deux mille francs !

MADAME RATINOIS, à part.

Très-belle, très-belle éducation! (Haut.) Et cet appartement... est-il libre ?...

Elles se rasseyent.

MADAME MALINGEAR.

Il le sera pour le terme... M. Malingear doit le faire décorer... (A son mari.) N'est-ce pas votre intention, mon ami ?

MALINGEAR.

Tu sais bien... (Se reprenant.) Vous savez bien que j'ai rendez-vous aujourd'hui avec l'architecte.

MADAME MALINGEAR.

Je vous recommande le petit salon ; il n'est pas présentable.

MALINGEAR.

Vous choisirez les tentures vous-même.

EMMELINE, étonnée, à part.

Vous !... Est-ce que papa et maman sont fâchés ?

MADAME RATINOIS.

Et quel serait le prix ?...

MALINGEAR.

Quatre mille francs.

ALEXANDRINE, entrant, très-étonnée.

Monsieur, on vous demande ; c'est un client.

MALINGEAR, MADAME MALINGEAR, EMMELINE, à part.

Le père !

On se lève.

MADAME MALINGEAR.

Un client! Qu'y a-t-il d'extraordinaire?...

ALEXANDRINE.

Dame!... c'est la première fois...

MADAME MALINGEAR, vivement.

Que ce monsieur vient ici?... C'est bien! Qu'il prenne ce numéro. On ne peut le faire passer avant les personnes qui attendent... (Écrivant sur un papier, au bureau.) Donnez-lui son tour. ... le numéro 16.

Alexandrine sort.

MALINGEAR, à part.

A-t-elle de l'aplomb, ma femme!

MADAME RATINOIS, à part.

Numéro 16! quelle clientèle!

MADAME MALINGEAR.

Mon mari n'a pas une minute à lui.... Le matin, il a son service à l'Hôtel-Dieu; il rentre à midi; il déjeune, presque toujours debout... Les consultations commencent, en voilà pour jusqu'à trois heures.

MALINGEAR.

Mais, ma chère amie...

MADAME MALINGEAR.

Je vous dis que vous vous tuerez!... Après, viennent les visites aux quatre coins de Paris... Enfin, il rentre, le soir, brisé, harassé... Vous croyez qu'il se repose?... Du tout! Il travaille à son grand ouvrage, qui sera lu en séance publique à l'Académie de médecine. On l'attend!

MALINGEAR, protestant.

Mais, ma femme!...

MADAME MALINGEAR, vivement.

Qu'on attende! Que diable! vous n'êtes pas aux ordres de ces messieurs! (Confidentiellement à madame Ratinois.) C'est un mémoire sur les affections thorachiques... Magnifique question!

MALINGEAR, à part.

Elle aurait dû épouser un dentiste.

MADAME RATINOIS.

Quelle existence! (A Malingear.) Et vous ne prenez jamais de distractions?...

MALINGEAR.

Oh! ma femme exagère...

MADAME MALINGEAR, lui coupant la parole.

Deux fois par semaine... l'hiver... nous offrons une tasse de thé à nos amis...

MALINGEAR, à part.

Bon! des soirées à présent!

MADAME MALINGEAR.

Le mardi et le samedi... On fait de la musique... Nous recevons les principaux artistes de Paris... Mon mari leur donne des soins... gracieusement... vous comprenez?...

MADAME RATINOIS.

Comment! pour rien?...

MADAME MALINGEAR.

Oh!... des artistes... Mais ces messieurs se font un plaisir... je dirai même un devoir... de fréquenter mon salon... Pour ça, ils sont très-gentils! très-gentils!

MALINGEAR, à part.

Et patati! et patata!...

ACTE PREMIER.

MADAME RATINOIS, à part

Quel intérieur charmant!

MADAME MALINGEAR.

J'espère bien, madame, si vous devenez notre locataire, que vous nous ferez l'honneur d'assister à nos petites soirées?

MALINGEAR, à part.

Elle l'invite!

MADAME RATINOIS.

Comment donc, madame... vous êtes mille fois trop bonne! (A part.) C'est du très-grand monde!

MADAME MALINGEAR.

Vous partez, madame?

MADAME RATINOIS.

Oui! Mais j'emporte l'espoir de revenir bientôt... Je serais bienheureuse, croyez-le, de nouer des relations plus suivies... plus intimes... avec une famille aussi distinguée... que respectable!

MADAME MALINGEAR, saluant.

Madame... (Appelant.) Baptiste! Baptiste!...

MALINGEAR, à part.

Baptiste!... Où prend-elle Baptiste?

MADAME MALINGEAR, à son mari.

Est-ce que vous avez envoyé le valet de chambre en course?...

MALINGEAR, ahuri.

Le valet de chambre... moi? Non! (A part.) Nous n'avons jamais eu de domestique mâle!

MADAME MALINGEAR.

Ces gens ne sont jamais là quand on a besoin d'eux!

(Appelant.) Alexandrine! Alexandrine! (A madame Ratinois.) Je vous demande mille pardons, madame... (Alexandrine paraît.) Reconduisez madame...

MADAME RATINOIS, à part.

Quelle tenue de maison!... Mais voudront-ils de mon Frédéric?... (Haut.) Madame... monsieur... mademoiselle...

Sortie cérémonieuse.

SCÈNE VI.

MALINGEAR, MADAME MALINGEAR, EMMELINE. puis ALEXANDRINE.

MALINGEAR.

Enfin, elle est partie!

Il remonte.

EMMELINE.

Maman, expliquez-moi...

MADAME MALINGEAR.

Maintenant, tu peux remettre ton tablier et aller disposer ton dessert... Va, mon enfant!

EMMELINE.

Oui, maman. (A part, en sortant.) Mais je n'ai jamais fait de peinture à l'huile!

Elle sort.

MALINGEAR.

Ah çà! à nous deux!... Je n'ai pas de dessert à disposer, moi... et j'espère que tu vas m'expliquer...

ACTE PREMIER.

MADAME MALINGEAR.

Quoi donc?

MALINGEAR.

Eh bien, mais... tes gasconnades! Pourquoi aller dire à cette dame que Duprez est le professeur de ta fille... Nous ne le connaissons même pas!

MADAME MALINGEAR.

Il fallait peut-être la dénoncer comme élève de M. Glumeau... de l'illustre M. Glumeau!

MALINGEAR.

Il n'est pas nécessaire de nommer son professeur... C'est comme ce tableau que tu attribues à Emmeline!

MADAME MALINGEAR.

Eh bien?

MALINGEAR.

Mais c'est un Lambinet!

MADAME MALINGEAR.

Il n'est pas signé.

MALINGEAR.

Ah! voilà une raison!... Et quand, au bout de deux mois de mariage, on dira à ta fille, qui n'a jamais tenu un pinceau: « Faites-nous donc ce joli paysage qu'on voit là-bas... avec des vaches... » qu'est-ce qu'elle répondra?

MADAME MALINGEAR.

C'est bien simple. Règle générale, dès que les jeunes filles se marient, elles négligent les beaux-arts... Emmeline dira que les couleurs lui font mal aux nerfs, et elle renoncera à la peinture, voilà tout!

MALINGEAR.

Voilà tout!... Ah çà! et moi: mon grand ouvrage sur les affections thorachiques?

MADAME MALINGEAR.

On dira qu'il est sous presse... et la première imprimerie qui brûlera...

MALINGEAR.

Et cette immense clientèle dont tu m'as gratifié?

MADAME MALINGEAR.

J'ai eu tort... La première fois que cette dame nous fera visite, je rétablirai les choses dans leur vraie situation... «.Madame, je vous présente M. le docteur Malingear, un fruit sec de la Faculté... Il ne soigne que des cochers gratis!... Mademoiselle Malingear... elle sait lire, écrire et compter. Madame Malingear... qui fait ses robes elle-même et raccommode, avec tendresse, les habits de son mari... »

MALINGEAR.

Il est inutile d'entrer dans ces détails, et plus inutile encore d'entasser tous ces mensonges... Veux-tu que je te le dise, c'est de l'orgueil! c'est de la vanité!... Tu veux jeter de la poudre aux yeux!

MADAME MALINGEAR.

C'est vrai... j'en conviens.

MALINGEAR.

Ah!

MADAME MALINGEAR.

Mais, en cela, je ne fais que suivre l'exemple de mes contemporains... Chacun passe sa vie à jeter des petites pincées de poudre dans l'œil de son voisin... Pourquoi fait-on de la toilette? Pour les yeux des autres!

MALINGEAR.

Allons donc!

ACTE PREMIER.

MADAME MALINGEAR.

Mais, toi-même... sans t'en douter... tu obéis à l'entraînement général.

MALINGEAR.

Moi?

MADAME MALINGEAR.

Te souviens-tu de cette petite chaîne d'or fin qui attachait ta montre?

MALINGEAR.

Oui... Eh bien?

MADAME MALINGEAR.

Elle était si petite... si petite... que tu en avais honte... Tu la cachais sous ton gilet.

MALINGEAR.

Pour ne pas la perdre.

MADAME MALINGEAR.

Oh! non... pour ne pas la montrer!... Nous l'avons remplacée par une autre... énorme!... La voici : tu la caresses... tu l'étales, tu en es fier...

MALINGEAR.

Quelle folie!

MADAME MALINGEAR.

Mais tu te gardes bien de dire qu'elle est en imitation!

MALINGEAR, vivement.

Chut!... Tais-toi donc!

MADAME MALINGEAR.

C'est de la poudre aux yeux! Je t'y prends comme les autres!... Eh bien, ta fille... c'est la petite chaîne d'or... bien simple, bien vraie, bien modeste... Aussi personne n'y fait attention... il y a si peu de bijoutiers dans le monde!... Laisse-moi l'orner d'un peu de clinquant, et aussitôt chacun l'admirera... (Montrant la chaîne.) comme ton câble Ruolz.

MALINGEAR, à part.

Il y a un fond de vérité dans ce qu'elle dit.

ALEXANDRINE, entrant.

Monsieur!

MALINGEAR.

Quoi?

ALEXANDRINE.

C'est ce monsieur... le numéro 16 qui s'impatiente...

MALINGEAR.

Ah! c'est vrai... nous l'avons oublié, ce pauvre homme! Faites-le entrer!...

MADAME MALINGEAR, vivement.

Non, pas encore... il a le 16... (A Alexandrine.) Dites-lui que monsieur tient le 14...

MALINGEAR.

Ah! tu crois que je tiens le 14?... (A Alexandrine.) Allons, dites-lui que je tiens le 14!...

Alexandrine sort.

MADAME MALINGEAR.

Donne-moi ta bourse...

MALINGEAR.

Ma bourse... pourquoi?

Il la lui donne.

MADAME MALINGEAR, disposant des pièces d'or.

Dix louis dans ce plat... trois sur le bureau... et deux sur le piano!

MALINGEAR, étonné.

Qu'est-ce que tu fais là?

MADAME MALINGEAR.

N'est-ce pas ainsi chez tous les médecins en réputation?

MALINGEAR.

C'est vrai, c'est leur poudre!...

MADAME MALINGEAR.

Maintenant, mets-toi à ton bureau... De l'importance, de la brusquerie... peu de paroles, tu es pressé!... Je te laisse... appelle le numéro 16... (Revenant.) Ah! n'oublie pas qu'il se porte bien... ne va pas te tromper!

MALINGEAR, assis à son bureau.

Sois donc tranquille!

Madame Malingear sort par la droite.

SCÈNE VII.

MALINGEAR, RATINOIS, puis UN DOMESTIQUE en livrée de chasseur.

MALINGEAR, seul.

Elle est très-forte, ma femme! (Criant.) Faites entrer le numéro 16!

ALEXANDRINE, ouvrant la porte de gauche et appelant.

Le numéro 16!

RATINOIS entrant et à part.

En voilà une séance! trois quarts d'heure d'antichambre!...

MALINGEAR, sans le regarder et écrivant.

Asseyez-vous !

RATINOIS.

Monsieur, je vous remercie !... (Il s'assied. — A part.) Il écrit une ordonnance ! C'est joliment meublé, ici !...

MALINGEAR, écrivant toujours et sans le regarder.

Asseyez-vous !

RATINOIS.

Je vous remercie, c'est fait ! (A part.) Ah çà ! je me porte comme le pont Neuf... qu'est-ce que je vais lui conter ?

MALINGEAR, quittant la plume et se retournant vers Ratinois.

Voyons, qu'est-ce que vous avez ?

RATINOIS.

Monsieur, depuis huit jours environ...

On frappe plusieurs coups avec la main à la porte de gauche.

MALINGEAR, criant.

C'est bien, attendez ! (A part.) C'est ma femme qui frappe pour faire croire qu'il y a du monde !...

RATINOIS, à part.

Le 17 qui s'impatiente !

MALINGEAR.

Je vous écoute.

RATINOIS.

Monsieur, depuis huit jours... quand je dis huit jours, il y en a neuf... je suis allé à Saint-Germain par le chemin de fer et revenu de même. En rentrant chez moi, ma femme me dit : « Comme tu es rouge !... Est-ce que tu es malade ?... » Je lui réponds : « Je ne suis pas positivement malade... mais je me sens comme ci, comme ça... » Et j'ai pris un bain de pieds.... Voilà comment ça m'est venu !

MALINGEAR, à part.

Il a l'air d'un brave homme! (Haut, se levant.) Et qu'éprouvez-vous?

RATINOIS, embarrassé.

Mon Dieu, bien des petites choses... tantôt d'un côté.. tantôt de l'autre.

MALINGEAR.

Pas de douleurs de tête?

RATINOIS.

Non.

MALINGEAR.

L'estomac?...

RATINOIS.

Excellent.

MALINGEAR.

Le ventre?...

RATINOIS.

Très-bien.

MALINGEAR.

Voyons le pouls?

Il lui prend la main.

RATINOIS, à part.

Oh! a-t-il une belle chaine! Je n'en ai jamais vu de si grosse!...

MALINGEAR, à part, avec satisfaction.

Il regarde ma chaine!...

RATINOIS, à part.

On voit tout de suite que ce n'est pas un petit roquet de médecin courant après la pratique!

MALINGEAR, appliquant son oreille contre le dos de Ratinois.

Respirez... fort! très-fort!...

RATINOIS, à part, se levant.

Je suis curieux de savoir quelle maladie il va me trouver!

MALINGEAR.

Cela suffit; je vois très-clairement votre affaire.

RATINOIS.

Ah! (A part.) Il va me couvrir de sangsues!...

MALINGEAR.

Mon cher monsieur, vous n'avez absolument rien!

RATINOIS.

Hein?... (A part.) Il est très-fort!... Ah! mais très-fort!...

MALINGEAR, se mettant à son bureau et écrivant.

Je vais vous prescrire un petit régime!

UN CHASSEUR, en grande livrée, entrant par le fond.

Monsieur!

MALINGEAR.

Qu'est-ce que c'est? (A part.) D'où sort-il, celui-là?

RATINOIS, à part.

Il a un chasseur!

LE CHASSEUR, présentant une lettre sur un plat d'argent.

C'est une lettre qu'on apporte de la part de madame la duchesse de Montefiascone.

MALINGEAR, prenant la lettre, très-étonné.

Pour moi?... (A part) Je ne connais pas!

Il se lève.

RATINOIS, à part.

Il soigne des duchesses!...

ACTE PREMIER.

MALINGEAR, regardant la lettre et à part.

Tiens, l'écriture de ma femme!... (A Ratinois.) Vous permettez?...

RATINOIS.

Faites donc!

MALINGEAR, à part, lisant.

« Lis cette lettre tout haut. » (Parlé.) Ah! il faut lire. (Lisant très-haut.) « Cher docteur, je vous dois la vie... »

RATINOIS, à part.

Eh bien, j'aurais confiance dans cet homme-là, moi.

MALINGEAR, lisant.

« Jamais je ne pourrai m'acquitter envers vous. Permettez-moi de vous envoyer ces quatre mille francs, comme un faible témoignage de mon inaltérable gratitude. »

RATINOIS, à part.

Quatre mille francs! d'un seul coup!

MALINGEAR, à part, mettant les billets dans sa poche.

Ce sont ceux que je lui ai remis pour payer le tapissier.

RATINOIS.

Et il met ça tranquillement dans sa poche... Je suis sûr que ses habits en sont bourrés! Quel beau parti pour Frédéric!

MALINGEAR.

Ah! il y a un *post-scriptum*. (Lisant.) « Méchant docteur, vous ne voulez donc pas être de l'Académie?... et pourtant vous n'avez qu'un mot à dire... »

RATINOIS, avec admiration.

Oh! dites-le! dites-le!

MALINGEAR.

Je ne suis pas ambitieux!... (On frappe encore à la porte de gauche.) Un moment! attendez!

RATINOIS, à part.

C'est plein de monde par là! (Haut.) Je me retire!...

MALINGEAR, prenant un papier sur son bureau.

Voici votre ordonnance... (Lisant.) « Bordeaux, côtelettes, bifteks... »

RATINOIS.

Tiens! c'est une note de restaurant.

MALINGEAR, lui remet l'ordonnance, et le salue.

Monsieur...

RATINOIS, à part, tirant sa bourse.

Je voulais lui donner dix francs; c'est bien maigre, à côté de la duchesse... Quel beau parti pour Frédéric!... Bah!... je vais allonger mes vingt francs!... (Il les met discrètement dans le plat qui est sur le guéridon.) Je crois qu'il ne m'a pas vu! (Il reprend ses vingt francs, et les fait sonner contre le plat. — Malingear s'incline. — A part.) Il m'a vu!...

Il remonte.

SCÈNE VIII.

Les Mêmes, UN MONSIEUR.

UN MONSIEUR, entrant brusquement par la gauche.

Enfin, j'y suis! m'y voilà!

MALINGEAR.

Qui êtes-vous? que voulez-vous?

LE MONSIEUR.

C'est mon tour... j'ai le numéro 17.

MALINGEAR, étonné, à part.

Ah! un client! un vrai!...

RATINOIS, à part.

On se l'arrache!

LE MONSIEUR, à Malingear.

Je souffre depuis longtemps d'une affection...

MALINGEAR.

Pardon... je suis à vous...

RATINOIS.

Docteur, je vous laisse...

MALINGEAR.

Vous m'excusez?...

RATINOIS.

Comment donc! ne vous dérangez pas!... (A part en sortant.) Quel beau parti pour Frédéric! C'est trop beau... ils ne voudront jamais s'allier à de petits bourgeois comme nous!... (Haut.) Docteur... j'ai bien l'honneur.... (Il ouvre la porte du fond, et on aperçoit le chasseur qui le reconduit. — Faisant des politesses au chasseur.) Merci!... ne vous donnez pas la peine.

La porte se referme.

SCÈNE IX.

LE MONSIEUR, MALINGEAR.

MALINGEAR.

A nous deux!... Nous disons que vous souffrez depuis longtemps d'une affection...

LE MONSIEUR.

Oh! ça va mieux maintenant... (Lui présentant un papier.) Voici ma petite facture pour un meuble de salon...

MALINGEAR.

Quoi!... un meuble de salon?

LE MONSIEUR.

Je suis votre tapissier.

MALINGEAR.

Comment!

LE MONSIEUR.

C'est madame qui m'a prié de prendre le numéro 17... C'est très-malin, ce que vous faites là.

MALINGEAR, protestant.

Je vous assure que c'est à mon insu.

LE MONSIEUR.

Il n'y a pas de mal... Est-ce que chaque état n'a pas ses petites ficelles? Moi-même...

MALINGEAR.

Monsieur.... je vous prie de croire... (A part.) Ma femme me compromet.

ACTE PREMIER.

LE MONSIEUR.

Voici mon mémoire, se montant à la somme de quatre mille francs...

MALINGEAR.

Permettez que j'examine... Oh! oh! un fauteuil, cent cinquante francs!...

LE MONSIEUR.

C'est tout au juste.

MALINGEAR.

Et les chaises quatre-vingts!... C'est exorbitant!

LE MONSIEUR.

Comment! vous allez me marchander... après le service que je viens de vous rendre!

MALINGEAR.

Quel service?

LE MONSIEUR.

Eh bien, le numéro 17! Je suis votre petit dix-sept!

MALINGEAR, impatienté.

Allons! c'est bien!... Acquittez votre mémoire.
Il prend une plume sur le bureau et la lui donne.

LE MONSIEUR.

Tout de suite!
Il signe sur le guéridon.

MALINGEAR, lui remettant des billets de banque.

Voici votre argent.

LE MONSIEUR.

Merci! (Tout en comptant ses billets.) Dites donc, docteur, une autre fois, si vous avez besoin de quelqu'un... je vous recommande mon frère... un paresseux...

MALINGEAR.

Pour quoi faire?

LE MONSIEUR.

Il a un habit... il sera très-modéré.

MALINGEAR.

En voilà assez!... Vous êtes payé... je ne vous retiens pas.

LE MONSIEUR, sortant à part.

C'est égal, c'est un vieux malin!

Il sort par le fond.

SCÈNE X.

MALINGEAR, MADAME MALINGEAR, puis EMMELINE.

MALINGEAR, seul.

Vraiment, madame Malingear me fait jouer un rôle ridicule...

MADAME MALINGEAR, entrant.

Eh bien, as-tu payé le tapissier?

MALINGEAR.

Oui... le numéro 17.

MADAME MALINGEAR.

C'est une bonne idée que j'ai eue là...

MALINGEAR.

Je vous en fais mon compliment!... Vous me faites passer pour un charlatan aux yeux de cet homme.

MADAME MALINGEAR.

Oh! un tapissier!

MALINGEAR.

C'est comme ce grand escogriffe en livrée...

MADAME MALINGEAR.

Comment! tu ne l'as pas reconnu?

MALINGEAR.

Non.

MADAME MALINGEAR.

C'est le chasseur du premier.

MALINGEAR, s'oubliant.

Il est superbe! (Changeant de ton.) Mais tu vas me rendre la fable de la maison! Il bavardera, c'est inévitable!

MADAME MALINGEAR.

Il fallait bien quelqu'un pour porter la lettre de la duchesse...

MALINGEAR.

Ça, pour la lettre de la duchesse, je ne dis rien: c'est gentil, c'est bien trouvé... surtout la fin, le *post-scriptum*...

MADAME MALINGEAR.

« Méchant docteur... »

MALINGEAR.

« Vous ne voulez donc pas être... »

MADAME MALINGEAR.

« De l'Académie?... » Quelle figure faisait M. Ratinois?

MALINGEAR.

Il est resté épaté... Tu ne sais pas... il a regardé ma chaine.

MADAME MALINGEAR.

Ah! je te dis qu'ils sont sortis éblouis... charmés... tous les deux.

MALINGEAR.

Tu crois?

MADAME MALINGEAR.

Et demain... pas plus tard que demain... nous entendrons parler d'eux.

MALINGEAR, apercevant sa fille qui entre.

Chut! Emmeline!

EMMELINE.

Maman, il n'y a plus de sucre râpé.

MADAME MALINGEAR.

Voilà la clef de l'office.

MALINGEAR, à Emmeline, qui se dispose à sortir.

Eh bien, tu ne m'embrasses pas?... (L'embrassant.) Chère petite!... Ton père vient de se donner bien du mal pour toi!

EMMELINE.

Quoi donc?

MALINGEAR.

On ne peut pas le dire... ne le répète pas... c'est un secret.

EMMELINE.

Sois tranquille. (A part.) Il s'agit de mariage. (Haut.) Oh! je ne te le demande pas! Approche donc... il y a à ta redingote un bouton qui ne tient pas.

MALINGEAR.

Veux-tu me le recoudre?

EMMELINE.

Volontiers... J'ai justement de la soie noire.

<small>Malingear ôte sa redingote et la remet à Emmeline, qui s'assoit pour recoudre le bouton.</small>

MALINGEAR, à part.

Est-elle gentille! Eh bien... si j'étais madame Ratinois... (Montrant sa fille qui coud.) c'est comme cela que je l'aimerais!

SCÈNE XI.

Les Mêmes, SOPHIE, puis ALEXANDRINE.

SOPHIE, entrant avec un panier sous le bras.

Me v'là!... J'arrive du marché...

MADAME MALINGEAR.

Vous y avez mis le temps!

SOPHIE.

Madame veut-elle compter?

MADAME MALINGEAR.

Oui... Donnez-moi votre livre.

SOPHIE.

Le v'là, madame.

<small>Elle donne le livre à sa maîtresse, et pose à terre son panier, d'où l'on voit sortir un chou.</small>

MADAME MALINGEAR, se mettant au bureau et comptant.

« Du 15. — Lait, deux sous; un lapin, cinquante sous.. » (Parlé.) C'est horriblement cher!

SOPHIE.

Madame, il y a une maladie sur les lapins.

MALINGEAR, un journal à la main.

Une maladie?...

SOPHIE.

Oui, monsieur.

MALINGEAR.

Je n'en ai rien su.

MADAME MALINGEAR, continuant.

« La bretelle à monsieur, cinq sous. » (Parlé.) Comment, la bretelle?

SOPHIE.

La boucle qui *s'avait* cassé.

MALINGEAR, à part.

Que dirait la duchesse de Montefiascone, si elle assistait à ce tableau de famille?

MADAME MALINGEAR, continuant.

« Du 16. — Un chou, dix-huit sous... » (Se récriant.) Dix-huit sous!

SOPHIE.

Il est frisé, madame.

ALEXANDRINE, entrant vivement.

Madame... c'est une visite!

TOUTE LA FAMILLE, se levant.

Une visite!

ALEXANDRINE.

M. et madame Ratinois.

MADAME MALINGEAR.

Eux?

MALINGEAR.

Déjà?

EMMELINE, à part.

Quel bonheur!

MADAME MALINGEAR, à Alexandrine.

Faites entrer! (Alexandrine sort. — A Sophie, lui remettant son livre.) Vite, filez!...

Sophie sort par la droite.

MALINGEAR.

Ma redingote!

Il la remet vivement.

MADAME MALINGEAR, à Emmeline.

Toi, mets-toi au piano... la tête en arrière, et fais des roulades!... Ah! mon Dieu! et le panier?...

Elle le prend, parcourt la scène pour le cacher; elle finit par le fourrer sous la table en laissant retomber le tapis. Emmeline fait des roulades. M. et madame Ratinois paraissent au fond.

SCÈNE XII.

MALINGEAR, MADAME MALINGEAR, EMMELINE, RATINOIS, MADAME RATINOIS.

Madame Ratinois est en grande toilette. M. Ratinois porte un habit, une cravate blanche et des gants blancs.

MADAME RATINOIS.

Madame!...

RATINOIS.

Docteur!...

MADAME MALINGEAR, à madame Ratinois.

Quelle heureuse surprise! Êtes-vous enfin décidée à prendre l'appartement?

RATINOIS.

Non, nous ne venons pas positivement pour ça... (A part.) Dieu! que je suis ému!

MALINGEAR, à Ratinois.

Votre indisposition se serait-elle aggravée?

RATINOIS.

Merci, ça ne va pas mal!

MADAME RATINOIS.

Nous venons pour autre chose...

M. ET MADAME MALINGEAR, feignant l'étonnement

Pour autre chose?...

EMMELINE, à part.

Le père a une cravate blanche... c'est pour la demande!..
On s'assied; Emmeline reste debout près du piano.

RATINOIS, très-ému.

Nous avons une communication à vous faire... une de ces communications... (A sa femme.) Parle, toi!

MADAME RATINOIS.

Intime et confidentielle...

EMMELINE.

Maman, mon professeur de dessin est là qui m'attend!

MADAME MALINGEAR.

Va, mon enfant.

MALINGEAR, à part.

Est-elle intelligente!

EMMELINE, saluant.

Madame!... monsieur!...

ACTE PREMIER.

M. ET MADAME RATINOIS.

Mademoiselle!...

Emmeline sort.

MALINGEAR.

Nous voilà seuls !

MADAME RATINOIS, bas, à son mari.

Parle ! courage !...

RATINOIS, bas.

C'est inutile... ils ne voudront pas.

MADAME MALINGEAR.

Nous vous écoutons.

RATINOIS, très-ému.

Monsieur et madame... je suis père... j'ai un fils unique... Frédéric...

MALINGEAR.

Nous le connaissons.

MADAME MALINGEAR.

Un charmant jeune homme!... qui veut bien quelquefois honorer nos salons de sa visite...

RATINOIS, bas, à sa femme.

Nos salons!... Tu vois, ils ont plusieurs salons... ils ne voudront jamais !

MADAME RATINOIS, à son mari.

Mais va donc !...

RATINOIS.

Ce jeune homme qui est avocat, n'a pu voir votre demoiselle... votre honorable demoiselle... sans songer à une alliance... qui l'honorerait... en nous honorant... s'il pouvait entrer dans votre honorable famille... que tout le monde honore.

MADAME MALINGEAR, jouant l'étonnement.

Comment!...

MALINGEAR, de même.

Est-il possible!...

RATINOIS, bas, à sa femme.

La!... tu vois!... Allons-nous-en!

MALINGEAR.

Monsieur, je vous avoue qu'une pareille demande... faite à l'improviste... nous surprend un peu!

RATINOIS, de même.

Allons-nous-en!

MALINGEAR.

Un mariage est une chose délicate... et nous vous demandons la permission de nous consulter... de réfléchir.

MADAME RATINOIS.

Comment donc!... c'est tout naturel!

MADAME MALINGEAR.

Dans quelques jours nous vous ferons connaître notre réponse!

On se lève.

RATINOIS, à part.

Ils ne refusent pas! (Haut.) Ah! madame!... ah! docteur!... ah! ma femme!...

MADAME MALINGEAR, bas, à son mari.

Eh bien, la poudre aux yeux?...

MALINGEAR, de même.

C'est admirable! Je suis converti! (Très-haut, à sa femme.) Chère bonne... priez la femme de chambre de dire au domestique de dire au cocher d'atteler *Brillante* et *Mirza*... Je dîne chez la duchesse !

M. ET MADAME RATINOIS, avec admiration.

Chez la duchesse !

MALINGEAR, à part.

V'lan dans les yeux !...

ACTE DEUXIÈME.

Un salon chez Ratinois : cheminée et table à gauche, fenêtre et guéridon à droite.

SCÈNE PREMIÈRE.

FRÉDÉRIC, RATINOIS, MADAME RATINOIS.

RATINOIS, debout.

Voulez-vous que je vous donne mon opinion? C'est un mariage flambé !

FRÉDÉRIC, assis à la table, écrivant.

Allons donc ! qu'est-ce que vous dites là ?

RATINOIS, à Frédéric.

Ne te trouble pas... continue à faire mes quittances... C'est un travail qui demande du sang-froid.

MADAME RATINOIS, assise à droite et tricotant.

J'ai bien peur que ton père n'ait raison !

RATINOIS.

Voilà aujourd'hui quinze jours que nous avons fait la démarche... et nous n'avons pas de réponse.

FRÉDÉRIC.

Qu'est-ce que cela prouve ?

ACTE DEUXIÈME.

RATINOIS.

Ça prouve que ces gens-là sont trop élevés pour nous, Il y a là dedans un train de maison...

FRÉDÉRIC.

Mais je n'ai pas remarqué...

RATINOIS.

Je crois bien... un amoureux! Tu n'as vu que la petite... Mais, moi, j'ai vu le chasseur: un homme de sept à huit pieds!

FRÉDÉRIC.

Ah! par exemple!...

RATINOIS.

Sept à huit pieds!... Rien n'échappe à l'œil clairvoyant d'un père.

MADAME RATINOIS.

Et la demoiselle prend des leçons de Duprez!...

RATINOIS.

Elle en a le moyen!... Quand on possède un papa qui reçoit quatre mille francs d'un coup... je les ai comptés... et qui les met tranquillement dans sa poche comme si c'était son étui à lunettes.

FRÉDÉRIC.

Ce n'est pas une raison...

RATINOIS.

Mais sais-tu ce que c'est que cet homme-là... dont tu brigues la fille?...

FRÉDÉRIC.

C'est un médecin.

RATINOIS.

Oui, un médecin... qui n'aurait qu'un mot à dire pour

être de l'Académie des sciences... S'il voulait dire un mot... crac! il en serait. Et sa chaîne... As-tu remarqué sa chaîne?...

FRÉDÉRIC.

Non.

RATINOIS.

Il n'a rien remarqué!... Et tu veux qu'un pareil personnage aille s'allier avec le fils d'un ancien confiseur?...

MADAME RATINOIS, se levant.

Quelle rage avez-vous de dire toujours que vous avez été confiseur?...

RATINOIS.

Je n'en rougis pas... Je n'en parle à personne... mais je n'en rougis pas.

MADAME RATINOIS.

Mon pauvre enfant! je crois qu'il ne faut plus songer à ce mariage.

FRÉDÉRIC.

Mais on n'a pas refusé, maman... Vous interprétez le silence...

RATINOIS.

Le silence des grands est la leçon des petits! (Changeant de ton.) N'oublie pas les portes et fenêtres.

FRÉDÉRIC.

Quand je suis allé rendre ma visite le lendemain de la demande, M. Malingear a été très-aimable; il m'a donné des conseils pour ma carrière... Il m'a engagé à plaider les expropriations.

RATINOIS.

Bonne branche... très-bonne branche!

MADAME RATINOIS.

Et madame Malingear t'a dit : « C'est étonnant! madame votre mère ne va donc jamais aux Italiens?... Je ne l'ai pas encore aperçue. »

RATINOIS.

Dès le jour même, je suis allé louer une loge pour la saison... Et c'est salé, dans ce théâtre-là!

MADAME RATINOIS.

C'est un sacrifice momentané.

Elle se rassied.

RATINOIS.

Je l'ai compris... Quand on a l'ambition d'entrer dans une pareille famille, il faut faire les choses dignement. Aussi, lorsque tu m'as fait observer qu'on ne pouvait aller aux Italiens à pied... je me suis empressé de prendre une voiture au mois... ce qui est encore très-salé!

MADAME RATINOIS.

Puisque c'est l'usage.

RATINOIS, s'asseyant.

Je ne dis rien ; il faut faire les choses dignement... Seulement, s'il m'avait été permis de choisir le théâtre... je n'aurais pas choisi celui-là!

MADAME RATINOIS.

Pourquoi?

RATINOIS.

Ils donnent toujours la même pièce... Voilà quatre fois que nous y allons... quatre fois *Rigoletto!* D'abord, c'est en italien... on n'y comprend rien!

MADAME RATINOIS.

Toi!

RATINOIS.

Toi non plus! Tu as beau crier: « Brava! brava! » pour te faire remarquer, je te défie de me raconter la pièce.

MADAME RATINOIS.

J'applaudis la musique.

RATINOIS.

Laisse-moi donc tranquille... Tu clignes de l'œil au second acte.

MADAME RATINOIS, vivement.

Je ferme les yeux, mais je ne dors pas; c'est du recueillement.

RATINOIS.

Allons donc, c'est du ronflement!

FRÉDÉRIC.

Mais, mon père, nous avons le plaisir de voir M. et madame Malingear... avec leur demoiselle.

RATINOIS.

Oui! nous les saluons de notre loge; ils nous saluent de la leur... et voilà! Ça peut durer une infinité de *Rigoletto* comme ça! Par exemple, il y a une chose contre laquelle je proteste formellement!

MADAME RATINOIS.

Quoi donc?

RATINOIS, se levant.

Pour faire croire aux Malingear que nous avons des relations, tu me forces à distribuer des salutations à un tas de gens que je n'ai jamais vus.

MADAME RATINOIS, se levant.

Puisqu'ils te les rendent!

ACTE DEUXIÈME.

RATINOIS.

Pas tous!... pas tous! L'autre jour, je suis tombé sur un ministre plénipotentiaire... Je lui ai fait, comme ça, de la main...

MADAME RATINOIS.

Eh bien?

RATINOIS.

Eh bien, il m'a lorgné avec une certaine raideur... C'est très-désagréable!

FRÉDÉRIC, se levant et remettant des papiers.

Papa, voici tes quittances.

RATINOIS, les mettant dans sa poche.

Merci, mon enfant.

MADAME RATINOIS, à Frédéric, qui prend son chapeau.

Tu sors?

FRÉDÉRIC.

Oui; une course à faire.

RATINOIS.

Dis donc, prends la voiture... Elle est au mois... il faut l'utiliser...

FRÉDÉRIC.

Si vous ne vous en servez pas?...

RATINOIS.

Moi? Jamais! Ils sont là deux grands coquins de chevaux qui piaffent toute la journée... ils dépavent la cour.

FRÉDÉRIC.

A tantôt! (A part.) Emmeline était au Bois hier... elle y sera peut-être aujourd'hui

Il sort.

MADAME RATINOIS.

Je vais écrire à ma couturière.

RATINOIS.

Pour quoi faire?

MADAME RATINOIS.

Eh bien, pour lui commander des robes.

Elle sort par la gauche

SCÈNE II.

RATINOIS, puis ROBERT.

RATINOIS, seul.

Oui, des robes, pour les Italiens! avec des corsages... *rigoletto*... C'est encore très-salé ça! Nous ferons nos petits comptes à la fin du mois!

ROBERT, entrant par le fond. Il porte des boucles d'oreilles.

Bonjour, Ratinois!

RATINOIS.

Tiens! c'est l'oncle Robert!

Ils se donnent la main,

ROBERT.

Tout le monde va bien?

RATINOIS.

Oui. Frédéric vient de sortir.

ROBERT.

Et ma nièce?

RATINOIS.

Elle est là. Je vais la prévenir.

ACTE DEUXIÈME.

ROBERT.

Non, ne la dérange pas... Je passais dans le quartier; je n'ai qu'un instant... il faut que je sois à Bercy à trois heures... j'attends un bateau de charbon.

RATINOIS.

Toujours en affaires! Vous ne vous reposerez donc jamais?

ROBERT.

Le plus tard possible... Vois-tu, Ratinois, quand on est venu à Paris avec douze sous dans sa poche... et qu'on a commencé sur le port... car j'ai commencé sur le port....

RATINOIS.

Je sais... je sais... (A part.) C'est drôle! depuis que je vais dans un certain monde, je le trouve commun, l'oncle Robert!

ROBERT.

Eh bien, je n'en suis pas plus fier pour ça.

RATINOIS.

Parbleu! (A part.) Ses boucles d'oreilles sont odieuses!

ROBERT.

Parce que je me dis : « L'homme vaut ce qu'il vaut ! »

RATINOIS.

Dites donc, ça ne vous gêne pas!...

ROBERT.

Quoi donc?

RATINOIS, montrant les boucles d'oreilles.

Eh bien, ces machines-là.

ROBERT.

Non; je porte ça de naissance... Tu ne les trouves pas jolies?..

RATINOIS.

Je ne dis pas ça ; mais, dans le cas où ça vous aurait gêné..., vous auriez pu les ôter.

ROBERT, naïvement.

Je te remercie... ça ne me gêne pas.

RATINOIS.

Il y tient !

ROBERT.

Je te disais donc que l'homme vaut ce qu'il vaut... Toi, tu as été confiseur...

RATINOIS.

Chut !

ROBERT.

Moi, je suis marchand de bois...

RATINOIS.

Chut !

ROBERT.

Quoi ?

RATINOIS.

Il est inutile de dire que j'ai été confiseur, et de crier que vous êtes marchand de bois !

ROBERT.

Je ne rougis pas de ma profession... trouves-en une plus belle !

RATINOIS.

Magnifique ! elle est magnifique !...

ROBERT.

Eh bien, alors ?

RATINOIS.

Mais tout le monde ne peut pas suivre cette... belle carrière...

ACTE DEUXIÈME.

ROBERT.

Non, certes.

RATINOIS.

Eh bien, quand vous criez: « Je suis marchand de bois! » C'est comme si vous disiez aux autres: « Imbéciles! vous ne l'êtes pas, vous... et moi, je le suis!... » C'est de la gloriole!

ROBERT.

Ah! si c'est ça, je me tais!... (Tirant sa montre.) Deux heures et demie! Bonjour! vous me reverrez tantôt!

RATINOIS, étonné.

Ah!

ROBERT.

C'est aujourd'hui la fête de ta femme... 22 avril.

RATINOIS.

C'est, ma foi, vrai! je l'avais oublié!...

ROBERT.

En revenant, je passerai sur le quai aux fleurs, et j'achèterai un oranger...

RATINOIS.

Oui, votre petite surprise de tous les ans!

ROBERT.

C'est encore ce qu'il y a de mieux.

RATINOIS.

Vous dînerez avec nous... nous n'avons personne!

ROBERT.

Ça va!... Mais pas de cérémonies.

RATINOIS.

Soyez tranquille! Ce n'est pas pour vous que nous ferions des façons. Ainsi, à six heures?

ROBERT.

C'est convenu. Ah çà! et Frédéric... vous ne voulez donc pas le marier, ce garçon-là?

RATINOIS.

Il y a peut-être quelque chose en train.

ROBERT.

Ah! quelque chose de bien?

RATINOIS.

Oh! un parti inespéré!

ROBERT.

Un marchand de bois?

RATINOIS.

Pas tout à fait! Malheureusement, ça ne marche pas.. ça traine.

ROBERT.

Il faut chauffer ça! Veux-tu que j'aille voir la famille?

RATINOIS, effrayé.

Non, merci! (A part.) S'il se rencontrait avec la duchesse!...

ROBERT.

Tu sais ce que je t'ai dit : « Je n'ai pas d'enfants, je suis riche; le jour du mariage, je ferai un cadeau, un beau cadeau! »

RATINOIS.

Ce brave oncle Robert!

ROBERT.

Adieu! à tantôt!... Surtout ne parle pas de ma surprise. l'oranger?

RATINOIS.

Ne craignez rien!

Robert sort.

SCÈNE III.

RATINOIS, puis JOSÉPHINE, puis MADAME RATINOIS.

RATINOIS, seul.

Quel excellent homme! Il adore Frédéric; il est capable de lui donner douze couverts d'argent. Pauvre garçon! son mariage ne se fera pas... nous avons visé trop haut, c'est dommage!

JOSÉPHINE, entrant.

Il y a là un monsieur et une dame qui demandent monsieur.

RATINOIS.

Ont-ils dit leur nom?

JOSÉPHINE.

M. et madame Malingear.

RATINOIS, sautant.

Eux?... Ah! sapristi! ah! saprédié!... Où est ma femme?... (A Joséphine.) Attendez! on n'entre pas! (Appelant.) Constance! Constance!

MADAME RATINOIS, entrant vivement.

Ah! mon Dieu! qu'y a-t-il?

RATINOIS.

Ils sont là!

MADAME RATINOIS.

Qui ça?

RATINOIS.

Le père et la mère... Que faire?

MADAME RATINOIS.

Il faut les recevoir... ils viennent rendre réponse.

RATINOIS.

Eux-mêmes!... Tu crois?

MADAME RATINOIS.

Parbleu! (A Joséphine.) Faites entrer! Ah! mon Dieu! et les housses!

RATINOIS.

Oui, les housses!... ôtons les housses! (A Joséphine.) Attendez!... on n'entre pas!... aidez-nous!... (Tous trois se mettent à ôter les housses.) Quel événement! quelle journée!

MADAME RATINOIS.

Allons, de l'aplomb, du courage! et surtout ne mè tutoie pas!

RATINOIS.

Pourquoi?

MADAME RATINOIS.

Pour faire comme eux! (A Joséphine, qui a jeté les housses dans un cabinet voisin.) Faites entrer!

Joséphine sort.

RATINOIS, à sa femme.

Mets-toi au piano, fais des roulades!... (Apercevant une chaise, au fond, garnie de sa housse.) Ah! nous en avons oublié une!

Il y court vivement. — On entre.

SCÈNE IV.

Les Mêmes, M. et MADAME MALINGEAR.

MADAME RATINOIS, à madame Malingear.

Ah! chère madame, que je suis heureuse de vous voir!

MALINGEAR.

Nous avons bien des reproches à nous faire... Nous vous devions une visite.

MADAME MALINGEAR.

Mais le docteur est si occupé... si occupé!...

MADAME RATINOIS.

Donnez-vous donc la peine de vous asseoir...

Ils s'assoient.

MALINGEAR.

Est-ce que nous n'aurons pas le plaisir de voir M. Ratinois?...

Ratinois, qui est resté au fond, cherchant à dissimuler sa housse, a fini par la fourrer dans un coffre à bois.

RATINOIS.

Me voilà!... j'arrive! (Malingear se lève.) J'étais dans mon cabinet de travail. (Saluant.) Docteur!... Chère madame, oserai-je vous demander des nouvelles de votre précieuse santé?

MADAME MALINGEAR.

Cela va... sauf les migraines.

MADAME RATINOIS.

C'est comme moi... je suis perdue de migraines.

RATINOIS.

Moi aussi, perdu de migraines!

Il s'assoit, ainsi que Malingear.

MADAME MALINGEAR.

Vous verra-t-on aux Italiens, demain?

MADAME RATINOIS.

Oh! certainement! bien certainement!

RATINOIS.

Qu'est-ce qu'on donne?...

MALINGEAR.

Rigoletto!

RATINOIS.

Ah! tant mieux! ah! tant mieux!

MADAME MALINGEAR.

C'est une musique dont on ne se lasse jamais!

RATINOIS.

Oh! que c'est bien vrai!

MADAME RATINOIS.

Il y a surtout le finale!...

TOUS.

Ah! charmant! charmant!

MADAME MALINGEAR.

Et l'andante?

RATINOIS.

Ah! c'est radieux! radieux! radieux!...

MALINGEAR, à part.

C'est un fanatique, le beau-père! Moi, je suis comme ma femme, je n'entends rien à la musique.

Moment de silence.

MADAME MALINGEAR, à son mari.

Mon ami, nous abusons des moments de M. et madame Ratinois!

MADAME RATINOIS.

Par exemple!...

RATINOIS.

Je n'ai rien à faire... je suis retiré du commerce!

MALINGEAR.

Ah! vous étiez dans le commerce?

RATINOIS.

Oui.

MADAME MALINGEAR.

Quelle partie?

RATINOIS, embarrassé.

Mais... j'étais...

MADAME RATINOIS, vivement.

Raffineur... Mon mari était raffineur.

MALINGEAR.

Ah! c'est de la haute industrie!

RATINOIS, à part.

Confiseur... raffineur... c'est toujours dans le sucre!...

MADAME MALINGEAR, à part.

Les raffineurs sont tous millionnaires! (Nouveau silence.) Docteur, vous oubliez que nous devons une réponse...

MALINGEAR, se levant.

C'est juste! (Se posant.) Madame... et vous, monsieur, vous avez eu la bonté de nous adresser, il y a quinze jours, une demande qui nous flatte autant qu'elle nous honore!...

M. et MADAME RATINOIS, s'inclinant.

Docteur... Madame!...

MALINGEAR.

Les renseignements que nous avons dû prendre, tant sur monsieur votre fils que sur la famille à laquelle il a l'honneur d'appartenir... ces renseignements qui n'avaient et ne pouvaient avoir aucun caractère inquisitorial, soyez-en persuadés... ces renseignements, dis-je, nous ont amenés à penser qu'il y avait lieu de prendre en considération sérieuse... les ouvertures flatteuses que vous avez bien voulu nous faire!

Il se rassied.

RATINOIS, se levant et très-ému.

Docteur, je crois être le fidèle interprète des sentiments de madame Ratinois... et des miens propres... et de ceux de mon fils Frédéric... avocat... en vous disant, avec une émotion... que vous comprendrez... car c'est celle d'un père... et vous êtes mère, madame... en vous disant : Docteur, recevez en ce jour les bénédictions... et la gratitude affectueuse d'une famille... qui... que... je dirai plus! d'une famille qui... (Avec effusion.) Enfin, voulez-vous dîner avec nous?

On se lève.

MADAME MALINGEAR, surprise

Hein?

MALINGEAR.

Comment!... aujourd'hui?...

MADAME RATINOIS.

Oh! ce serait charmant!

MADAME MALINGEAR.

Un autre jour... plus tard!...

ACTE DEUXIÈME.

RATINOIS.

Un tel honneur... serait du bonheur!...

MADAME RATINOIS.

Nous serions en famille!

RATINOIS.

Voyons, docteur?...

MADAME RATINOIS.

Madame?...

MALINGEAR.

Allons, nous ne voulons pas vous refuser ; mais, à une condition...

RATINOIS.

Laquelle?...

MALINGEAR.

C'est que vous ne ferez aucune espèce de cérémonie.

RATINOIS.

C'est convenu.

MADAME RATINOIS.

Notre ordinaire... rien que notre ordinaire! (Elle sonne.) Vous permettez?... (Bas, à Joséphine qui entre.) Allez me chercher tout de suite le gérant de M. Chevet, au Palais-Royal.

JOSÉPHINE, étonnée.

Comment?...

MADAME RATINOIS.

Vite! vite!

Joséphine sort.

MADAME MALINGEAR, à madame Ratinois.

Il est bien entendu que nous ne ferons pas de toilette

MADAME RATINOIS.

Nous resterons comme nous sommes.

MALINGEAR.

Maintenant, je vous demanderai quelques minutes d'entretien, mon cher Ratinois.

RATINOIS.

Je suis tout à vous! (A part.) Il m'a appelé Ratinois! Si nous pouvions nous tutoyer un jour!

MALINGEAR.

Nous avons à causer de nos petits arrangements.

RATINOIS, à part.

De la dot! (Haut.) J'espère que nous n'aurons pas de difficulté. Si vous voulez passer dans mon cabinet?...

MALINGEAR.

Après vous, Ratinois.

RATINOIS.

Par exemple!.. (Il le fait entrer. A part.) Ratinois!... Je n'ose pas encore l'appeler Malingear!...

Il sort à gauche.

SCÈNE V.

MADAME RATINOIS, MADAME MALINGEAR.

MADAME RATINOIS.

Ah! que Frédéric va être heureux!

MADAME MALINGEAR.

Entre nous, je crois qu'il ne déplait pas à ma fille.

MADAME RATINOIS.

Chère enfant! Je vous promets de l'aimer comme une mère!

MADAME MALINGEAR.

Voulez-vous que nous causions un peu de leur petite installation?...

MADAME RATINOIS.

Oh! bien volontiers.

MADAME MALINGEAR.

Dès demain, nous leur chercherons un appartement.

MADAME RATINOIS.

Un entre-sol?

MADAME MALINGEAR.

Oh! c'est bien bas, un entre-sol... Un second.

MADAME RATINOIS.

C'est bien haut, un second.

MADAME MALINGEAR.

Alors un premier?... C'est une affaire de cinq à six mille francs.

Elles s'asseyent.

MADAME RATINOIS.

Mettons six mille francs.

MADAME MALINGEAR, prenant une carte dans un petit portefeuille.

Attendez, je vais écrire sur cette carte... (*Écrivant.*) Loyer six mille francs.

MADAME RATINOIS.

Toilette... c'est important!

MADAME MALINGEAR.

Il est bien difficile, à une femme qui voit un certain

monde, de s'en tirer à moins de quatre à cinq mille francs...
C'est ce que je dépense.

MADAME RATINOIS.

Moi aussi... Mettons six mille francs.

MADAME MALINGEAR, écrivant.

Toilette, six mille francs. (A part.) A la bonne heure, elle ne lésine pas!

MADAME RATINOIS, à part.

Moi qui n'ai dépensé que neuf cents francs l'année dernière, et Ratinois m'a grondée.

MADAME MALINGEAR.

Voiture... Pensez-vous qu'ils puissent se donner une voiture?...

MADAME RATINOIS.

Dame! (A part.) Ça dépendra de la dot.

MADAME MALINGEAR.

Il est tout à fait désagréable, pour une jeune femme, de piétiner dans la boue... surtout avec les robes qu'on fait aujourd'hui.

MADAME RATINOIS.

Oh! c'est impossible!... Il y a bien les voitures de place

MADAME MALINGEAR.

Les fiacres? Oh! ne me parlez pas de ces vilaines boîtes!

MADAME RATINOIS, vivement.

Je n'en parle pas.

MADAME MALINGEAR.

C'est noir... c'est étroit!...

MADAME RATINOIS.

Et sale! On ne m'y ferait monter pour rien au monde (A part.) Je vais toujours à pied.

ACTE DEUXIÈME.

MADAME MALINGEAR.

Je pense qu'un petit coupé...

MADAME RATINOIS.

Avec deux petits chevaux...

MADAME MALINGEAR.

Et un petit cocher...

MADAME RATINOIS.

Mettons six mille francs.

MADAME MALINGEAR, écrivant.

Coupé, six mille... (A part.) Ces raffineurs, ça marche sur l'or! (Haut.) Frais de maison, table...

MADAME RATINOIS.

Mettons six mille francs.

MADAME MALINGEAR.

C'est assez... (Additionnant.) Six, douze, dix-huit, vingt-quatre. Total, vingt-quatre mille francs... Cela me paraît bien.

Elle laisse la carte sur la table.

MADAME RATINOIS.

Ce n'est pas trop. (A part.) Ils doivent donner une dot formidable.

Elles se lèvent

SCÈNE VI.

Les Mêmes, RATINOIS, MALINGEAR.

MALINGEAR, sortant de la gauche, suivi de Ratinois.

C'est convenu, Ratinois, vous avez ma parole.

RATINOIS.

Et vous la mienne, Malingear! (A part.) Je me suis risqué!...

MALINGEAR, aux dames.

Nous sommes complétement d'accord...

RATINOIS.

Complétement, Malingear.

MADAME MALINGEAR, bas, à son mari.

Combien?...

MALINGEAR, bas.

Cent mille.

MADAME MALINGEAR, à part, étonnée.

Pas plus?...

MADAME RATINOIS, bas.

Combien?...

RATINOIS, bas.

Cent mille.

MADAME RATINOIS, à part

Que ça?

MADAME MALINGEAR, bas, à son mari.

Sortons, j'ai à te parler.

MALINGEAR.

Nous vous demandons la permission de nous retirer... Quelques clients à voir!

RATINOIS.

La duchesse?...

MADAME RATINOIS.

Nous vous attendrons à six heures! (A madame Malingear. Et, surtout, pas de toilette!

ACTE DEUXIÈME.

MADAME MALINGEAR.

Oh! c'est bien convenu. (Saluant.) Madame...

RATINOIS.

Adieu, Malingear!

Ils sortent par le fond

SCÈNE VII.

RATINOIS, MADAME RATINOIS, puis JOSÉPHINE.

RATINOIS.

Ah! voilà une bonne affaire conclue.

MADAME RATINOIS.

Cent mille francs! ce n'est pas sérieux!

RATINOIS, étonné.

Quoi donc?...

MADAME RATINOIS.

C'est d'une mesquinerie!... Cent mille francs!

RATINOIS.

Mais je ne donne pas plus, moi.

MADAME RATINOIS.

Quelle différence! Notre fils a une profession... il est avocat!

RATINOIS.

Mais il ne plaide jamais.

MADAME RATINOIS.

Il ne plaide pas, parce qu'il n'a pas de causes!

RATINOIS.

C'est juste. (Par réflexion.) Mais, s'il n'a pas de causes, c'est comme s'il n'était pas avocat.

MADAME RATINOIS.

Cela viendra; l'avenir est à lui!... Je ne comprends pas que tu aies accepté ce chiffre!

RATINOIS.

Un jeune ménage qui a dix mille francs de rente.... c'es pourtant gentil.

MADAME RATINOIS.

C'est la misère!

RATINOIS.

Ah! par exemple!

MADAME RATINOIS, lui donnant la carte restée sur la table.

Tiens, vois plutôt.

RATINOIS.

Qu'est-ce que c'est que ça?

MADAME RATINOIS.

Le budget des enfants, que madame Malingear a jeté sur cette carte pendant que vous étiez là!

RATINOIS, lisant.

Loyer, six mille francs... toilette... coupé... vingt-quatre mille francs!

MADAME RATINOIS.

Et nous avons oublié les enfants!

RATINOIS.

Qu'est-ce que cela prouve?... Ce budget, on peut le réduire.

MADAME RATINOIS.

Oh! si mademoiselle Malingear était une jeune fille simple, élevée dans des principes d'ordre, d'économie... comme nous... une petite bourgeoise, enfin, tout irait pour le mieux... Mais une demoiselle qui prend des leçons de Duprez, qui peint des tableaux à l'huile... et ne saurait seulement pas recoudre un bouton à son mari...

RATINOIS.

Il est vrai qu'en fait de couture...

MADAME RATINOIS.

Elle fait des roulades... Elle a été toute sa vie bercée dans la soie et la dentelle... Il lui faut un appartement au premier, une voiture, un cocher... Je ne trouve pas cela mal, mais alors on apporte une dot... une dot sérieuse!

RATINOIS.

Voyons, ne t'emporte pas! Frédéric aime la petite... et si on lui parle de rompre ce mariage...

MADAME RATINOIS.

Il n'est pas question de rompre! Les Malingear sont riches... très-riches... des gens qui ont un chasseur!

RATINOIS.

Ça, je l'ai vu; sept à huit pieds!

MADAME RATINOIS.

Eh bien, qu'ils donnent plus! Il faut que tu reparles au père... Il va venir?

RATINOIS.

Oui... Comme ça, il faut que je reparle...?

MADAME RATINOIS.

Quoi! tu as l'air de ne pas comprendre...

RATINOIS.

Si... si!... mais c'est difficile à dire à un monsieur. « Les cent mille francs que je donne, moi, suffisent!... mais les vôtres ne suffisent pas! » C'est très-difficile.

MADAME RATINOIS.

Bah! il est vaniteux, il faut le piquer... le prendre par l'amour-propre... Offre toi-même de donner quelque chose de plus... ça le mettra sur la voie...

RATINOIS.

C'est que nous ne pouvons pas aller bien loin... avec dix-sept mille francs de rente.

MADAME RATINOIS.

On propose un cadeau... une misère...

RATINOIS.

Douze couverts... d'argent (A part.) ceux de l'oncle Robert.

JOSÉPHINE, entrant.

Madame, c'est le maître d'hôtel de M. Chevet que vous avez fait demander...

MADAME RATINOIS.

Qu'il entre!

Joséphine sort.

RATINOIS.

Constance, je n'ai pas besoin de te recommander de faire les choses dignement?

MADAME RATINOIS.

Sois tranquille.

SCÈNE VIII.

LES MÊMES, LE MAITRE D'HOTEL, puis FRÉDÉRIC.

LE MAÎTRE D'HÔTEL, entrant et saluant. Il est en habit.

Madame...

MADAME RATINOIS.

Monsieur, nous avons un dîner.

ACTE DEUXIÈME.

RATINOIS, assis.

Un grand dîner...

LE MAÎTRE D'HÔTEL.

Combien de personnes?...

MADAME RATINOIS.

Nous sommes... six.

RATINOIS.

Mais vous ferez comme pour douze... Nous recevo un personnage... le docteur Malingear... dont vous avez sans doute entendu parler?

LE MAÎTRE D'HÔTEL.

Non, monsieur.

RATINOIS.

Ah! après ça, il ne traite que les gens comme il faut.

LE MAÎTRE D'HÔTEL.

Voici ce que je proposerai à madame: deux potages... bisques et potage à la reine.

RATINOIS.

Y a-t-il des truffes?...

LE MAÎTRE D'HÔTEL.

Non, monsieur... Il n'y a pas de potages aux truffes.

RATINOIS.

C'est dommage!

MADAME RATINOIS.

Après?...

LE MAÎTRE D'HÔTEL.

Relevé...

FRÉDÉRIC, entrant

Me voilà!

RATINOIS et MADAME RATINOIS.

Frédéric !

RATINOIS, se levant.

Tu ne sais pas?... Ils sont venus.

FRÉDÉRIC.

Qui ?

RATINOIS.

Les Malingear

FRÉDÉRIC.

Ah bah !

MADAME RATINOIS.

Tu plais à la demoiselle.

RATINOIS.

Au père, à la mère; tout est arrangé.

FRÉDÉRIC.

Est-il possible ?

MADAME RATINOIS, ouvrant ses bras.

Ah ! mon enfant !

Ils s'embrassent.

RATINOIS, ouvrant ses bras.

Et moi ?...

FRÉDÉRIC.

Mon père !

Ils s'embrassent.

LE MAÎTRE D'HÔTEL, ne sachant quelle contenance faire et à part.

Je les gêne !

Il remonte et va regarder un tableau

RATINOIS.

Je les ai invités à dîner pour ce soir.

ACTE DEUXIÈME.

FRÉDÉRIC.

Ah! quelle bonne idée!

MADAME RATINOIS.

Et nous sommes en train de commander le menu...

RATINOIS.

Voici le maître d'hôtel! Eh bien, où est-il donc? (l'appelant.) Hé! monsieur!...

LE MAÎTRE D'HÔTEL, descendant.

Pardon!...

RATINOIS, à Frédéric.

Nous étions au relevé... Tu vas nous aider.

LE MAÎTRE D'HÔTEL.

Relevé... La carpe du Rhin à la Chambord, flanquée de truffes.

RATINOIS.

Très-bien!...

LE MAÎTRE D'HÔTEL.

Avec des crevettes en boucles d'oreilles.

RATINOIS, tout à coup.

Ah! sapristi!...

FRÉDÉRIC et MADAME RATINOIS.

Quoi donc?

RATINOIS.

J'ai invité l'oncle Robert!... Les boucles d'oreilles m'y font penser.

MADAME RATINOIS.

Lui? C'est impossible!

FRÉDÉRIC.

Pourquoi?...

MADAME RATINOIS.

Nous ne pouvons pas le faire asseoir à la même table que les Malingear!

LE MAÎTRE D'HÔTEL.

Je les gêne!

Il remonte au tableau.

FRÉDÉRIC.

Mais c'est mon oncle, un si brave homme!

RATINOIS.

Oui; mais il n'est pas de notre monde... D'abord il a une manière de manger... il met son couteau dans sa bouche.

MADAME RATINOIS.

Et il prend dans le plat avec sa fourchette.

RATINOIS.

Et il verse du vin dans son bouillon! Ça peut être bon pour l'estomac; mais c'est horrible à l'œil nu.

FRÉDÉRIC.

Ce n'est pas une raison.

RATINOIS.

Voyons, mon ami, raisonnons! Ce n'est pas au moment où nous faisons le sacrifice d'un magnifique dîner, que nous allons le déparer?... Car enfin, quelle figure veux-tu que fasse l'oncle Robert en face d'une carpe du Rhin à la Chambord? Il aura l'air d'un plat de choux! Veux-tu servir un plat de choux?...

MADAME RATINOIS.

Nous l'inviterons pour demain.

RATINOIS.

A manger les restes... c'est convenu. Continuons... Après

la carpe?... (Cherchant le maître d'hôtel.) Eh bien, où est-il donc? (L'appelant.) Hé! monsieur?... Il s'en va toujours!

LE MAÎTRE D'HÔTEL, revenant.

Pardon!...

RATINOIS.

Après la carpe?...

LE MAÎTRE D'HÔTEL.

Entrée: filet de bœuf braisé aux pois nouveaux...

RATINOIS.

Avec des truffes?

LE MAÎTRE D'HÔTEL.

Si vous le désirez.

RATINOIS.

Parbleu!...

LE MAÎTRE D'HÔTEL.

Rôti: faisan doré de la Chine... aux truffes.

RATINOIS.

Très-bien! (A Frédéric.) Vois-tu l'oncle Robert en présence d'un faisan doré de la Chine?... Il serait gêné, cet homme!

LE MAÎTRE D'HÔTEL.

Pour entremets, je voulais vous offrir des truffes à la Lucullus en surprise... mais vous avez déjà beaucoup de truffes.

RATINOIS.

Ça ne fait rien, ça ne fait rien!...

MADAME RATINOIS.

Servez les truffes à la Lucullus... Ah! j'ai dîné dernièrement dans une maison où l'on changeait de couteau et de fourchette à chaque plat.

LE MAÎTRE D'HÔTEL.

Cela se fait partout, maintenant.

MADAME RATINOIS.

C'est que je n'ai que vingt-quatre couverts...

RATINOIS.

Eh bien, vous ne me changerez pas le mien

FRÉDÉRIC.

Ni le mien.

MADAME RATINOIS.

Ni le mien.

LE MAÎTRE D'HÔTEL.

On lavera au fur et à mesure.

RATINOIS.

C'est juste. (A part.) Il est intelligent!... (Haut.) Voyons le dessert maintenant...

LE MAÎTRE D'HÔTEL.

Pour milieu, je vous proposerai une pièce de pâtisserie montée.

RATINOIS.

Quelque chose de très-haut!

LE MAÎTRE D'HÔTEL.

C'est une tour de Nankin en buisson d'ananas, surmontée d'un Chinois filé en sucre.

MADAME RATINOIS.

Oh! cela doit être charmant!...

RATINOIS.

Qu'est-ce que vous vendez ça?

LE MAÎTRE D'HÔTEL.

Soixante-quatre francs.

RATINOIS.

Ah! permettez!... les sucreries, ça me connaît, en ma qualité d'ancien...

MADAME RATINOIS, vivement.

C'est bien!... Nous verrons... nous réfléchirons.

LE MAÎTRE D'HÔTEL.

Quand madame voudra, c'est tout prêt. Quelle marque préférez-vous pour le champagne?... du moët ou de la veuve?

MADAME RATINOIS.

De la veuve?

RATINOIS.

Quelle veuve?...

FRÉDÉRIC.

La veuve Cliquot... C'est le meilleur.

RATINOIS.

Et qu'est-ce que vous vendez ça?

LE MAÎTRE D'HÔTEL.

Douze francs... le moët n'est que de six.

RATINOIS.

Alors, nous verrons... nous réfléchirons.

MADAME RATINOIS.

Faites-nous le dîner pour six heures précises.

LE MAÎTRE D'HÔTEL.

Madame peut être tranquille.

Fausse sortie.

RATINOIS, le rappelant.

Ah! monsieur le maître d'hôtel!

LE MAÎTRE D'HÔTEL.

Monsieur?...

RATINOIS.

Il y a un plat auquel je tiens essentiellement... mais je ne sais pas son nom. On le sert tout à la fin... c'est de l'eau chaude avec de la menthe qu'on boit...

LE MAÎTRE D'HÔTEL.

Ce sont des bols.

FRÉDÉRIC.

Ça ne se boit pas!

RATINOIS, étonné.

Tiens!... moi, j'ai bu!...

LE MAÎTRE D'HÔTEL, sortant, à part.

En voilà des épiciers!...

Il disparaît.

RATINOIS.

Allons, je crois que nous aurons un joli petit dîner... On en parlera!...

MADAME RATINOIS.

Nous avons oublié le plus important.

RATINOIS.

Quoi donc?

MADAME RATINOIS.

Les Malingear ont un chasseur, il faut absolument que nous montrions une livrée.

RATINOIS.

C'est vrai.

FRÉDÉRIC.

A quoi bon?

RATINOIS.

Il faut faire les choses dignement.

MADAME RATINOIS, à part

Le locataire du premier... un créole... est parti pour la campagne, et a laissé ses domestiques... si je pouvais... (Haut.) Viens, Frédéric, j'ai besoin de toi... des commissions à te donner.

FRÉDÉRIC.

Je te suis, maman.

Ils sortent tous deux.

SCÈNE IX.

RATINOIS, puis ROBERT.

RATINOIS.

Une livrée!... Nous n'avons que Joséphine!

ROBERT, entrant.

Me voilà!

RATINOIS.

L'oncle Robert!

ROBERT.

Je suis en avance, mais je t'apporte un appétit!...

RATINOIS, à part.

Ça tombe bien!... Il faudrait trouver un moyen de le désinviter en douceur.

ROBERT.

En passant, je suis entré chez Lesage, et j'ai acheté un pâté... Je l'ai remis à Joséphine

RATINOIS.

Ah! ce brave oncle Robert, qui a pensé à nous.

ROBERT.

Veau et cœur de jambon.

RATINOIS.

Ah! mon Dieu! mais j'y pense...

ROBERT.

Quoi?...

RATINOIS.

Répondez-moi franchement : je crois que je vous ai invité à dîner?

ROBERT.

Certainement.

RATINOIS.

La! j'en étais sûr !

ROBERT.

Eh bien?...

RATINOIS.

Eh bien, c'est impossible, nous dinons en ville! Ma femme vient de me le rappeler.

ROBERT.

Ah! c'est ennuyeux!

RATINOIS.

C'est chez les Blanchard. Pas moyen de refuser... Ils ont reçu du gibier.

ROBERT.

Je comprends ça.

RATINOIS.

Ainsi, vous n'êtes pas fâché?

ROBERT.

Allons donc, entre nous!... Et mon pâté?

RATINOIS.

Nous le mangerons demain; nous comptons sur vous..

ROBERT.

C'est convenu! Adieu! amusez-vous bien!

RATINOIS.

A demain!

ROBERT, revenant.

Une idée!... J'ai quelque chose à dire aux Blanchard.. il se peut que j'aille ce soir prendre le café avec vous.

RATINOIS, à part.

Ah diable!

ROBERT.

A ce soir.

Il sort par le fond

SCÈNE X.

RATINOIS, puis FRÉDÉRIC, puis UN DOMESTIQUE

RATINOIS.

Ne voilà bien! Il ne nous trouvera pas chez les Blanchard, ça va faire une histoire!

FRÉDÉRIC, entrant, chargé de livres avec un stéréoscope.

Voici nos acquisitions.

RATINOIS.

Qu'est-ce que tu as acheté?...

FRÉDÉRIC.

C'est un album de photographie... Maman m'a dit de le placer sur la table en évidence... on croira que ce sont nos connaissances.

RATINOIS.

C'est une bonne idée !... (Feuilletant l'album.) Lord Palmerston !... Le comte Gorstchakoff... Horace Vernet... Léotard...

FRÉDÉRIC, lui montrant une petite boîte.

Ceci est pour toi.

RATINOIS.

Qu'est-ce que c'est ?... une chaîne ?

FRÉDÉRIC.

Pour attacher ta montre.

RATINOIS.

Je la crois plus grosse que celle de Malingear ! (Il attache sa montre après.) C'est magnifique ! Ça fera un effet superbe !

FRÉDÉRIC.

Elle est en imitation... il ne faut pas le dire.

RATINOIS, indigné.

Du faux !... (Par réflexion.) Après ça, quand le faux a l'air vrai... ce n'est plus du faux ! (Un grand domestique en livrée entre par le fond avec deux lampes allumées. — A Frédéric.) Qu'est-ce que c'est que celui-là ? le connais-tu ?...

FRÉDÉRIC.

Non !

RATINOIS, au domestique qui pose les lampes sur la cheminée

Mon ami, d'où sortez-vous ?...

LE DOMESTIQUE.

Je suis le domestique du premier.

ACTE DEUXIÈME.

RATINOIS.

Ah! très-bien! (A Frédéric.) C'est un emprunt!... Il est superbe! (Regardant le domestique qui sort.) Mais moins grand que celui de Malingear.

On entend un bruit de voiture.

FRÉDÉRIC, courant à la fenêtre.

Une voiture! Ce sont eux!

RATINOIS.

Et ma femme qui n'est pas là!... (Appelant.) Constance! Constance!...

SCÈNE XI.

Les Mêmes, MALINGEAR, MADAME MALINGEAR,
en grande toilette, robe dorée; EMMELINE,
puis MADAME RATINOIS.

La porte du fond s'ouvre et un petit nègre en livrée annonce.

LE NÈGRE.

Monsieur... madame et mademoiselle Malingear.

RATINOIS, à part.

Un nègre, à présent!... Comme les femmes entendent la mise en scène! (Allant au-devant des Malingear.) Monsieur... madame... mademoiselle!...

FRÉDÉRIC, saluant.

Mademoiselle Emmeline!...

MADAME MALINGEAR, bas, à son mari.

Ils ont un nègre! avez-vous remarqué?...

MALINGEAR.

Oui! Ces raffineurs, ça ne se refuse rien!...

RATINOIS, à madame Malingear.

Oh! chère madame... ce n'est pas bien!...

MADAME MALINGEAR.

Quoi donc?

RATINOIS.

On était convenu de ne pas faire de toilette, et vous en avez une éblouissante! Mon petit dîner va pâlir!

MADAME MALINGEAR.

Oh! tout cela est très-simple.

RATINOIS.

Ma femme n'en fera pas, elle... et je suis sûr qu'elle vous grondera!... La voici! (Apercevant la toilette de sa femme, composée de couleurs variées et très-voyantes. A part.) Ah! saprelotte!... un arc-en-ciel!

MADAME RATINOIS.

Chère bonne madame... que vous êtes aimable!

MADAME MALINGEAR.

Il nous tardait d'être près de vous. (A part.) Trois rangs de volants... C'est de la trahison!... (Haut.) L'admirable toilette!

MADAME RATINOIS.

Elle n'approche pas de la vôtre... (A part.) Une robe en or... c'est de la mauvaise foi!

FRÉDÉRIC.

Maman, veux-tu que nous passions au salon?

MADAME RATINOIS.

Certainement.

Il sort avec Emmeline.

ACTE DEUXIÈME.

MADAME MALINGEAR, bas, à son mari.

Retenez M. Ratinois, et parlez-lui de la dot.

MALINGEAR, bas.

Oui.

MADAME RATINOIS, bas, à son mari.

Reste avec le beau-père, et parle-lui de la dot.

RATINOIS, bas.

Sois tranquille.

MADAME RATINOIS, indiquant la porte du salon.

Madame!..

Elles sortent par la droite.

SCÈNE XII.

RATINOIS, MALINGEAR.

RATINOIS, à part.

Nous voilà seuls... Ce n'est pas commode à attaquer, cette affaire-là!...

MALINGEAR, à part.

Comment diable aborder la chose?...

RATINOIS, s'approchant.

Mon cher Malingear, c'est bien aimable à vous d'avoir accepté notre petit dîner.

MALINGEAR.

Vous y avez mis une insistance si affectueuse!...

RATINOIS.

Oh! c'est que je vous aime, moi!

MALINGEAR.

Moi aussi, allez !

RATINOIS, lui serrant la main.

Ce bon Malingear !

MALINGEAR, de même.

Excellent Ratinois !

RATINOIS, à part.

Tout ça, c'est du sentiment... ça nous éloigne ! (Haut.) Tantôt, nous avons causé de la dot un peu superficiellement...

Ils s'asseyent près de la table à gauche

MALINGEAR, à part.

Il y vient de lui-même ! (Haut.) En effet, très-superficiellement... Vous avez parlé de cent mille francs.

RATINOIS.

Oh ! c'est un chiffre que j'ai jeté... comme ça, en l'air... mais ça ne vous lie pas.

MALINGEAR.

Je disais aussi... un gros raffineur...

RATINOIS.

Et vous, un médecin illustre... qui reçoit quatre mille francs d'un coup !...

MALINGEAR.

Oh ! moi ?...

RATINOIS.

Je les ai comptés... Tenez, je suis disposé à faire un sacrifice... je donnerai l'argenterie !

MALINGEAR, étonné.

Ah !

ACTE DEUXIÈME.

RATINOIS.

Et vous?

MALINGEAR.

Moi?... J'offre la garniture de cheminée du salon.

RATINOIS, étonné.

Ah! (A part.) Il faut lui mettre les points sur les *i!* (Haut.) Malingear, il faut nous dire une chose... c'est que tout a augmenté.

MALINGEAR.

C'est vrai; et tel qui était à son aise autrefois avec dix mille francs de rente, se trouve aujourd'hui fort gêné.

RATINOIS.

Voilà! Et nous ne voulons pas que nos enfants soient gênés?

MALINGEAR.

Certainement nous ne le voulons pas.

RATINOIS.

Voyez-vous votre fille, votre fille chérie, obligée de regarder à s'acheter une robe ou un cachemire?

MALINGEAR.

Et votre fils... votre fils unique, réduit à vivre d'expédients?

RATINOIS.

Oh! ne parlons pas de mon fils... un homme se tire toujours d'affaires... Mais elle... la pauvre enfant!... qui est votre joie, votre amour... car vous l'aimez bien votre fille?

MALINGEAR.

Presque autant que vous aimez Frédéric.

RATINOIS.

Oui... Ne parlons pas de Frédéric... parlons d'Emmeline... Il faut lui faire, à cette enfant, une existence de soie et d'or.

MALINGEAR, pénétré.

Oh! merci pour elle!

RATINOIS.

D'où je conclus qu'il y a lieu d'augmenter la dot.

MALINGEAR.

C'est tout à fait mon sentiment.

RATINOIS.

Eh bien... fixez vous-même... J'accepte d'avance.

MALINGEAR, à part.

Ah! très-bien!... Parlez-moi des commerçants. (Haut.) Je pense qu'en donnant cent cinquante mille francs...

RATINOIS.

Ah! Malingear... ce n'est pas assez!

MALINGEAR.

Alors, mettons deux cent mille.

RATINOIS, se levant.

C'est convenu! Moi, je donne l'argenterie, et vous deux cent mille...

MALINGEAR, se levant.

Comment!... C'est vous qui les donnez.

RATINOIS.

Moi? Par exemple!

MALINGEAR.

Pourquoi moi et pas vous?...

ACTE DEUXIÈME.

RATINOIS.

Parce que, dans votre position... un homme qui a voiture, loge aux Italiens et un chasseur!

MALINGEAR.

Mais vous avez aussi une voiture, une loge aux Italiens, et un nègre... ce qui est plus cher!

RATINOIS.

Moi, moi!... Ce n'est pas la même chose!

MALINGEAR.

Pourquoi?... A moins que vous n'affichiez un luxe au-dessus de votre position?...

RATINOIS.

Du tout! Elle est superbe, ma position!... Elle est magnifique, ma position!

MALINGEAR.

Eh bien, il est de toute justice que nous donnions autant l'un que l'autre... Chacun deux cent mille francs... (A part.) J'ai vingt-deux mille livres de rente, il m'en restera douze.

RATINOIS, à part.

Saprelotte! j'ai dix-sept mille livres de rente, il ne m'en restera que sept! C'est impossible!

MALINGEAR.

Vous hésitez... pour une misérable question d'argent?

RATINOIS.

Je n'hésite pas! Cent mille francs de plus ou de moins... qu'est-ce que vous voulez que ça me fasse? J'offre trois cent mille francs! Voilà comme j'hésite!

MALINGEAR, étonné.

Hein!... trois cents?...

RATINOIS, à part.

Je vais le pousser jusqu'à ce qu'il recule... et, alors, je romps!... (Haut.) Vous reculez?...

MALINGEAR.

Du tout, je réfléchis... (A part.) Trois cent mille francs, c'est impossible!... Il n'y a qu'un moyen; c'est d'élever la dot jusqu'à ce qu'il dise non... Alors, tout sera rompu... (Haut.) Je propose quatre cent mille.

RATINOIS.

Ce n'est pas assez... Cinq cent mille!...

MALINGEAR.

Ce n'est pas assez... Six cent mille!...

RATINOIS.

Ce n'est pas assez...

SCÈNE XIII.

LES MÊMES, ROBERT.

ROBERT, paraissant avec un oranger.

Quoi! six cent mille francs?...

RATINOIS, à part.

L'oncle Robert! J'allais lâcher le million! Je l'aurais lâché... (Haut.) M. Malingear, le futur beau-père.

MALINGEAR.

Nous causions de la dot.

ROBERT, posant son oranger.

Comment!... Et vous donnez six cent mille francs?... (Le saluant.) Ah! monsieur, permettez-moi de vous féliciter.

ACTE DEUXIÈME.

MALINGEAR.

Mais M. Ratinois en donne autant!...

ROBERT.

Comment, toi?

RATINOIS, embarrassé.

Naturellement.

ROBERT, à Ratinois.

Mon compliment! Je ne te savais pas aussi riche que cela!

RATINOIS.

Aussi riche! aussi riche! Certainement, je suis à mon aise... mais, quand on se trouve en face de gens... millionnaires... qui ont des exigences...

MALINGEAR.

Ah! permettez, monsieur... je n'ai rien exigé... C'est vous, au contraire, qui...

RATINOIS.

Moi?... J'ai proposé l'argenterie, et, là-dessus, vous êtes parti...

MALINGEAR.

Comment! je suis parti?... J'ai dit que je donnerais la garniture de cheminée du salon... et vous m'avez répondu : « Ah! » froidement.

RATINOIS.

J'ai répondu : « Ah!... » c'était mon droit; mais pas froidement.

MALINGEAR.

Ah! permettez, monsieur...

RATINOIS.

Permettez, vous-même...

ROBERT.

Enfin, vous êtes d'accord?...

RATINOIS.

Nous sommes d'accord... si on veut!... Mais je n'ai pas répondu froidement.

MALINGEAR.

Je vous demande pardon!

RATINOIS.

Non, monsieur!

MALINGEAR.

Si, monsieur!

RATINOIS.

Tenez, voulez-vous que je vous dise ma façon de penser?

MALINGEAR.

Vous me ferez plaisir.

RATINOIS.

Eh bien, vous cherchez un biais pour rompre ce mariage.

MALINGEAR.

Comment, un biais?...

RATINOIS.

Un biais! je maintiens le mot. Mais moi, qui suis un honnête homme...

MALINGEAR.

Pas plus que moi!

RATINOIS.

C'est possible! Mais comme je ne veux pas de biais, moi, je vous dis tout net...

TOUS DEUX, ensemble.

Rompons!

ROBERT.

Voyons, messieurs, pas d'emportement!

RATINOIS.

Je ne m'emporte pas! (A part, avec satisfaction.) Ça y est! c'est rompu!

MALINGEAR, à part, avec satisfaction.

C'est une affaire terminée!

ROBERT.

Diable! vous allez vite en affaires! Une rupture! (A Ratinois.) Heureusement que ton fils n'aimait pas mademoiselle Malingear, n'est-ce pas?

RATINOIS.

Il ne l'aimait pas!... il ne l'aimait pas!... c'est-à-dire si... il en était fou! Mais, qu'est-ce que cela fait?

ROBERT, à Malingear.

Et mademoiselle Emmeline n'était que médiocrement éprise de Frédéric?

MALINGEAR.

Médiocrement... c'est-à-dire... elle paraissait avoir un certain penchant pour lui... je ne le cache pas... mais...

ROBERT.

Mais, qu'est-ce que cela fait, n'est-ce pas.

MALINGEAR.

Je n'ai pas dit cela, permettez...

ROBERT, éclatant.

Non, je ne permets pas!... Vous êtes des vaniteux, des orgueilleux!...

MALINGEAR.

Monsieur!...

RATINOIS.

Mon oncle!

ROBERT.

Ah! voilà un quart d'heure que je me retiens... il faut que ça parte!... Vous cherchez, depuis quinze jours, à vous éblouir, à vous mentir, à vous tromper...

TOUS DEUX.

Comment?...

ROBERT.

Oui, à vous tromper, en vous promettant des dots que vous ne pouvez pas donner. Est-ce vrai?... En vous pavanant dans une existence, dans un luxe qui n'est pas le vôtre!

RATINOIS.

Mais...

ROBERT.

Il n'y a pas de mais!... J'ai fait causer tes domestiques! Quand je veux savoir, je cause avec les domestiques... c'est mon système!

RATINOIS.

Qu'ont-ils pu vous dire?

ROBERT.

D'abord, j'ai rencontré un nègre dans la cuisine... Un nègre qui traîne dans une cuisine... c'est malpropre! Et puis monsieur a pris une voiture au mois, une loge aux Italiens! Ratinois aux Italiens!.

RATINOIS.

Mais il me semble que c'est un théâtre...

ROBERT.

Qui t'ennuie!

RATINOIS.

Ah!

ROBERT.

Je te dis que ça t'ennuie... et ta femme aussi!... (Montrant Malingear.) Et monsieur aussi!

RATINOIS.

Eh bien, oui! la! c'est vrai!

MALINGEAR.

J'avoue que l'Opéra italien...

ROBERT.

Alors, pourquoi louez-vous des loges?...

MALINGEAR.

C'est ma femme...

RATINOIS.

Ce sont ces dames...

ROBERT.

Pour faire de l'embarras, du genre, du flafla! Aujourd'hui, c'est la mode; on se jette de la poudre aux yeux, on fait la roue... on se gonfle... comme des ballons... Et quand on est tout bouffi de vanité... plutôt que d'en convenir... plutôt que de se dire : « Nous sommes deux braves gens bien simples... deux bourgeois... » on préfère sacrifier l'avenir, le bonheur de ses enfants... Ils s'aiment... mais on répond... « Qu'est-ce que cela fait?... » Et voilà des pères!... Bonsoir!...

Il veut sortir.

RATINOIS, le retenant vivement.

Mon oncle Robert, restez!... (Ému.) Mon oncle Robert... vous avez des boucles d'oreilles... vous n'avez pas d'esprit, vous n'avez pas d'instruction... (Se frappant le cœur.) Mais vous avez de ça!

MALINGEAR.

Oh! oui.

RATINOIS, très-ému.

Vous m'avez remué... vous m'avez bouleversé!... Vous m'avez prouvé que je n'étais qu'un père à jeter par la fenêtre, (Montrant Malingear.) et monsieur aussi... Mais ce n'est pas ma faute... c'est la faute de ma femme; elle me le payera!... (S'attendrissant.) Et je vous jure que si jamais.. au grand jamais... vous me voyez broncher dans le chemin qui... que... qui... (Tout à coup.) Enfin, voulez-vous dîner avec nous ?...

SCÈNE XIV.

Les Mêmes, MADAME MALINGEAR, MADAME RATINOIS, EMMELINE, FRÉDÉRIC, puis LE MAITRE D'HOTEL.

MADAME RATINOIS.

Eh bien, messieurs, vous nous laissez seules?...

RATINOIS.

Ah! voilà ma femme! Approchez, madame.

MALINGEAR, à sa femme sévèrement.

Approchez, madame.

MADAME RATINOIS.

Quoi?...

MADAME MALINGEAR.

Qu'y a-t-il?...

RATINOIS, à sa femme.

Mère coupable... et bouffie de vanité!... Mais c'est la mode aujourd'hui!

MALINGEAR.

On fait la roue!

RATINOIS.

On se gonfle comme des ballons!

MALINGEAR.

Et l'on ne craint pas de sacrifier l'avenir, le bonheur de ses enfants!

RATINOIS.

Car ils s'aiment... Mais on répond : « Qu'est-ce que cela fait? » Et voilà des mères! Bonsoir.

MADAME MALINGEAR.

Ah çà! qu'est-ce que vous avez?...

MADAME RATINOIS.

Explique-moi...

RATINOIS, avec véhémence.

Prends ton tricot!... Car elle tricote tous mes bas de laine, monsieur!

Il passe devant sa femme.

MALINGEAR, de même.

Mais ma femme aussi, monsieur!

MADAME RATINOIS.

Comment! vous, madame?

RATINOIS.

Mais oui!... A bas les masques!... Ratinois, ancien confiseur... pas raffineur!

M. et MADAME MALINGEAR.

Comment?...

MADAME RATINOIS.

Mais, mon ami...

RATINOIS.

Laisse-moi tranquille! *Au Pilon d'argent* (elle tenait le comptoir), Donne cent mille francs de dot à son fils!

MALINGEAR.

A mon tour! Malingear, docteur sans clientèle!

MADAME RATINOIS.

Comment?

RATINOIS.

Mais la duchesse?...

MALINGEAR.

Je n'ai soigné qu'un cocher cette année, et gratis.. Donne cent mille francs de dot à sa fille!

ROBERT.

A mon tour!... Robert, marchand de bois, venu à Paris avec douze sous dans sa poche, donne cent mille francs de dot à son neveu!

FRÉDÉRIC.

Ah! mon oncle!

EMMELINE.

Mon bon oncle!

RATINOIS.

Il a de ça!

LE MAÎTRE D'HÔTEL, entrant.

Le dîner est servi!

ROBERT.

Allons, à table!

RATINOIS.

Un instant!

TOUS.

Quoi donc?...

ACTE DEUXIÈME.

RATINOIS.

C'est que j'ai commandé un dîner insensé... j'en suis honteux!... Six plats de truffes!...

TOUS, avec reproches.

Oh! Ratinois!...

MALINGEAR.

Un père de famille!...

RATINOIS.

On pourrait peut-être les faire reprendre à M. Chevet?

TOUS.

Oh! non!

ROBERT.

Je m'y oppose!

RATINOIS.

Allons, mangeons-les!... ce sera notre châtiment! A table! La main aux dames!...

On offre le bras aux dames, et l'on passe dans la salle à manger

FIN DE LA POUDRE AUX YEUX.

LES VIVACITÉS
DU CAPITAINE TIC

COMÉDIE

EN TROIS ACTES

Représentée pour la première fois, à Paris, sur le théâtre du Vaudeville
le 16 mars 1861.

COLLLABORATEUR : ÉDOUARD MARTIN

PERSONNAGES

                                ACTEURS
                        qui ont créé les rôle

HORACE TIC, capitaine de cavalerie.   MM. Félix.
DÉSAMBOIS.   Parade.
CÉLESTIN MAGIS.   Munié.
BERNARD, domestique du capitaine.   P. Boisselot
UN INVITÉ.   Joliet.
BAPTISTE, domestique de madame Guy-Robert.   Roger.
MADAME DE GUY-ROBERT.   Mme Alexis.
LUCILE, sa nièce.   Mlle Athalie Manvoy

La scène à Paris, de nos jours.

LES VIVACITÉS
DU CAPITAINE TIC

ACTE PREMIER.

Un salon chez madame de Guy-Robert: porte au fond; portes à droite et à gauche; une cheminée, chaises, un tabouret

SCÈNE PREMIÈRE.

HORACE, BERNARD, tous deux en costume de hussard.

HORACE, à Bernard, qui achève de ranger un service de porcelaine sur le guéridon.

Il n'y a rien de cassé ?

BERNARD.

Rien, mon capitaine, tout est complet.

HORACE.

Eh bien, c'est de la chance ! un service de porcelaine que je cahote depuis Pékin...

BERNARD.

Et par des chinois de chemins.

HORACE.

Bernard!

BERNARD.

Capitaine?

HORACE.

Qu'est-ce que tu penses de la Chine, toi?

BERNARD.

Je pense que c'est un pays... éloigné.

HORACE.

Ah! Et tu n'as pas d'autre opinion?

BERNARD.

Ma foi, non!

HORACE.

Après ça, le gouvernement ne t'en demande pas davantage. (Regardant la pendule.) Neuf heures!... Je crois que ma tante ne tardera pas à se lever.

BERNARD.

Ah! va-t-elle être surprise, cette brave dame!...

HORACE.

Et heureuse!... Je lui ai bien écrit que je donnais ma démission, et que je revenais; mais nous ne comptions pas arriver si tôt... Hier soir, elle dormait...

BERNARD.

Et mon capitaine a défendu de la réveiller.

HORACE.

Je crois bien! le plaisir de me revoir... elle n'aurait plus fermé l'œil de la nuit; bonne et excellente femme, c'est une mère pour moi. (Regardant autour de lui.) Dis donc, je crois que nous serons bien ici... qu'en dis-tu?

BERNARD, s'asseyant, en face de son maître, sur la petite caisse dans laquelle était la porcelaine.

Moi, capitaine ?

HORACE.

Parbleu ! Est-ce que tu te figures que tu vas me quitter? Est-ce que tu voudrais retourner au pays, par hasard ?

BERNARD.

Oh! le pays pour moi... c'est mon capitaine!

HORACE.

A la bonne heure!... Je n'oublierai jamais, Bernard, que nous avons passé ensemble une dizaine d'années passablement vagabondes et accidentées.

BERNARD.

On peut dire que nous en avons mangé de toutes les couleurs.

HORACE.

Et si je suis ici, solide et bien portant, c'est grâce à toi!

BERNARD.

Allons donc!...

HORACE.

Te souviens-tu du joli coup de sabre que j'ai reçu à Montebello, en Italie?

BERNARD.

Oh! une écorchure!

HORACE.

Oui, une écorchure qui me prenait depuis le haut de la tête jusqu'au bas du nez... Ah! je croyais que tout était fini... j'étais à terre... les yeux tournés vers le ciel... comme tout honnête homme qui va partir.

BERNARD.

Je connais ça... on cherche la porte de sortie...

HORACE.

Lorsqu'un de mes braves hussards s'est élancé au milieu de la mêlée, m'a placé sur son cheval et m'a ramené à l'ambulance au milieu d'une mitraillade. C'était toi, Bernard !

BERNARD, brusquement.

Je ne me souviens pas de tout ça, moi ! D'ailleurs, c'est recollé !

HORACE.

Ce jour-là le capitaine Tic a dit à Bernard : « Mon vieux, quand on a vu ensemble la mort de si près, il ne faut plus se quitter. »

BERNARD.

Et vous avez eu la bonté de m'attacher à votre personne pour la vie...

HORACE.

Puisque tu n'as pas voulu que je te fasse des rentes, imbécile !... (Horace se lève, et Bernard va déposer la petite caisse sur une chaise à droite.) Mais il ne s'agit pas de cela... nous voici rentrés dans le civil, réintégrés dans le giron de la famille... avance un peu à l'ordre !

BERNARD, militairement.

Présent, capitaine !

HORACE.

Politesse et bonne humeur avec tout le monde, et respect aux femmes de chambre...

BERNARD, désappointé

Ah ! saperlotte !

HORACE.

Aux femmes de chambre de la maison, bien entendu!

BERNARD.

Et les autres?

HORACE.

C'est une affaire entre toi et ta conscience!

BERNARD.

Suffit... nous tâcherons de nous arranger ensemble... Ensuite?

HORACE.

Ensuite, comme il faut donner la meilleure idée de l'éducation de l'armée française... tu me feras le plaisir de trouver tout charmant, parfait, ravissant!

BERNARD.

Convenu!

HORACE.

Et dans tes moments perdus... quand tu t'ennuieras, et si ça te fait plaisir, tu donneras un coup de main aux gens de la maison... mais tu n'es pas forcé!

BERNARD.

Soyez tranquille... on ne boudera pas!

MADAME DE GUY, en dehors.

Horace! Horace! où est-il?... Il est arrivé, il est ici?

HORACE.

Ma tante!... (A Bernard.) File!...

Bernard entra à droite en emportant la caisse.

SCÈNE II.

MADAME DE GUY, HORACE.

MADAME DE GUY.

Horace!... mon enfant!... que je suis heureuse!

HORACE.

Ma bonne tante!...

Ils s'embrassent.

MADAME DE GUY.

Encore!

HORACE.

Jusqu'à ce soir, si vous voulez!...

Ils s'embrassent de nouveau.

MADAME DE GUY.

Comment! c'est toi, mon bon Horace?... J'ai cru que je ne te reverrais plus!... Dire que ça revient de Chine?

HORACE.

Directement!

MADAME DE GUY.

Tu es toujours le même. (Lui prenant le menton.) Quand je pense que c'est à moi, ce neveu-là!... Mais approchez donc vos joues, monsieur le capitaine...

Elle s'assied à gauche.

HORACE, s'approchant, et s'asseyant sur le tabouret.

Comme autrefois...

MADAME DE GUY, lui tapotant les joues.

Mon bon Tic!... mon grand câlin!...

HORACE, se laissant caresser.

Allez toujours! C'est si bon d'avoir une famille... et de revenir s'y faire caresser les joues.

MADAME DE GUY.

Ah! mon pauvre enfant, comme tu as maigri!

HORACE,

Moi? Ah! par exemple! si vous me trouvez maigre.. c'est de la gourmandise!

MADAME DE GUY.

Sais-tu que voilà bientôt dix ans que je ne t'ai pas vu!... Ah! tu en as long à me raconter!

HORACE.

Pour toutes vos soirées d'hiver!

MADAME DE GUY.

D'abord, pourquoi as-tu donné ta démission ?

HORACE.

Oh! un coup de tête, un mouvement de vivacité!

MADAME DE GUY, se levant.

Un duel?

HORACE, se levant.

Oh! non... Pendant l'expédition de Chine, Baculard et moi... Baculard, c'est un Africain, un vieux camarade de Constantine... nous nous rencontrons sur le même mandarin : moi, je coupe au bonhomme l'oreille droite, et Baculard coupe l'oreille gauche... chacun son oreille!

MADAME DE GUY.

Quelle horreur!

HORACE.

Oh! en Chine, c'est de la clémence!... Voilà qu'on me porte à l'ordre du jour... pour mon oreille droite... mais, pas un mot de Baculard! Alors, je vais trouver le colonel, et je lui dis : « Colonel, je vous remercie, mais Baculard, un vieux camarade de Constantine, a cueilli la gauche. — Eh bien, après? — Dame! colonel, il serait peut-être opportun de le mettre aussi à l'ordre du jour... »

MADAME DE GUY.

Eh bien?

HORACE.

Eh bien, le colonel m'envoie promener... j'insiste, il se fâche... je m'échauffe, et il me campe aux arrêts pour huit jours!... Ça me vexe, je prends la mouche, et, aussitôt la campagne terminée, j'envoie ma démission... datée de Pékin ; c'est une bêtise!

MADAME DE GUY.

Ah! je reconnais bien là ta mauvaise tête!

HORACE.

J'aime Baculard, moi!

MADAME DE GUY.

Je ne t'en veux pas! puisque ton coup de tête te permet de rester avec nous... mais tu as un vilain défaut, tu es emporté, colère...

HORACE.

Oh! un peu vif! mais je me corrigerai... Contre qui pourrais-je me fâcher ici? Je vivrai près de vous bien doucement, bien tranquillement, comme un petit rentier. J'ai douze mille francs de rente...

MADAME DE GUY.

Ah! oui, on va loin avec ça! tu les mangeras en six mois!

HORACE.

Oh! vous ne me connaissez pas! D'abord, j'ai trouvé un excellent moyen...

MADAME DE GUY.

Lequel?

HORACE.

Tous les mois, je vous remettrai mon argent, et chaque matin vous me donnerez ce qu'il me faudra pour la journée...

MADAME DE GUY.

Ah! voilà une idée!

HORACE.

Vous serez mon capitaine payeur... Dites donc, ma tante, qu'est-ce que cela peut bien faire par jour, douze mille livres de rente?

MADAME DE GUY.

Ce que cela peut faire?... Ça fait trente-trois francs trente-trois centimes.

HORACE.

Par jour! tant que cela? Mais alors, je suis riche! Ma tante, je vous promets un cachemire pour le jour de l'an.

MADAME DE GUY.

Il y en a à trente-neuf francs. Tu sais?

HORACE.

Du tout! un cachemire de l'Inde!

MADAME DE GUY.

Voyons, parlons sérieusement, Horace. Maintenant que tu as quitté le service, est-ce que tu ne vas pas songer à te marier?...

HORACE.

Moi? Ah! quelle drôle d'idée!...

MADAME DE GUY.

Réponds-moi franchement.

HORACE.

Eh bien, franchement, ça me serait très-désagréable!

MADAME DE GUY.

Pourquoi?...

HORACE.

Que voulez-vous!... je suis un peu maniaque... comme tous les troupiers,.. je ne m'accommoderais pas de la vie de ménage... Ainsi, mon bonheur, à moi, est de coucher sur une planche... Eh bien, les femmes... ça aime les lits de plume... dit-on!

MADAME DE GUY.

Dit-on, est joli!

HORACE.

Et puis j'ai arrangé ma vie autrement... Avec mes trente-trois francs trente-trois centimes, j'aurai deux chevaux de selle... Si j'avais une femme, il faudrait supprimer les chevaux...

MADAME DE GUY.

Et tu aimes mieux supprimer la femme?... Enfin, n'en parlons plus!... C'est dommage!

HORACE.

Quoi donc?

MADAME DE GUY.

Oh! rien!... une idée!... un rêve!...

SCÈNE III.

Les Mêmes, LUCILE.

LUCILE, sortant de la gauche.

Bonjour, ma tante! (S'arrêtant.) Ah! quelqu'un!... (Saluant Horace.) Monsieur...

HORACE.

Mademoiselle...

MADAME DE GUY.

Monsieur... mademoiselle... Comment! vous ne vous reconnaissez pas? Horace!... Lucile!...

HORACE.

La petite Lucile!...

LUCILE.

Le cousin Tic!...

HORACE; il embrasse Lucile.

Ma tante... peut-on?...

MADAME DE GUY.

Mais certainement!

HORACE, embrassant Lucile de nouveau.

Comme vous avez grandi!

LUCILE.

Et comme vous avez engraissé.

HORACE.

La!... (A sa tante.) C'est elle qui est dans le vrai! (Examinant Lucile.) Comment! voilà cette petite fille...?

MADAME DE GUY.

A qui tu as appris à épeler...

HORACE.

C'est vrai! b a ba, b e be. (A Lucile.) Et avons-nous fait des progrès? Savons-nous lire, maintenant?

LUCILE.

Couramment!

HORACE.

Eh bien, pour vous récompenser, mademoiselle, votre professeur vous a rapporté un...

Il prend un éventail sur le guéridon.

LUCILE.

Un éventail chinois! Oh! quel admirable travail! C'est de l'ivoire brodé!

HORACE, montrant le plateau que Bernard a disposé sur le guéridon

Et notre bonne tante nous offrira le thé ce soir dans ce service de porcelaine.

LUCILE et MADAME DE GUY, allant au fond.

Dieu! qu'il est joli!

MADAME DE GUY, à Horace.

Tu as pensé à moi... de si loin?

Lucile redescend à gauche.

HORACE.

Ah! ma tante!... on ne sait pas tout ce que le soldat emporte de souvenirs dans son portemanteau! vous rappelez-vous cette bonne petite photographie de Nadar, pour laquelle vous ne vouliez pas poser?...

MADAME DE GUY.

J'ai fini par céder!

HORACE.

Ne le regrettez pas!... Si vous saviez combien de fois je l'ai regardée... et, en la regardant, je sentais comme un courant d'air frais qui m'arrivait de la France, de la famille!...

LUCILE, à part, s'essuyant les yeux.

Pauvre garçon!

MADAME DE GUY.

Mais finis donc... Tu me fais pleurer!

HORACE, gaiement à sa tante.

Dites donc! nous sommes entrés ensemble dans Pékin!... mèche allumée!... Vous étiez superbe, ma tante!...

MADAME DE GUY.

Comment! je suis entrée dans Pékin!...

HORACE.

En photographie!... Je vous avais roulée dans mes trois chemises, pour vous protéger!...

MADAME DE GUY.

Comment! tu n'avais que trois chemises?...

HORACE.

Et je ne suis revenu qu'avec deux!... Il y a là-bas une blanchisseuse... qui manque de délicatesse... Mais la paix est signée!...

LUCILE.

Mon cousin, racontez-nous donc ce que vous êtes devenu depuis dix ans.

MADAME DE GUY.

Oui, conte-nous tout cela!...

HORACE.

Tout?... Oh! non! je vous en raconterai des petits morceaux... (A part.) A l'usage de la famille!

Madame de Guy-Robert va prendre une chaise, la place au milieu du théâtre et y fait asseoir Horace; puis madame de Guy avance une autre chaise et s'assied près d'Horace. — Lucile s'est assise à gauche près d'Horace, sur le petit tabouret.

MADAME DE GUY.

Assieds-toi là, près de moi !

HORACE.

Je commence : Pour faire une bonne brique, on la met dans le four ; pour faire un bon soldat, on l'envoie en Afrique : j'ai donc débuté par l'Afrique ! Franchement, je n'y ai rien fait de remarquable, je me suis laissé cuire.

LUCILE.

Eh bien, et les Arabes ?

HORACE.

Oh ! il n'y a plus rien à faire avec eux... c'est un peuple fatigué... (Avec dédain.) Ça laboure et ça promène des moutons... Une fois, cependant, je me suis trouvé enfermé dans un petit fortin, avec quinze hommes, sur les limites du Sahara... C'est là qu'il fait chaud, ma tante !... Au fait, vous y étiez !...

MADAME DE GUY.

Moi ?

HORACE.

Grâce à Nadar !... Nous étions cernés par des tribus ennemies qui rôdaient autour de nous, comme des troupeaux de loups affamés...

LUCILE.

Ah ! mon Dieu !

HORACE.

Mais nous les tenions à distance avec une petite pièce de quatre qui semblait les contrarier vivement... Au bout de vingt et un jours, je m'aperçus que nos provisions étaient épuisées : ni pain, ni eau !

MADAME DE GUY.

Ni pain, ni eau !

HORACE.

Ah! c'est là que je pensais au bon petit chablis de ma tante, et à la cloyère d'huîtres qu'elle nous offrait au jour de l'an !

MADAME DE GUY.

Pauvre garçon ! tu en auras pour ton déjeuner !

LUCILE.

Avec du citron.

HORACE.

Ce n'est pas pour cela que je l'ai dit !... mais j'accepte ! Nous étions sans pain, ni eau... ni tabac !... Cruelle complication ! Heureusement que j'avais dans ma petite troupe un Parisien... et un Parisien dans un régiment, voyez-vous, c'est comme un couplet de vaudeville dans une tragédie... Aussi, quand arrivait l'heure des repas, nous nous serrions le ventre et nous chantions en chœur...

LUCILE.

Quoi ?

HORACE, chantant.

Ah ! il a des bottes ! il a des bottes ! Bastien !

MADAME DE GUY et LUCILE, riant.

Ah ! ah ! ah !

HORACE.

Je vous assure que ça étonnait bien les Arabes ! Cette invocation fut entendue, car le lendemain une colonne de ravitaillement vint nous dégager ; il était temps !... Nous avions soif depuis vingt-quatre heures.

MADAME DE GUY, vivement.

Veux-tu boire quelque chose ?

Tous trois se lèvent.

HORACE.

Oh! merci! Depuis, j'ai été me rafraîchir... en Crimée! Ah! dame! là! c'est une autre température... Impossible de conserver l'eau... ça devient tout de suite de la glace... Aussi, je m'étais mis au rhum!

LUCILE.

Ah! s'il est possible!

HORACE.

Mélangé avec de la neige et un coup de poudre... bien remué!... ça se laisse avaler... ça ne vaut pas les granits savoureux de l'Italie!... Ah! voilà un pays, l'Italie... Beau ciel! bon vin! jolies femmes!

MADAME DE GUY, toussant pour l'avertir.

Hum! hum!

HORACE.

Ah! oui! (A part.) Coupure!

LUCILE.

Et les monuments, mon cousin?

HORACE.

Magnifiques! Il y a, à Milan, le café Français... qui est une chose à voir... et que j'ai vue... plusieurs fois!

MADAME DE GUY.

Mais tu ne nous parles pas de tes faits d'armes!...

LUCILE.

Oh! oui!... mon cousin!

MADAME DE GUY.

Voyons, combien as-tu pris de drapeaux?

HORACE.

Diable! comme vous y allez!... En Chine, j'en ai ramassé cinq... mais, là, on les cueille, on donne les quatre au cent... Avec messieurs les Autrichiens, c'est une autre affaire : un jour, lancé à fond de train, j'en ai touché un du doigt... je croyais le tenir!... lorsque j'ai reçu le plus joli coup de sabre!...

MADAME DE GUY.

Tu as été blessé?

LUCILE.

Ah! mon Dieu!

HORACE.

Je ne le regrette pas! Celui qui m'a appliqué ça... était un artiste!... Ah! sans mon pauvre Bernard, j'étais dans le *Moniteur*... côté des absents!

MADAME DE GUY.

Bernard?

HORACE.

Mon soldat... que j'ai ramené... Il m'a tiré de là au milieu d'une mitraillade!... Tante, je vous le recommande, c'est un ami!

MADAME DE GUY.

Je crois bien! ce brave garçon!... Qu'est-ce qu'il prend le matin?... du chocolat?

HORACE.

Non... il préfère une nourriture... plus accentuée!

LUCILE, vivement.

Et votre blessure, mon cousin?

HORACE.

Oh! c'est fini! j'ai été si bien soigné... par une femme.. une femme délicieuse!... Figurez-vous...

MADAME DE GUY, toussant pour l'avertir.

Hum! hum!

HORACE.

Ah! oui! (A part.) Coupure!

LUCILE.

Horace, je vous remercie de votre récit... et, en vous écoutant, je me suis sentie fière de vous!...

HORACE.

Il n'y a pas de quoi, cousine!

LUCILE.

Oh! si!... j'admire et je comprends cette existence du soldat... ce mélange de souffrance, de gaieté, de courage, de modestie...

MADAME DE GUY, voulant arrêter sa nièce

Lucile!

HORACE, à sa tante.

Parbleu! n'avez-vous pas peur qu'elle ne s'engage?...

LUCILE, tendant la main à Horace.

Je vous le répète, Horace, je suis fière de vous!

HORACE.

Alors, embrassons-nous... au nom de l'armée!

Il l'embrasse.

MADAME DE GUY.

Sont-ils enfants!

Lucile remonte causer avec sa tante.

HORACE, à part, et passant à droite.

Sacrebleu! elle est gentille, la petite cousine! elle aime les militaires... et, si jamais je songe à me marier... il faudra que j'en parle à la tante... Je supprimerais les deux chevaux, voilà tout!

LUCILE, achevant une conversation commencée avec madame de Guy

Non, ma tante, c'est inutile!

ACTE PREMIER.

MADAME DE GUY.

Si! cela se doit!

HORACE.

Qu'y a-t-il donc?

MADAME DE GUY.

Mon ami, comme membre de la famille, j'ai à te faire part d'une nouvelle... importante!

HORACE.

A moi?... Laquelle?

MADAME DE GUY.

Il est question d'un mariage pour Lucile...

HORACE.

Un mariage?... Ah! ma cousine... mademoiselle... recevez mes félicitations...

LUCILE, embarrassée.

C'est M. Désambois...

MADAME DE GUY.

Son tuteur, qui a conçu ce projet...

HORACE.

M. Désambois, je ne connais pas!

MADAME DE GUY.

Un de nos amis... un pharmacien retiré, bien qu'il n'ait que quarante ans... Maintenant il s'occupe de sciences... C'est un esprit très-distingué, très-sérieux... Il a été choisi comme tuteur de Lucile par le conseil de famille, parceque c'est un homme... très-sérieux...

HORACE.

Et le prétendu ?

MADAME DE GUY.

Nous ne le connaissons pas! M. Désambois doit nous le présenter aujourd'hui!

HORACE.

Je vous laisse.

MADAME DE GUY.

Du tout! tu es de la famille!

LUCILE.

Et je désire avoir votre avis.

HORACE, passant à gauche.

Moi, je ne m'y connais pas! (A part.) Trop tard! Voilà ce que c'est que d'aller en Chine!... J'aurai deux chevaux... voilà tout!... C'est dommage!

SCÈNE IV.

Les Mêmes, BAPTISTE, puis DÉSAMBOIS.

BAPTISTE, annonçant.

M. Désambois!

Il se retire.

MADAME DE GUY.

C'est lui!

DÉSAMBOIS paraît. Habit noir, cravate blanche, gants noirs.

Chère madame, veuillez m'excuser si je me suis fait attendre... mais une expérience scientifique de la plus haute importance...

MADAME DE GUY.

Permettez-moi d'abord de vous présenter mon neveu

Horace... (A Horace.) Mon ami, je te présente M. Désambois...

HORACE, saluant.

Monsieur...

DÉSAMBOIS, saluant.

Monsieur... (Aux dames.) Je précède de quelques instants M. Célestin Magis, l'heureux compétiteur à la main de mademoiselle... Croyez bien que je ne lui aurais pas accordé mon patronage, si je n'avais distingué en lui les qualités les plus solides... M. Magis est un jeune homme sérieux... tout à fait sérieux!

HORACE, à part.

Encore? Ah çà! ils sont donc tous sérieux?

MADAME DE GUY.

Vous savez, monsieur Désambois, que j'ai toute confiance en vous!

HORACE.

Peut-on, sans indiscrétion, demander quelle est la profession de mon futur cousin?

DÉSAMBOIS.

Mon Dieu, il n'en a pas positivement... c'est un homme...

HORACE.

Sérieux?...

DÉSAMBOIS.

Oui... qui s'occupe de sciences... d'études transcendantes!

HORACE.

Ah!

DÉSAMBOIS.

A vingt-neuf ans, M. Magis vient d'être promu à la dignité de secrétaire de la Société de statistique... de Vierzon...

HORACE.

Fichtre! c'est un beau grade!

DÉSAMBOIS.

Et j'ai moi-même l'espoir d'être avant peu nommé membre correspondant de ladite...

MADAME DE GUY.

Je ne demande au mari de Lucile que de la rendre heureuse... Sans doute, il m'est cruel de me séparer d'elle; mais, puisque Horace ne retourne pas à l'armée, je ne serai pas tout à fait seule.

DÉSAMBOIS, avec dédain.

Ah! je vois que monsieur est militaire.

HORACE.

Je l'étais... car j'ai donné ma démission...

DÉSAMBOIS, aimable.

Ah! monsieur, permettez-moi de vous en féliciter.

HORACE.

Et pourquoi donc, monsieur?

DÉSAMBOIS.

Parce que, entre nous, l'état militaire...

HORACE.

Eh bien?...

DÉSAMBOIS.

Certainement, je respecte l'armée... je l'accepte même...

HORACE.

Vous êtes bien bon!

DÉSAMBOIS.

Je l'accepte comme une tradition des époques primitives et transformatrices... Mais, au point de vue spéculatif, quelques bons esprits... je suis du nombre... se sont demandé pourquoi ces grandes agglomérations de célibataires, ingénieusement classés, j'en conviens, sous les noms de régiments, de bataillons, de compagnies...

HORACE, à part.

Oh! il m'agace!

DÉSAMBOIS.

Mais, je le répète, le penseur, le philosophe sérieux se demandent avec angoisse à quoi servent ces phalanges improductives.

HORACE, à bout de patience.

A quoi?

DÉSAMBOIS.

Oui

HORACE, éclatant.

A défendre la soupe des gens sérieux!

DÉSAMBOIS.

La soupe!

Il passe. Madame de Guy va à Horace.

MADAME DE GUY, cherchant à calmer son neveu.

Voyons, Horace!

HORACE, bas, à sa tante.

Oh! il me porte sur les nerfs, votre pharmacien! (A Désambois, et allant à lui.) Vous qui êtes un savant, connaissez-vous l'histoire du hérisson philosophe?

DÉSAMBOIS.

Non!

HORACE.

Il y avait une fois un hérisson philosophe, armé de

pointes et de piquants comme tous ceux de son espèce...
Un jour, ce grand penseur se dit : « A quoi bon cette
agglomération de petites baïonnettes improductives qui
se dressent sur mon dos à la moindre alerte? Cet appareil de guerre est vraiment désobligeant pour mes voisins... Supprimons-le! » Il le supprima, l'imbécile!

DÉSAMBOIS.

Qu'arriva-t-il?

HORACE.

Il arriva une fouine, qui, le trouvant gras et sans défense, le croqua comme un œuf! Mettez ça en vers si ça vous fait plaisir.

DÉSAMBOIS.

Je comprends. C'est un apologue.

LUCILE, riant.

Cela vous apprendra à vous attaquer à mon cousin... un homme qui revient de Chine... après avoir passé par Sébastopol!...

DÉSAMBOIS.

Vous étiez au siége de Sébastopol?

HORACE.

Oui, monsieur...

DÉSAMBOIS.

Oserais-je vous demander un renseignement précieux... au point de vue de la statistique?...

HORACE.

Parlez.

DÉSAMBOIS, tirant son carnet et s'apprêtant à écrire.

Pourriez-vous me dire combien il a été lancé de projectiles, tant du côté des Russes que du côté des alliés?

ACTE PREMIER.

HORACE.

Ah! pour ça, nous ne les avons pas comptés.

DÉSAMBOIS.

Alors, que faisiez-vous donc?

HORACE.

Nous les recevions... C'est déjà bien gentil!

BAPTISTE, entrant et remettant une carte à madame de Guy.

Madame, la personne est là.

MADAME DE GUY, lisant le nom sur la carte.

Célestin Magis! (A Baptiste.) Faites entrer!

DÉSAMBOIS.

Vous allez le voir! Il est charmant!

SCÈNE V.

Les Mêmes, MAGIS.

Il paraît au fond. Cravate blanche, habit noir, gants noirs

DÉSAMBOIS, courant à lui.

Arrivez donc, cher ami!

MAGIS, froidement.

Veuillez me présenter, je vous prie.

DÉSAMBOIS.

Ah! oui!... (A part.) Il a une présence d'esprit!... Il est étonnant! (Le présentant à madame de Guy.) M. Célestin Magis...

MAGIS, saluant.

Madame...

DÉSAMBOIS, le présentant à Lucile.

M. Célestin Magis...

MAGIS, saluant

Mademoiselle...

DÉSAMBOIS, le présentant à Horace.

M. Célestin Magis...

MAGIS, saluant.

Monsieur...

HORACE, à part.

Bonne tenue, moitié pompes funèbres, moitié garçon de café!

MADAME DE GUY, à Magis.

M. Désambois nous a fait le plus grand éloge de votre personne, et nous sommes charmés, monsieur...

MAGIS.

J'ose espérer, madame, mademoiselle et monsieur... que vous conserverez de moi cette bonne opinion quand vous me connaîtrez davantage. Je ne suis pas un de ces jeunes gens dont la vie se consume dans les futilités mondaines. J'ai toujours eu un goût prononcé pour l'étude, et les échos du collége Charlemagne retentissent encore du bruit de mes modestes succès.

HORACE, à part.

Premier prix de thème!

MAGIS.

Plus tard, abandonné à moi-même, sans guide, au milieu de Paris, cette moderne Babylone...

DÉSAMBOIS.

Oh! c'est bien vrai!

HORACE, à part.

Prud'homme père et fils!

MAGIS.

J'ai su éviter les entraînements du plaisir, dont la pente, toujours facile, conduit tant de brillantes organisations à l'anéantissement de leurs facultés intellectuelles et morales...

HORACE, à part.

Ce n'est pas un homme... c'est une tirade!

Il va au guéridon et se met à feuilleter l'Illustration.

MAGIS.

Ma vie est simple, normale, rationnelle...

MADAME DE GUY.

Certainement, monsieur...

DÉSAMBOIS, bas.

Laissez-le parler! Il est étonnant!...

MAGIS.

Je me lève à sept heures... je déjeune avec une tasse de lait... sans sucre... c'est mon meilleur repas!

HORACE, feuilletant l'Illustration, avec impatience.

Cristi!...

MAGIS.

Je sors... je marche une heure... puis je rentre, je me recueille... Après, je m'enfonce dans mes livres... des livres sérieux!...

DÉSAMBOIS.

Parbleu!

MAGIS.

Je dine à six heures... légèrement! Après mon dîner, je me joins à quelques amis, des esprits solides, avec lesquels je me trouve en communion d'idées; nous échangeons, dans une conversation substantielle et robuste, les fruits de notre travail du jour. M. Désambois veut bien quelquefois nous honorer de sa visite.

DÉSAMBOIS.

Oh! cher ami!

MAGIS.

Je rentre à neuf heures... je prends quelques notes et je me couche.

DÉSAMBOIS.

C'est admirable!

LUCILE, à part.

Quelle différence avec mon cousin!...

MAGIS.

Me voilà tel que je suis, je ne vous ai rien caché...

MADAME DE GUY.

Certainement, monsieur...

DÉSAMBOIS, bas.

Laissez-le parler!

MAGIS.

Possesseur d'une fortune assez belle, j'aurais pu, comme tant d'autres, mener une vie de désordre et de dissipation... Mais j'ai préféré nourrir mon esprit de la moelle des fortes études...

Madame de Guy remonte.

MADAME DE GUY, bas, à Horace.

Il s'exprime fort bien...

HORACE, bas.

Je ne sais pas... je regarde les images...

Madame de Guy redescend près de Lucile.

DÉSAMBOIS.

Si j'avais un fils, je voudrais, qu'il vous ressemblât... Monsieur Magis, il faudra envoyer à ces dames votre dernier ouvrage. (A Lucile.) Il a publié un ouvrage... imprimé...

MADAME DE GUY.

Comment?

MAGIS.

Je n'aurais pas osé prendre cette liberté ; mais, puisque vous le permettez, je serai heureux de vous apporter moi-même mon opuscule sur la *Monographie de la statistique comparée*.

DÉSAMBOIS.

Avec un petit mot sur la première page...

MADAME DE GUY.

Ah! monsieur, vous ne pouvez douter de l'intérêt...

DÉSAMBOIS, bas.

Laissez-le parler!

MAGIS.

La statistique, madame, est une science moderne et positive. Elle met en lumière les faits les plus obscurs. Ainsi, dernièrement, grâce à des recherches laborieuses, nous sommes arrivés à connaitre le nombre exact des veuves qui ont passé sur le pont Neuf pendant le cours de l'année 1860.

HORACE, se levant.

Ah bah!

DÉSAMBOIS.

C'est prodigieux! Et combien?...

MAGIS.

Treize mille quatre cent quatre-vingt-dix-huit... et une douteuse.

DÉSAMBOIS, tirant vivement son carnet.

Permettez... (Écrivant.) Treize mille quatre cent quatre-vingt-dix-huit... Il est étonnant!

HORACE, à Désambois.

N'oubliez pas la douteuse!

DÉSAMBOIS.

Oh! merci! j'allais l'oublier.

MAGIS.

Plus fort que cela. Tout récemment, nos études se sont dirigées sur le charançon...

MADAME DE GUY.

Qu'est-ce que c'est que ça?...

MAGIS.

Un petit insecte qui se loge dans les graines des céréales pour en dévorer le contenu... C'est la plaie de nos greniers...

TOUS, avec compassion.

Ah!

MAGIS.

Eh bien, madame, nous avons été assez heureux pour constater que douze charançons, établis dans un hectolitre de blé, produisent en sept minutes soixante-quinze mille individus.

HORACE.

Diavolo!

MAGIS.

Dont chacun peut dévorer trois grains de blé par an, c'est-à-dire deux cent vingt-cinq mille grains...

DÉSAMBOIS, transporté.

C'est étourdissant! (Tirant son carnet.) Permettez... nous disons : deux cent vingt-cinq mille grains...

HORACE, à Magis.

Et avez-vous trouvé le moyen de les détruire, vos charançons?...

MAGIS.

Oh! non... cela ne nous regarde pas...

HORACE.

Eh bien, alors...

DÉSAMBOIS, à part.

Ces militaires, ça ne pense qu'à détruire!

MADAME DE GUY, à Lucile, bas.

Il est vraiment fort instruit!

LUCILE, de même.

Oui, il sait des choses que personne ne sait...

MADAME DE GUY, à Magis.

Monsieur, je donne demain une soirée dansante à quelques amis... puis-je espérer que vous voudrez bien me faire l'honneur d'y assister?...

MAGIS.

Madame, je danse peu, je ne joue jamais, je ne bois que de l'eau... sans sucre...

HORACE, à part.

C'est l'ennui en bouteille, ce monsieur-là!

MAGIS.

Mais le plaisir de passer quelques instants dans la compagnie de votre honorable famille me fait un devoir d'accepter...

HORACE, à part.

Ma parole, j'aime mieux les gandins! Au moins, ils sont gais!

MAGIS.

Maintenant, madame... et mademoiselle, et vous, monsieur... je vous demanderai la permission de me retirer..

HORACE, vivement.

Comment donc!...

MAGIS.

Je suis attendu au cercle Philotechnique...

DÉSAMBOIS.

Je vous suis, cher ami. (A Horace.) Voilà l'homme utile! le voilà!

HORACE.

Oh! oui... utile... et agréable!...

Magis et Désambois sortent, accompagnés de madame de Guy.

SCÈNE VI.

HORACE, LUCILE.

LUCILE.

Eh bien, mon cousin?

HORACE.

Eh bien, ma cousine?

LUCILE.

Comment le trouvez-vous?

HORACE.

Franchement?

LUCILE.

Franchement!

HORACE.

Je trouve qu'il a l'air d'avoir avalé sa canne!

LUCILE, riant.

Comment?...

HORACE.

Oui, il est raide comme un bâton, il parle comme un proviseur, il est ennuyeux comme un parapluie.

LUCILE, riant.

Vous êtes sévère...

HORACE.

Ce n'est pas là le mari qui vous convient! Il vous faut un garçon franc, jovial, éveillé, bon vivant, comme Baculard...

LUCILE, étourdiment.

Ou comme vous!...

HORACE.

Ou comme moi... (A part.) Tiens, elle a dit comme moi! (Haut.) Ah çà! ma cousine, vous n'auriez donc pas de répugnance à épouser un militaire?

LUCILE.

Un militaire... retiré, non, mon cousin...

HORACE, à part.

Elle a dit : retiré! (Haut.) Voyons, causons!

> Il la prend sous le bras. — A l'arrivée de madame de Guy, il la quitte

SCÈNE VII.

Les Mêmes, MADAME DE GUY, puis BERNARD.

MADAME DE GUY, entrant.

Il est charmant, ce jeune homme!... Je viens de l'autoriser à commencer ses visites de prétendu.

LUCILE.

Comment! déjà?

HORACE.

En vérité, ma tante, je ne comprends pas votre empressement!

LUCILE.

C'est de l'engouement!

MADAME DE GUY, à part.

Qu'est-ce qu'ils ont donc? (Haut.) J'avoue que ce jeune homme a fait ma conquête... D'abord, il est savant!

HORACE.

Oui, comme un âne!...

MADAME DE GUY, piquée, à Horace.

Cette plaisanterie est déplacée! Je trouve M. Magis très-bien, très-convenable, et surtout... très-poli! Je suis sûre que tout le monde sera de mon avis.

HORACE.

Oh! tout le monde!

MADAME DE GUY.

Je m'en rapporte à la première personne venue.

HORACE.

Moi aussi...

ACTE PREMIER.

BERNARD, entrant.

Capitaine!...

HORACE.

Tiens, c'est Bernard! voilà notre homme!

il va a lui

MADAME DE GUY, bas.

Y penses-tu? ton domestique...

HORACE.

Vous avez dit la première personne venue — Bernard!...

BERNARD, s'approchant.

Capitaine?...

HORACE.

Comment trouves-tu ce monsieur qui sort d'ici?...

BERNARD.

M. Désambois?... Oh! charmant!

MADAME DE GUY.

Non, l'autre... le plus jeune?...

BERNARD.

L'autre?... Oh! charmant! charmant!

MADAME DE GUY, triomphante.

La!... tu vois!...

HORACE, bas, à Bernard.

Animal! brute!...

Lucile va à sa tante

BERNARD, bas.

Mais vous m'avez dit ce matin de trouver tout charmant.

HORACE.

Triple bête! tu vas me le payer. Allons, viens m'habiller!

Il rentre à droite.

BERNARD, à part.

Le capitaine a ses nerfs.

Il entre à la suite d'Horace.

SCÈNE VIII.

MADAME DE GUY, LUCILE.

MADAME DE GUY.

Pourquoi se fâche-t-il? pourquoi cette animosité subite contre ton prétendu? Qu'est-ce que M. Magis peut lui avoir fait?

LUCILE.

Oh! rien!... Mais mon cousin est un homme posé, calme, froid, qui ne se monte pas la tête comme vous...

MADAME DE GUY.

Comment! je me monte la tête à présent?

LUCILE, s'animant.

Oui, vous vous engouez pour ce jeune homme... que vous ne connaissez pas! Vous l'autorisez à faire ses visites, vous l'installez dans la maison, on dirait vraiment que vous êtes pressée de vous débarrasser de moi!..

Elle entre vivement à gauche.

MADAME DE GUY.

Comment! elle aussi?... Il faut absolument que je sache...

Elle entre à gauche à la suite de Lucile.

SCÈNE IX.

HORACE, puis BERNARD.

A peine madame de Guy est-elle disparue, qu'on entend à droite une dispute.

HORACE, en dehors.

Animal! butor!

BERNARD, de même.

Mais, mon capitaine, vous m'aviez dit...

HORACE, de même.

Tiens!

BERNARD, de même

Oh!

HORACE, entrant, et descendant la scène.

Sapristi! je crois que je lui ai lancé... un coup de pied! ça m'a échappé!... Je ne sais plus ce qu'il m'a dit... je n'ai pas été maître de moi... et... Ah! je suis fâché de ça!... mon vieux Bernard... un ami... un soldat qui m'a sauvé!

BERNARD, paraissant à la porte de droite, très-pâle et très-ému.

Ah! capitaine...

HORACE.

Voyons, Bernard!... mon vieux Bernard!...

BERNARD.

Ah! capitaine!...

Il s'essuie les yeux

HORACE.

Il pleure !

BERNARD.

Oui... c'est de rage! c'est... Je ne suis pas habitué à recevoir de ça!...

HORACE.

Voyons, Bernard... mon vieux Bernard...

BERNARD.

Non !... il fallait me tuer plutôt !...

HORACE.

J'ai eu tort, la! je le regrette... es-tu content?

BERNARD, froidement.

Non, capitaine...

HORACE.

Alors, que veux-tu?... Tu n'espères pas pourtant que je te fasse des excuses?...

BERNARD, vivement.

Oh! non, capitaine...

HORACE.

Eh bien, alors... je ne vois pas...

BERNARD.

Mettez-vous à ma place... Si quelqu'un vous avait...

HORACE, tout à coup.

Ah! je comprends!... tu veux un coup de sabre?

BERNARD.

Dame! si c'était un effet de votre bonté...

HORACE.

Diable! tu n'es pas dégoûté!... C'est que... un capitaine et un soldat...

ACTE PREMIER.

BERNARD.

Puisque nous ne sommes plus au service.

HORACE.

C'est juste, nous ne sommes plus... mais tu es mon domestique!

BERNARD.

Mettez-moi à la porte et je ne le serai plus!

HORACE.

Oui... il y a encore ça!... Voyons!... ça te ferait donc, la... bien plaisir?

BERNARD.

Dame! je ne peux pas rester avec ça dans mon sac!...

HORACE, se décidant.

Eh bien, allons-y!

BERNARD, avec joie.

Oh! capitaine!

HORACE.

Bernard, je te chasse!... mais je te reprendrai après la chose...

BERNARD.

Oui, capitaine!

HORACE.

Et tu m'aimeras toujours?

BERNARD.

Oh! plus qu'auparavant!

HORACE.

Nous partirons dans un quart d'heure; va chercher les outils!...

BERNARD, avec effusion.

Oh! capitaine... vous êtes bon!... bon comme le pain

Il sort.

SCÈNE X.

HORACE, puis MADAME DE GUY et LUCILE, puis BERNARD, puis BAPTISTE.

HORACE, seul.

C'est bien fait! je mérite de recevoir mon affaire. Ah! j'aurais dû rester en Chine... J'insulte sans rime ni raison un brave soldat, j'aime comme un imbécile une petite fille qu'on va marier à un autre... C'est stupide, c'est idiot; je suis un fou, un brutal, un trouble-fête!... Allons, allons, il ne me reste plus qu'un parti à prendre!...

MADAME DE GUY, entrant suivie de Lucile, à Horace.

Eh bien, mauvaise tête, es-tu calmé?

HORACE.

Non! je vous cherche pour vous faire mes adieux... Je vais reprendre du service...

LUCILE, étonnée.

Ah!

MADAME DE GUY.

Reprendre du service! mais pourquoi? pourquoi?

HORACE.

Parce que... parce que je m'ennuie!...

LUCILE.

Avec nous?

ACTE PREMIER.

MADAME DE GUY.

C'est impossible!... Il y a autre chose!

HORACE.

Eh bien, oui, il y a... il y a que j'aime ma cousine. là! Bonsoir!

LUCILE, avec joie.

Ah bah!

MADAME DE GUY, de même

Ah bah!

HORACE.

Puisque vous protégez l'autre... l'imbécile, qui compte les veuves sur le pont Neuf!

MADAME DE GUY.

Moi?

LUCILE.

Certainement! Vous voulez me contraindre, me sacrifier!

MADAME DE GUY.

Mais...

HORACE.

C'est monstrueux!...

LUCILE.

C'est inique!...

HORACE.

C'est sauvage!...

MADAME DE GUY.

Ah çà! voulez-vous me laisser parler, à la fin?... Vous voulez vous marier? Eh bien, mariez-vous! je ne demande pas mieux!

HORACE et LUCILE.

Ah bah!

BERNARD, paraissant au fond avec deux sabres cachés dans son manteau.

Mon capitaine, c'est prêt!

HORACE.

C'est bien!... tout à l'heure! (A sa tante.) Ainsi, ma tante, vous consentez à notre mariage?...

MADAME DE GUY.

Mais c'est le plus cher de mes vœux!... et ce matin, quand je t'ai demandé si tu voulais te marier... je pensais à elle...

LUCILE, l'embrassant.

Ah! que vous êtes bonne!

HORACE, l'embrassant.

Ah! que vous êtes gentille!...

MADAME DE GUY.

Ah! grand câlin!... petite fûtée!

LUCILE.

Il faut vite écrire à M. Magis.

HORACE.

Sur le pont Neuf!

MADAME DE GUY.

Mais c'est que...

HORACE.

Oh! ma petite tante!...

LUCILE.

Oh! ma petite tante!

BERNARD, qui est resté au fond

Mon Capitaine, c'est prêt!

ACTE PREMIER.

HORACE.

C'est bien ! un instant !

MADAME DE GUY.

Écrire ! c'est bientôt dit !... Mais qu'est-ce que je vais lui dire ?...

LUCILE.

Vous lui direz que je suis encore trop jeune pour me marier...

HORACE.

Avec lui !...

MADAME DE GUY.

C'est très-difficile !...

LUCILE.

Je vais vous aider... Nous lui tournerons cela très-gentiment... Vous verrez !

HORACE.

Allez collaborer ! (Il reconduit sa tante et Lucile jusqu'à la porte. — A Bernard.) Maintenant, à nous deux !... mais méfie-toi... aujourd'hui, j'ai de la chance !

BERNARD.

Oh ! capitaine !... je fais des vœux pour vous

HORACE.

En route ! et pas de sentiment !

Ils sortent par le fond. Baptiste paraît ; il va à la porte du fond et les regarde sortir, pendant que le rideau baisse.

ACTE DEUXIÈME.

Un salon: trois portes au fond, laissant voir un autre salon; girandoles; à droite, une cheminée; une porte à gauche.

SCÈNE PREMIÈRE.

MADAME DE GUY, LUCILE.

MADAME DE GUY, regardant la pendule.

Neuf heures et demie!... Nos invités ne peuvent tarder.

LUCILE.

Je tremble de voir entrer M. Magis... car il n'est pas prévenu...

MADAME DE GUY.

Nous n'avons jamais pu parvenir à rédiger notre lettre.

LUCILE.

Et pourtant nous en avons commencé six...

MADAME DE GUY.

C'est très-difficile... Moi, je n'aime pas à faire de la peine aux gens...

LUCILE.

Il faudra pourtant bien lui dire que j'épouse mon cousin.

MADAME DE GUY.

Il m'est venu une idée... Je prierai M. Désambois, notre ami, de se charger de cette mission délicate...

LUCILE.

Le voudra-t-il?

MADAME DE GUY.

C'est lui que cela regarde... Il est le tuteur.

LUCILE.

C'est vrai... il est le tuteur!... Ah! mon cousin!

SCÈNE II.

Les Mêmes, HORACE, en tenue de bal

HORACE.

Ah! mais c'est superbe ici!... Bonsoir, ma tante!... Bonsoir, ma cousine!... (La regardant.) Ah! voilà une toilette!.. Êtes-vous assez jolie!...

LUCILE.

Vous trouvez?

MADAME DE GUY.

Eh bien, et moi?

HORACE.

Vous, vous êtes charmante aussi... vous me faites l'effet d'un beau soir d'été. Ah çà! à mon tour!... Comment me trouvez-vous? Porte-t-on assez bien l'habit pour un militaire?

MADAME DE GUY.

Pas mal! pas mal!

HORACE.

Ah dame... je n'en ai pas mis depuis 1851. Aussi ça me paraît étrange... Il me semble que je suis entré... dans un notaire!...

MADAME DE GUY.

Tu t'y feras.

LUCILE, poussant un cri.

Ah!

HORACE.

Quoi donc?

LUCILE.

Une cravate noire! mon cousin a mis une cravate noire!

HORACE.

Eh bien?

MADAME DE GUY.

C'est vrai... je n'avais pas remarqué...

HORACE.

Est-ce que ce n'est pas d'ordonnance?

LUCILE.

Mais non, monsieur: au bal, on porte la cravate blanche... Allez bien vite mettre une cravate blanche...

HORACE.

Ah! c'est que...

MADAME DE GUY.

Quoi?

HORACE.

J'ai peur de ressembler à un homme sérieux.

MADAME DE GUY.

Tu ressembleras à un prétendu... voilà tout.

ACTE DEUXIÈME.

HORACE.

Cet argument me décide... A propos, avez-vous signifié son congé au jeune phénomène de Vierzon?

LUCILE.

Ma tante n'a pas osé.

HORACE.

Je m'en charge!

MADAME DE GUY.

Du tout!... je te le défends!... tu casserais les vitres!

HORACE.

Je ne casserais pas les vitres... je lui dirais : « Jeune homme... on ne veut pas de vous... filez! »

MADAME DE GUY.

Très-poli!... J'attends M. Désambois pour le prier de faire cette démarche.

HORACE.

Comme vous voudrez... mais dépêchez-vous...

MADAME DE GUY.

Ne crains rien... ce soir même... Mais je veux voir comment on a disposé les fleurs... Toi, va mettre ta cravate.

LUCILE.

Blanche.

MADAME DE GUY.

Viens, Lucile!

Elles sortent.

SCÈNE III.

HORACE, puis BERNARD

HORACE.

Allons! obéissance aux femmes! (Bernard entre, il a un habit bourgeois un peu large, Horace le regarde en riant.) Ah! te voilà, toi?

BERNARD, l'air épanoui.

Oui, mon capitaine.

HORACE.

Comment va ton bras?

BERNARD, très-heureux.

Ça me pique toujours.

HORACE.

Pauvre garçon!... ce n'est pas ma faute.

BERNARD.

Oh! je ne me plains pas... au contraire... je voudrais que ça me pique toute la vie.

HORACE.

Godiche! qui ne sait pas parer quarte!

BERNARD.

Oh! ce n'est pas ça, capitaine... mais, dans ce moment-là, j'éprouvais une telle joie... j'étais si heureux... je ne pensais pas à parer, allez!

HORACE.

Brave garçon! Voyons! es-tu bien ici?

BERNARD.

Je ne me plains pas, capitaine... il n'y a que le matin...

HORACE

Quoi, le matin?

BERNARD.

On m'apporte un grand litre de chocolat... au lait...

HORACE, à part.

Elle y a tenu, la tante!

BERNARD.

Je l'avale... par politesse! mais j'aimerais mieux un petit verre de fort... avec une croûte de pain.

HORACE.

Suffit... on le dira.

BERNARD.

Merci, capitaine!... (Avec extase.) Ah! que je vous aime, capitaine!

HORACE, lui tirant l'oreille.

Gros sentimental! vieux chien fidèle! Va! et surtout ne te fatigue pas! Ici... arme à volonté!

Bernard sort au moment où M. Désambois paraît au fond.

SCÈNE IV.

HORACE, DÉSAMBOIS.

HORACE.

Ah! ce cher monsieur Désambois!

DÉSAMBOIS, saluant.

Monsieur...

HORACE.

Ma tante vous attend avec impatience...

DÉSAMBOIS.

Est-ce que je suis en retard?

HORACE.

Vous êtes le premier... mais elle a une nouvelle à vous annoncer... une grande nouvelle... qui vous fera plaisir, j'en suis sûr!

DÉSAMBOIS.

Qu'est-ce que c'est?

HORACE, se dirigeant vers sa chambre et se retournant.

Regardez-moi... vous ne devinez pas?

DÉSAMBOIS.

Non!

HORACE.

Tenez, j'aperçois ma tante... je me sauve!... Dites donc, je vais mettre une cravate blanche... comme vous!... C'est drôle, hein?... Voilà ma tante! (Arrivé près de la porte.) Une cravate blanche!... c'est drôle!

Il sort.

SCÈNE V.

MADAME DE GUY, DÉSAMBOIS.

MADAME DE GUY.

Ah! monsieur Désambois... je vous cherchais...

DÉSAMBOIS.

Monsieur votre neveu m'a dit que vous aviez une communication à me faire.

ACTE DEUXIÈME.

MADAME DE GUY.

Oui... Ah! je suis bien heureuse, allez! tout est changé.

DÉSAMBOIS.

Quoi?

MADAME DE GUY.

Horace aime Lucile... et Lucile aime Horace.

DÉSAMBOIS.

Comment! Eh bien, et M. Magis?

MADAME DE GUY.

Voilà justement la difficulté... Mais j'ai compté sur vous pour lui faire entendre qu'il ne doit plus songer à cette union.

DÉSAMBOIS.

Sur moi? Permettez, madame... ceci est grave, ceci est très-grave...

MADAME DE GUY.

Cela arrive tous les jours: on remercie un prétendu, un autre le remplace.

DÉSAMBOIS.

Ma réponse sera courte... Votre proposition m'étonne et me surprend... Je suis un homme sérieux, madame; le candidat que je vous ai présenté... et que vous avez agréé... est un homme sérieux aussi... et vous voulez que j'aille me faire près de lui le complice de vos variations... je dirais même de vos caprices... si je ne craignais de manquer à une femme que je respecte et que j'honore!

MADAME DE GUY.

Mais je vous répète, monsieur, que mon neveu et ma nièce s'aiment.

DÉSAMBOIS.

Ceci me touche peu.

MADAME DE GUY.

Comment?

DÉSAMBOIS.

Moi aussi, madame, j'ai aimé... l'année dernière.

MADAME DE GUY.

Vous? Ah! par exemple!

DÉSAMBOIS.

C'était une maîtresse de pension, une femme considérable par l'esprit et le savoir... munie de ses diplômes, car elle avait passé tous ses examens en séance publique à l'hôtel de ville. Je lui fus présenté par un professeur de grammaire... un philologue éminent. Cette dame m'accueillit favorablement d'abord... je lui fis trois visites... un peu longues, peut-être... dans lesquelles nous traitâmes différentes questions scientifiques ou morales... A la troisième, elle me fit entendre que la présence assidue d'un homme, jeune encore, pouvait nuire à la considération de son pensionnat... J'appréciai cette raison de haute convenance... je cessai mes visites pendant un mois!

MADAME DE GUY.

Et au bout d'un mois?

DÉSAMBOIS.

J'appris qu'elle venait de se marier avec le maître à danser de son établissement.

MADAME DE GUY.

Oh! pauvre monsieur Désambois! Et que fîtes-vous?

DÉSAMBOIS, avec orgueil.

J'appris le grec, madame... et je fus guéri!

MADAME DE GUY, riant.

C'est un remède héroïque!...

DÉSAMBOIS.

Pourquoi monsieur votre neveu ne suivrait-il pas mon exemple?

MADAME DE GUY.

Comment! vous voulez qu'Horace apprenne le grec?

DÉSAMBOIS.

C'est une langue mère.

MADAME DE GUY.

Il ne s'agit pas de cela... Voyons, rendez-moi le service que je vous demande... M. Magis va venir.

DÉSAMBOIS.

Non, madame... ne comptez pas sur moi!

MADAME DE GUY.

Une fois, deux fois... vous ne voulez pas?

DÉSAMBOIS.

Non, madame...

MADAME DE GUY.

Eh bien, c'est moi qui le préviendrai... mais vous n'êtes pas aimable... (Apercevant des invités qui passent.) Ah! on arrive... je vous quitte... mais je voudrais pouvoir vous dire en grec... que vous êtes un homme affreux!... (De la porte.) affreux!

Elle rentre dans le bal

SCÈNE VI.

DÉSAMBOIS, HORACE, puis MAGIS.

DÉSAMBOIS, seul.

Ce mariage n'est pas encore fait... Comme tuteur, j'ai le droit de dire mon petit mot!...

HORACE, sortant de sa chambre.

J'ai mis la cravate blanche...

DÉSAMBOIS, à part.

Le militaire!

HORACE.

Avez-vous vu ma tante?

DÉSAMBOIS.

Elle me quitte à l'instant.

HORACE.

Eh bien, j'espère que vous êtes content, n'est-ce pas?

DÉSAMBOIS.

Mais...

HORACE.

Hein! vous ne vous attendiez pas à celle-là?... Moi non plus!

DÉSAMBOIS.

Je vous avoue qu'un pareil revirement...

HORACE.

Voyez-vous, entre nous, votre bonhomme ne pouvait pas faire l'affaire.

DÉSAMBOIS.

Qu'appelez-vous mon bonhomme.

HORACE.

Eh bien... le petit!... Un monsieur qui consacre son existence à surveiller la reproduction des charançons!

DÉSAMBOIS.

Monsieur, je goûte peu les plaisanteries quand elles s'adressent à la science.

HORACE.

Vous appelez ça la science, vous?... Mon cher monsieur

Désambois, laissez-moi vous dire que vous ne vous y connaissez pas.

DÉSAMBOIS, avec ironie.

Vraiment!

HORACE.

Pas le moins du monde... La science, voyez-vous, c'est comme la peinture à l'huile, permettez-moi cette comparaison...

DÉSAMBOIS, révolté.

S'il est possible!...

HORACE.

Pour que cela tienne, pour que cela soit solide... il faut trois couches!... c'est long à sécher, mais cela dure. Eh bien, nous avons de par le monde une bande de petits poseurs... sérieux, graves, avec de grands mots dans la bouche... ça étonne les imbéciles!

DÉSAMBOIS, furieux.

Monsieur...

HORACE.

Ce n'est pas pour vous que je dis cela!... Mais frottez-les, ces petits messieurs... ils n'ont qu'une couche... leur science s'écaille sous l'ongle, ce n'est pas de la peinture, c'est du vernis.

DÉSAMBOIS, ironiquement.

Et peut-on vous demander, sans indiscrétion, combien vous avez reçu de couches... puisque couche il y a?...

HORACE.

Oh! moi, je ne me donne pas pour un savant... Cependant, je pourrais... par hasard... savoir des choses que d'autres ne savent pas.

DÉSAMBOIS.

Vous? Vous m'étonnez!

HORACE, à part.

Parbleu! je suis curieux de la creuser, sa science! Je vais lui poser un problème abracadabrant. (Haut.) Monsieur Désambois, pourriez-vous me dire quelle est la force motrice d'un moulin à vent, dont le meunier serait très-sourd.. en pleine rotation, par un vent moyen, sur un angle de cinq degrés huit dixièmes?... Allez...

DÉSAMBOIS, ébouriffé.

Un moulin à vent... dont le meunier serait très-sourd.. sur un angle...

HORACE.

Vous voyez bien que vous ne le savez pas...

DÉSAMBOIS.

Mais donnez-moi le temps! je le sais peut-être.

HORACE.

Eh bien, si votre ami... le petit de Vierzon... trouve ce lui-là... je paye un punch.

DÉSAMBOIS.

Un punch? Je ne prends pas de punch.

HORACE, apercevant Magis qui paraît au fond.

Tenez, le voici, ce pauvre garçon! je vous laisse avec lui; accomplissez votre mission, faites-lui part de mon mariage... avec ménagement...

DÉSAMBOIS.

C'est bien, monsieur! (A part.) Il m'exaspère, ce soldat!

HORACE, au fond, saluant Magis.

Monsieur!...

MAGIS, saluant.

Monsieur!...

HORACE.

Je crois que M. Désambois a une petite communication à vous faire.

MAGIS.

Je vous remercie, monsieur.

Ils se saluent

HORACE.

Il n'y a pas de quoi!

Il entre dans le bal.

SCÈNE VII.

DÉSAMBOIS, MAGIS.

DÉSAMBOIS, à part.

Allons! c'est une lutte entre l'élément militaire et la science!

MAGIS.

Vous avez à me parler?

DÉSAMBOIS.

Oui, mon ami... (A part.) Il y a des circonstances où le mensonge est le plus saint des devoirs. (Haut.) Mon ami, vos affaires marchent à merveille!

MAGIS.

On daigne accepter mes hommages?

DÉSAMBOIS.

Mieux que cela : vous plaisez... à la tante!

MAGIS.

Et ma fiancée?

DÉSAMBOIS.

Elle vous estime; elle vous aimera plus tard!

MAGIS.

L'amour est un feu... l'estime est un lien!

DÉSAMBOIS.

Il faut la faire danser... Savez-vous danser?

MAGIS.

Un peu... J'ai fait un travail sur l'origine de nos danses.

DÉSAMBOIS.

Ah! (A part.) Il est étonnant!

MAGIS.

La contredanse est originaire de Normandie. Elle passa en Angleterre à la suite de Guillaume le Conquérant...

DÉSAMBOIS, avec admiration.

Il sait tout!... tout! (A part.) Ce n'est pas du vernis, cela!

MAGIS.

Plus tard, elle reparut en France vers la fin de l'année 1745.

DÉSAMBOIS, fouillant vivement à sa poche

Permettez!... 1745... Ah! je n'ai pas mon carnet!... A propos, quand vous êtes entré, je cherchais un problème. pourriez-vous me dire quelle est la force motrice d'un moulin à vent, dont le meunier serait très-sourd, en pleine rotation, par un vent moyen, sur un angle de cinq degrés huit dixièmes? Allez!

MAGIS, très-décontenancé.

Hum! hum!... Certainement... il n'y a rien de plus simple. C'est un calcul!

ACTE DEUXIÈME.

DÉSAMBOIS.

Je vous écoute!...

MAGIS.

Si j'avais là du papier et un crayon... en cinq minutes... Mais vous avez oublié votre carnet!

DÉSAMBOIS.

C'est juste!... de tête, on ne peut pas!... Ce sera pour plus tard! L'important aujourd'hui est de faire danser votre prétendue.

MAGIS.

Je vais l'inviter pour la première.

DÉSAMBOIS.

Ah!... Avez-vous envoyé des bouquets?

MAGIS.

Je ne me serais pas permis...

Des invités paraissent dans le salon du fond.

DÉSAMBOIS.

Il faut en envoyer... Je vous y autorise...

MAGIS.

Demain, cela sera fait.

DÉSAMBOIS.

Je fais le tour du bal et je confie la nouvelle de votre mariage à tout le monde. (A part.) Quand ce sera public on ne pourra plus reculer...

Il entre dans le bal. On le voit parler aux invités, à qui il montre Magis.

SCÈNE VIII.

MAGIS, LUCILE.

LUCILE, paraissant à gauche et saluant un danseur qui la quitte.

Je vous remercie, monsieur. (Apercevant Magis.) Ah! mon Dieu!

MAGIS, saluant.

Mademoiselle!...

LUCILE, à part.

La rencontre que je craignais!... Il doit être prévenu!

MAGIS.

Oserais-je vous demander la faveur de m'accorder la première polka?

LUCILE.

Avec plaisir, monsieur... Mais, pardon, est-ce que vous n'avez pas vu mon tuteur, M. Désambois?

MAGIS.

Nous venons d'avoir une conférence.

LUCILE.

Ah! (A part.) C'est drôle! il n'a pas l'air contrarié! Après ça, un philosophe!

MAGIS.

M. Désambois a bien voulu me faire part de votre estime.

LUCILE.

Oh! certainement! Et, croyez-le bien, monsieur, quoi qu'il arrive, cette estime ne sera pas diminuée...

MAGIS.

Pour moi, mademoiselle, l'idéal, dans le mariage, ce n'est pas l'amour !

LUCILE, étonnée.

Ah !

MAGIS.

C'est le calme et la contemplation... Quel plus beau spectacle que celui de deux êtres s'isolant dans une affection douce et modérée ! Quelques personnes sérieuses formeront notre société !

LUCILE, à part.

Comment, notre société ?...

MAGIS.

Votre salon communiquera à mon cabinet de travail... et, le soir, nous nous réunirons, nous ferons ensemble quelques-unes de ces bonnes lectures qui élèvent l'âme tout en charmant l'esprit.

LUCILE.

Certainement, monsieur... (A part.) Ah çà ! on ne lui a donc rien dit ?

MAGIS, à part.

Ce tableau intime semble l'émouvoir.

Il descend à droite.

SCÈNE IX.

Les Mêmes, MADAME DE GUY, puis HORACE.

LUCILE, bas, à sa tante.

Ah ! ma tante ! M. Désambois ne l'a pas prévenu. Il me

parle de notre intérieur, il veut me faire la lecture le soir!

MADAME DE GUY.

Laisse-moi avec lui... je me charge de tout!

Lucile sort à gauche.

SCÈNE X.

MADAME DE GUY, MAGIS.

MADAME DE GUY, à part.

C'est très-embarrassant à dire... Enfin, il le faut. (Haut.) Monsieur...

MAGIS.

Madame... je sais combien vous êtes favorablement disposée pour moi...

MADAME DE GUY.

Permettez...

MAGIS.

Ne vous en défendez pas!... M. Désambois me le répétait encore tout à l'heure.

MADAME DE GUY.

Lui?

MAGIS.

En m'autorisant à envoyer des bouquets à mademoiselle Lucile.

MADAME DE GUY, à part.

Ah! mais c'est de la trahison!

MAGIS.

Croyez, madame...

MADAME DE GUY.

Monsieur, permettez... Avant d'aller plus loin, j'ai une communication à vous faire.

On entend l'orchestre.

MAGIS, écoutant.

Oui... c'est une polka... Excusez-moi, madame... mademoiselle Lucile a bien voulu me promettre...

MADAME DE GUY, à part.

Comment!... il s'en va?... (Haut.) Mais, monsieur...

MAGIS.

Je suis heureux, madame, de voir que nous nous entendrons toujours...

MADAME DE GUY.

Mais...

Il baise la main à madame de Guy.

MAGIS, de la porte.

Toujours!

Il disparaît.

SCÈNE XI.

MADAME DE GUY, BERNARD, puis DÉSAMBOIS.

MADAME DE GUY, seule.

Eh bien, je ne suis pas plus avancée... Impossible de lui faire comprendre... il parle toujours... mais, après la polka, je reprendrai l'entretien.

Elle remonte, regarde dans le fond et entre dans le salon.

DÉSAMBOIS, entrant.

Ça va bien, ça va très-bien!... J'ai confié sous le sceau

du secret, à trois ou quatre dames dont je connais l'indiscrétion... le mariage de M. Magis avec ma pupille... Ça fermente ; tout à l'heure ça va éclater... la tante sera furieuse... elle en appellera au conseil de famille. Il me faudrait, pour me présenter devant lui, un bon motif de refus... un motif sérieux. Il doit avoir un vice, ce militaire ou tout au moins une faiblesse. Si je pouvais la découvrir... ce serait un coup de maître. (Apercevant Bernard qui traverse le salon ; il tient un plateau où se trouvent des rafraîchissements.) Son domestique ! il ne doit pas être bien fin. Essayons ! (Haut.) Mon ami, donnez-moi un verre d'eau sucrée, je vous prie.

BERNARD, s'approchant.

Voilà, monsieur.

DÉSAMBOIS.

Y a-t-il longtemps que vous êtes au service du capitaine Tic ?

BERNARD.

Voilà bientôt dix ans.

DÉSAMBOIS.

Ah ! cela fait votre éloge. (Tirant de sa poche un billet de banque.) Tenez, prenez ce billet de cent francs, et répondez à mes questions.

BERNARD, à part, prenant le billet.

Tiens, méfions-nous !

DÉSAMBOIS.

J'aime beaucoup le capitaine... il est gai, franc... un peu vif peut-être... un peu querelleur, hein ?

BERNARD.

Lui ? Pour la patience et la douceur, il rendrait des points à un mouton.

DÉSAMBOIS.

Ah! c'est bien ce que je pensais... Ce qui me plaît en lui, c'est sa tournure... sa distinction... c'est vraiment un joli cavalier.

BERNARD.

Oh! pour ça, il ne craint personne.

DÉSAMBOIS.

Il a dû laisser bien des victimes derrière lui..

BERNARD.

Des victimes... d'amour?

DÉSAMBOIS.

Oui, contez-moi ça; je suis un bon homme... j'aime à rire.

BERNARD.

Pour la décence et les mœurs, le capitaine est une demoiselle... Au régiment, on l'appelait sœur Ursule.

DÉSAMBOIS, à part, en passant à gauche.

Oh! il ne veut rien dire. (Haut.) Je vous remercie, mon ami... Ayez l'obligeance d'aller me changer le billet de cent francs que je vous ai donné.

BERNARD.

Hein?

DÉSAMBOIS.

C'est pour payer les musiciens.

BERNARD.

Bien, monsieur. (A part.) Ah! le gueux, il est malin! C'est égal, on n'a pas bavardé.

Il sort.

SCÈNE XII.

DÉSAMBOIS, MAGIS, LUCILE, HORACE, MADAME DE GUY, Danseurs et Danseuses.

Plusieurs danseurs et danseuses polkent dans le salon du fond. — A gauche, un couple entre sur la scène en polkant, puis Magis et Lucile, ensuite Horace avec une dame.

LUCILE, à Magis.

Mais, monsieur, vous n'allez pas en mesure...

MAGIS, essayant de reprendre la mesure.

Pardon, mademoiselle, j'ai fait une étude sur l'origine de la danse, et je...

HORACE, riant en regardant Magis.

Comme il tricote!

DÉSAMBOIS, à part, admirant Magis.

Heureuse inexpérience! Quelle aimable gaucherie!

Magis fait un faux pas

LUCILE, poussant un cri.

Ah!

HORACE.

Quoi?...

LUCILE.

Rien!

La musique cesse, la polka s'arrête

MAGIS, quittant le bras de Lucile.

Mademoiselle, j'ai bien l'honneur de vous remercier.

ACTE DEUXIÈME.

LUCILE, à part.

Il est d'une maladresse!

Madame de Guy paraît au fond, les invités l'entourent.

HORACE, prenant le bras de Magis.

Article premier : Se promener le moins possible sur les pieds de sa danseuse.

MAGIS, étonné.

Plaît-il, monsieur?

HORACE, montrant le tapis.

Il y a tant de place à côté...

Les invités descendent en scène avec madame de Guy

UNE DAME.

Votre soirée est charmante!

UN INVITÉ.

Permettez-nous de vous féliciter de la nouvelle que nous venons d'apprendre.

MADAME DE GUY.

Laquelle?

UN INVITÉ.

Le mariage de mademoiselle Lucile.

HORACE et LUCILE.

Hein?

MADAME DE GUY

Comment, vous savez?...

DÉSAMBOIS, à part.

Ca va éclater!

L'INVITÉ.

Ce n'est plus un mystère... je ne puis que vous complimenter sur le choix du futur.

HORACE et MAGIS, remerciant ensemble.

Ah! monsieur, certainement...

HORACE, à part.

L'autre qui remercie.

DÉSAMBOIS, à part.

Le militaire qui prend ça pour lui.

L'INVITÉ.

Tout le monde, ici, envie le bonheur de M. Magis.

HORACE, MADAME DE GUY et LUCILE.

M. Magis!

DÉSAMBOIS, à part, regardant Horace.

Si tu aimes les bombes, en voilà une!

HORACE, à l'invité.

Pardon, monsieur, puis-je vous demander de qui vous tenez cette heureuse nouvelle?

L'INVITÉ.

Mais de M. Désambois.

LES INVITÉS.

C'est M. Désambois.

DÉSAMBOIS, à part.

Aïe, ça éclate trop!

HORACE.

Ah! c'est ce bon, cet excellent M. Désambois...

DÉSAMBOIS, embarrassé.

Oui... j'ai pensé... comme tuteur... D'ailleurs, j'en avais causé avec mademoiselle...

Il remonte près de madame de Guy.

HORACE.

Lucile!

ACTE DEUXIÈME.

LUCILE, bas, et vivement.

J'ai refusé!... Alors il m'a signifié qu'il s'opposerait à notre mariage, et que nous serions obligés d'attendre jusqu'à ma majorité... dans trois ans.

HORACE.

Ah! c'est singulier comme j'éprouve le besoin de causer avec lui...

MADAME DE GUY.

Horace, du calme.

HORACE.

Soyez tranquille! un savant!... Je le prendrai par la douceur... par la logique...

On entend l'orchestre commencer un quadrille.

MADAME DE GUY.

Mesdames... messieurs... c'est un quadrille.

Tout le monde sort par le fond. — On se met en place pour le quadrille. — Désambois va pour entrer dans le salon de danse

SCÈNE XIII.

HORACE, DÉSAMBOIS.

HORACE, arrêtant Désambois qui se dispose à entrer dans le bal.

Pardon, mon cher monsieur Désambois...

Le quadrille commence.

DÉSAMBOIS.

Monsieur!

HORACE.

Voulez-vous me faire la grâce de m'accorder un moment d'entretien?

DÉSAMBOIS.

Demain, monsieur, je vous attendrai chez moi, à six heures du matin.

<small>Les portes du fond se ferment. — Le quadrille continue piano.</small>

HORACE.

Je craindrais de ne pas être exact... je ne me lève qu'à huit... D'ailleurs, je ne vous retiendrai pas plus d'une minute.

DÉSAMBOIS.

Parlez, monsieur.

HORACE.

Il paraît, monsieur, que, comme tuteur, vous opposez quelques difficultés à mon mariage avec ma cousine.

DÉSAMBOIS.

Je serai franc... c'est vrai, monsieur.

HORACE.

Y aurait-il de l'indiscrétion à vous demander pourquoi?

DÉSAMBOIS.

Aucune... En principe, je ne crois pas aux militaires comme maris!

HORACE.

Ah!... Et sur quoi basez-vous cette opinion... désobligeante, mon cher monsieur Désambois?

DÉSAMBOIS.

Les militaires aiment les chevaux, le bruit, le tabac l'absinthe...

HORACE.

C'est-à-dire que vous nous considérez comme des sauvages, mon cher monsieur Désambois?...

DÉSAMBOIS.

Pas tout à fait.

ACTE DEUXIÈME.

HORACE.

Enfin, un peu... un peu !...

DÉSAMBOIS.

Oui, un petit peu...

HORACE.

Je ne discuterai pas votre opinion... je me bornerai à vous faire remarquer que je ne suis plus militaire, puisque j'ai donné ma démission.

DÉSAMBOIS.

C'est vrai... mais il est impossible que vous n'ayez pas conservé, bien malgré vous sans doute, certaines habitudes inhérentes à la vie des camps.

HORACE.

Alors, vous me regardez comme un homme mal élevé, mon cher monsieur Désambois?

DÉSAMBOIS.

Pas tout à fait...

HORACE.

Enfin, un peu... un peu !

DÉSAMBOIS.

Un petit peu !

HORACE, à part.

Je crois que j'y mets de la douceur.

DÉSAMBOIS.

Voyons, franchement, entre nous, vous n'aimez pas, vous ne pouvez pas aimer votre cousine !

HORACE.

Et pourquoi?

DÉSAMBOIS.

Vous êtes arrivé de Chine avant-hier.

HORACE.

Du moment que je n'ai pas laissé mon cœur à Pékin.

DÉSAMBOIS.

C'est égal... cet amour qui vous prend tout à coup... c'est bien extraordinaire! et de méchantes gens pourraient croire...

HORACE.

Quoi?

DÉSAMBOIS.

Que ce n'est pas la demoiselle, mais l'établissement qui vous plaît.

HORACE, ne comprenant pas.

L'établissement... quel établissement?

DÉSAMBOIS.

Mademoiselle Lucile a quatre cent cinquante mille francs de dot.

HORACE.

Ah!... Ma foi, tant mieux! mais je ne le savais pas.

DÉSAMBOIS.

Oh! vous ne le saviez pas?

HORACE.

Quand je vous le dis...

DÉSAMBOIS, incrédule.

Vous me le dites!

HORACE, s'emportant.

Ah! prenez garde! (Se calmant.) Tenez, je vous conseille de ne pas entrer dans cette voie-là... Je suis très-doux, très-gentil avec vous... il ne faut pas en abuser, mon cher monsieur Désambois.

DÉSAMBOIS.

Mon Dieu, je ne dis pas ça pour vous, mais il y a des

gens qui, sous une apparence franche et joviale, recherchent habilement les belles affaires.

HORACE, à part, se contenant à peine.

Sapristi! ça va se gâter!

DÉSAMBOIS.

Dans le monde, on appelle ça des croqueurs de dot!

HORACE, lui sautant à la gorge.

Vous allez ravaler ce mot-là, vous!

DÉSAMBOIS.

Permettez...

HORACE.

Ravalez, ravalez!

DÉSAMBOIS, se dégageant.

De la violence!... Jamais!

HORACE.

Croqueur de dot! moi! (Il lance un coup de pied à Désambois au moment où celui-ci allait sortir par le fond. — La porte se referme derrière Désambois qui a disparu. — Seul.) Ah! sapristi! ça m'a échappé, ça fait deux; il faudra que je me fasse attacher cette jambe-là pour aller dans le monde. Me voilà bien! Le tuteur, un homme sérieux! Il est rentré dans le bal... il va tout raconter! Quel scandale!... et mon mariage? Courons, et tâchons de l'apaiser! (Il va à la porte du fond et l'ouvre.) Tiens, il danse!

Il tombe sur une chaise en éclatant de rire. — On aperçoit Désambois dans le second salon, faisant le cavalier seul. Le rideau baisse.

ACTE TROISIÈME.

Un salon chez madame de Guy-Robert: porte au fond; à gauche, une fenêtre; premier plan, une cheminée, une sonnette; pendule, table, au milieu du théâtre; écritoire, plumes d'oie; à droite, un guéridon, une autre sonnette; chaises, fauteuils.

SCÈNE PREMIÈRE.

MADAME DE GUY, LUCILE, HORACE.

MADAME DE GUY, à Horace.

Voyons, achève... Hier, au bal, comment s'est terminé ton entretien avec M. Désambois?

HORACE, assis près du guéridon

Pas mal... pas mal...

LUCILE.

Et êtes-vous tombés d'accord?

HORACE.

Oh! pas positivement...

LUCILE.

Enfin, que lui avez-vous dit?

HORACE.

Mille choses... et bien d'autres encore...

MADAME DE GUY.

J'espère au moins que, selon ta promesse, tu as su te posséder?...

HORACE.

Jusqu'au dernier moment... (A part.) Exclusivement

LUCILE.

Avec tout cela, nous ne sommes pas plus avancés qu'hier...

MADAME DE GUY.

Rassurez-vous... j'ai écrit à M. Désambois que, s'il persistait dans son refus, j'allais provoquer une réunion du conseil de famille... Il m'a répondu qu'il serait ici à onze heures.

HORACE, à part.

Ah diable! (Il se lève et passe à gauche.) J'aime autant ne pas être là.. (Haut.) Je vous laisse... une visite à faire.

LUCILE, allant à Horace.

Comment!

BAPTISTE, annonçant.

M. Désambois!

HORACE, à part.

Trop tard!

SCÈNE II.

Les Mêmes, DÉSAMBOIS.

DÉSAMBOIS, à madame de Guy.

Chère madame, je me rends à votre appel. (Saluant Lucile.) Mademoiselle!... (Apercevant Horace.) Le capitaine!

HORACE, le saluant.

Monsieur!...

DÉSAMBOIS, lui rendant son salut cérémonieusement.

Monsieur!...

HORACE, à part

Il est froid!

LUCILE, bas, à Horace.

On dirait qu'il est fâché contre vous...

HORACE.

Lui? Par exemple! (Haut, à Désambois.) Vous êtes venu à pied, cher monsieur Désambois?... Quel temps fait il?

DÉSAMBOIS, sévèrement.

Il gèle, monsieur!

MADAME DE GUY.

Approchez-vous donc du feu.

LUCILE.

Je vais remettre du bois.

Madame de Guy et Lucile vont à la cheminée.

HORACE, bas à Désambois.

Croyez, monsieur, que je regrette vivement l'incident qui s'est produit hier... ça m'a échappé...

DÉSAMBOIS.

Quoi donc?

HORACE.

Eh bien.. au bal!... le...

DÉSAMBOIS, froidement.

Je ne sais pas ce que vous voulez dire...

ACTE TROISIÈME.

HORACE, étonné.

Ah! pardon... (A part.) Au fait, j'aime mieux ça, n'en parlons plus...

MADAME DE GUY.

Eh bien, monsieur Désambois, avez-vous réfléchi? quelle réponse nous apportez-vous?

DÉSAMBOIS, qui s'est assis près de la cheminée.

Avant de me prononcer d'une manière définitive, je désire vous communiquer, à vous et à mademoiselle Lucile, certaines appréciations...

MADAME DE GUY.

Parlez!

DÉSAMBOIS.

Qui exigent le secret...

HORACE.

Ah!

DÉSAMBOIS.

Le plus absolu.

HORACE.

Très-bien... Je suis de trop?

MADAME DE GUY.

Mais Horace est de la famille...

HORACE.

N'insistez pas... je me retire... (A part.) Il va leur raconter le finale de notre conversation. (Haut et saluant.) Monsieur Désambois!...

DÉSAMBOIS.

Monsieur!...

Il se lève et salue froidement

HORACE, à part.

Décidément il est froid !

Il entre à gauche.

SCÈNE III.

LES MÊMES, moins HORACE, puis BAPTISTE.

MADAME DE GUY.

Nous vous écoutons, monsieur...

DÉSAMBOIS, se rasseyant.

Vous le savez, madame, la tutelle impose des devoirs... la loi romaine... *lex romana*... si prévoyante dans ses dispositions, a pris soin de les définir... Tutelle vient du mot latin *tueri*, qui veut dire défendre...

LUCILE.

Pardon... mais nous ne savons pas le latin...

DÉSAMBOIS.

Ah ! c'est juste ! (A part, avec compassion.) Pauvres femmes ! (Haut.) Pour accomplir mon mandat, j'ai dû prendre des renseignements sur le nouveau candidat qui nous était proposé...

MADAME DE GUY.

Sur Horace ? Mais je le connais mieux que personne...

DÉSAMBOIS.

Sans doute... mais vous ne l'avez pas vu depuis dix ans... et en dix ans...

MADAME DE GUY.

Je l'ai retrouvé tel que je l'ai toujours connu... franc, ouvert, bon... un peu vif peut-être..

ACTE TROISIÈME.

DÉSAMBOIS, vivement.

Personnellement, je n'ai jamais eu l'occasion de m'en apercevoir... mais, si je dois en croire certains rapports, le lendemain même de son arrivée à Paris, M. Horace s'est mesuré en combat singulier...

MADAME DE GUY et LUCILE, se levant.

Un duel ?

DÉSAMBOIS, descendant au milieu.

Oui, madame, un duel au sabre! quelle garantie de bonheur pour une femme!

MADAME DE GUY.

Un duel? c'est impossible!

LUCILE.

Monsieur invente!

DÉSAMBOIS, sévèrement.

Sachez, mademoiselle, que je n'invente jamais.

MADAME DE GUY.

Mais de qui tenez-vous ces détails?

DÉSAMBOIS.

De Baptiste; vous pouvez l'interroger... Il a vu sortir le capitaine accompagné de son domestique... qui, entre parenthèse, m'a l'air d'un assez mauvais drôle... c'est lui qui portait les armes...

MADAME DE GUY.

Un duel! le malheureux!

LUCILE.

Et savez-vous quelle était la cause de cette rencontre?

DÉSAMBOIS, souriant.

Mais... elle est facile à deviner...

LUCILE.

Ah!

MADAME DE GUY.

Eh bien, dites-nous-la... pas de réticences!...

DÉSAMBOIS.

Il s'agissait sans doute de quelque Aspasie

LUCILE.

Aspasie!... Qu'est-ce que c'est?

DÉSAMBOIS.

Une dame... d'Athènes... célèbre par ses charmes...

LUCILE.

Une femme!

MADAME DE GUY.

Tout cela me parait impossible! (Elle sonne.) Nous allons savoir la vérité.

Lucile va près de madame de Guy.

BAPTISTE, paraissant.

Madame a sonné?

MADAME DE GUY.

Oui. Approchez, Baptiste. Vous êtes depuis longtemps à mon service, je vous crois dévoué...

BAPTISTE.

Oh! madame.

MADAME DE GUY.

Répondez-moi franchement... Est-il vrai que vous ayez vu avant-hier sortir mon neveu accompagné de son domestique qui portait des armes?...

BAPTISTE.

Oui, madame, des sabres!

DÉSAMBOIS, aux dames.

Ah!

BAPTISTE.

Le capitaine a même dit à Bernard : « En route et pas de sentiment. »

MADAME DE GUY et LUCILE.

Oh!

DÉSAMBOIS.

Vous voyez bien que le sentiment est pour quelque chose dans cette boucherie.

BAPTISTE.

Madame n'a plus rien à me demander?

MADAME DE GUY.

Non, allez!

Baptiste sort.

LUCILE.

Eh bien, ma tante, c'est indigne! le jour même où il venait de vous demander ma main!

DÉSAMBOIS.

Moi, ça ne m'étonne pas... la statistique nous apprend que, sur quinze mille militaires mariés... (Apercevant Horace.) Hum! le voici!

SCÈNE IV.

Les Mêmes, HORACE.

HORACE.

Peut-on entrer? la conférence est-elle terminée?

MADAME DE GUY.

Oui...

HORACE, à Lucile.

Avez-vous enfin gagné la partie?

LUCILE, froidement.

Non!

HORACE, à Désambois.

Voyons, où en sommes-nous?

DÉSAMBOIS, froidement.

Je ne sais pas...

HORACE.

Ah! (A part.) Qu'est-ce qu'ils ont donc?

MADAME DE GUY, sèchement.

Rien n'est encore décidé... Nous venons d'apprendre certains détails...

LUCILE, de même.

Qui nous donnent beaucoup à réfléchir.

DÉSAMBOIS, de même.

Beaucoup!

HORACE, à part.

Désambois a parlé... il a raconté le finale! (Haut.) J'avoue ma faute... j'ai été trop vif... ça m'a échappé...

DÉSAMBOIS, vivement.

Il ne s'agit pas de cela, monsieur.

MADAME DE GUY.

Nous ne vous demandons pas de détails...

LUCILE.

Oh! non!

MADAME DE GUY.

Venez, monsieur Désambois, nous avons à causer... à causer sérieusement!

ACTE TROISIÈME.

DÉSAMBOIS.

Sérieusement! Je suis tout à vous.

Il sort après avoir regardé Horace.

SCÈNE V.

HORACE, LUCILE, puis BAPTISTE.

HORACE.

Lucile!

LUCILE, *assise devant le guéridon.*

Monsieur?...

HORACE.

Qu'avez-vous?

LUCILE.

Rien!

HORACE.

Vous semblez contrariée.

LUCILE.

Oui.

HORACE.

Voulez-vous me dire pourquoi?

LUCILE.

Non!

HORACE, à part.

Oui... non...Il s'est évidemment opéré un refroidissement dans la température de la maison.

BAPTISTE, *entrant avec un bouquet composé de fleurs sombres*

De la part de M. Magis.

LUCILE, se levant.

Ah! donnez! (Baptiste sort. — Admirant le bouquet.) Ah! les jolies fleurs! Elles sont d'un goût charmant!

HORACE, ironiquement.

— Oui... voilà ce qu'on appelle un bouquet sérieux... un bouquet de deuil.

LUCILE, passant à gauche.

Chacun son goût. Moi, je le trouve délicieux.

HORACE.

J'espère, cependant, que vous allez le renvoyer.

LUCILE.

Et pourquoi donc?

HORACE.

Mais il me semble que, n'épousant pas M. Magis, vous n'avez pas le droit d'accueillir ses bouquets...

LUCILE.

J'aime les fleurs.

HORACE.

Ah! c'est trop fort! (Se contenant.) Lucile, encore une fois, je vous prie de renvoyer ce bouquet.

LUCILE.

Du tout! je le garde!

HORACE.

Croyez-moi, ne me poussez pas à bout.

LUCILE.

Non-seulement je le garde, mais je vais le placer dans ma chambre, sur ma cheminée.

Elle fait un pas.

HORACE, lui barrant le passage.

Lucile, je vous le défends!

LUCILE.

Laissez-moi passer, monsieur!

HORACE.

Non, je vous le défends!

Il lui arrache le bouquet

LUCILE.

Monsieur!

HORACE, *déchirant et piétinant le bouquet.*

Tenez, le voilà son bouquet! le voilà!

LUCILE.

Oh! une pareille violence!... Ma tante! ma tante!

Elle court au guéridon et sonne.

HORACE.

Que faites-vous?

SCÈNE VI.

Les Mêmes, DÉSAMBOIS, MADAME DE GUY.

DÉSAMBOIS et MADAME DE GUY, *accourant.*

Qu'y a-t-il?

LUCILE.

Je vous ai appelée, ma tante, ainsi que monsieur, pour que vous me protégiez contre les emportements de M. Horace.

MADAME DE GUY.

Que s'est-il passé?

DÉSAMBOIS.

Parlez!

LUCILE.

On vient d'apporter un bouquet de la part de M. Magis... et M. Horace s'est cru le droit de me l'arracher des mains et de le mettre en pièces.

MADAME DE GUY.

Comment?

DÉSAMBOIS.

C'est révoltant! et, comme tuteur...

HORACE, à Désambois.

Laissez-moi tranquille, vous!... ou sinon!...

DÉSAMBOIS, changeant vivement de place.

Je ne vous parle pas.

MADAME DE GUY.

Horace!... une pareille violence! chez moi! et envers qui?...

HORACE.

C'est possible! mais, depuis hier, on semble prendre à tâche de me blesser, de me rendre ridicule! Ce prétendu qu'on doit toujours remercier et qu'on ne remercie jamais... dont on accueille les bouquets! On croirait vraiment qu'on s'est servi de moi comme d'une amorce pour attirer l'autre.

LUCILE et MADAME DE GUY.

Oh!

DÉSAMBOIS.

C'est abominable!

HORACE.

Je ne me prêterai pas à un pareil rôle, jamais! (Lançant un coup de pied au bouquet.) Va-t'en au diable!

Il sort.

DÉSAMBOIS.

Il insulte les fleurs! parce qu'elles ne peuvent se défendre !

SCÈNE VII.

Les Mêmes, moins HORACE.

MADAME DE GUY.

Cette scène m'a bouleversée...

LUCILE.

J'en suis encore toute tremblante.

DÉSAMBOIS.

Moi qui le croyais doux, modéré...

LUCILE.

Parce que, hier, ma tante lui avait bien recommandé de se contenir avec vous...

DÉSAMBOIS.

Ah! vous lui aviez recommandé!... C'est donc ça?

LUCILE.

Quant à moi, mon parti est pris... Je suis suffisamment édifiée sur le caractère de M. Horace... Jamais je ne serai sa femme!

DÉSAMBOIS.

Il est bien fâcheux que nous n'ayons pas sous la main un autre prétendu.

LUCILE.

Eh bien, et M. Magis?

DÉSAMBOIS.

Mais je croyais qu'il ne vous plaisait pas!

LUCILE.

Oh! ça ne fait rien!

MADAME DE GUY.

Lucile, réfléchis.

LUCILE

Mes réflexions sont faites... M. Magis est un peu sérieux... un peu monotone... un peu... mais au moins il est poli, doux, bien élevé...

DÉSAMBOIS.

Un lauréat du collége Charlemagne!

LUCILE.

D'ailleurs, avec lui, je suis certaine de ne pas voir souffler de tempête dans mon ménage.

DÉSAMBOIS.

Oh! ça, calme plat!

LUCILE.

Et je m'estimerai très-heureuse de devenir sa femme.

DÉSAMBOIS.

Chère enfant! que je vous embrasse!

Il l'embrasse

MADAME DE GUY, à part.

Pauvre Horace!

DÉSAMBOIS.

Je cours chez mon notaire faire dresser le contrat Magis.

Il remonte.

MADAME DE GUY.

Non... demain... nous avons le temps.

LUCILE.

Oh! tout de suite, ma tante; je veux que cela finisse.

ACTE TROISIÈME.

DÉSAMBOIS, descendant au milieu.

Il ne faut pas contrarier les inclinations! Je ramène le notaire avec le prétendu, et nous signons le contrat séance tenante... (A part.) Ah! tu es vif! eh bien, moi aussi! (Saluant.) Madame! mademoiselle!

Il sort vivement.

SCÈNE VIII.

MADAME DE GUY, LUCILE, puis BERNARD.

MADAME DE GUY.

Ma chère Lucile, je ne chercherai pas à te faire revenir sur ta décision... mais tu as été un peu vive.

LUCILE.

Que voulez-vous! j'aime le bonheur tranquille, et je sens que j'aurais été malheureuse avec mon cousin... Toujours des querelles, des colères, des duels... car ce duel... sait-on seulement pour qui?

VOIX DE BERNARD.

Oui, capitaine.

MADAME DE GUY.

Chut! son domestique! (Bernard paraît avec une valise et un porte-manteau, etc.) Où portez-vous cela?

BERNARD.

Nous déménageons, madame, nous allons loger à l'hôtel.

MADAME DE GUY et LUCILE.

Comment?

BERNARD.

C'est l'ordre du capitaine... Il me reste à vous remercier

madame... pour toutes vos bontés, y compris le chocolat... je ne l'aime pas... mais c'est une attention à laquelle...

MADAME DE GUY.

Il ne s'agit pas de cela... Pourquoi Horace veut-il nous quitter?

BERNARD.

Il paraît qu'il y va de notre dignité...

LUCILE.

Ah! je comprends: à l'hôtel, M. Horace sera plus libre pour courir les aventures... les duels...

BERNARD.

Les duels?

LUCILE.

Oui... comme avant-hier...

BERNARD.

Comment! il a eu la bonté de vous dire?...

LUCILE.

Certainement.

BERNARD, à part

Quel honneur!

LUCILE.

Avec ce jeune homme... monsieur... j'ai oublié son nom...

BERNARD.

Le nom de qui?

LUCILE.

De son adversaire.

BERNARD.

Son adversaire... c'était moi.

ACTE TROISIÈME.

LUCILE, et MADAME DE GUY.

Vous?

MADAME DE GUY.

Allons donc, c'est impossible!

LUCILE.

Alors, ce n'était pas pour une femme?

BERNARD.

Une femme? Je vous prie de croire que je me serais effacé... momentanément...

MADAME DE GUY.

Mais pourquoi ce duel... étrange?

LUCILE.

Oui, pourquoi?

BERNARD, très-embarrassé.

Ah! pourquoi? Hum! à cause de quoi? il ne vous l'a pas dit?

LUCILE.

Non.

BERNARD.

Allons, mesdames, j'ai bien l'honneur...

Il remonte.

MADAME DE GUY.

Non, restez! parlez!... (Bas.) Il y va du bonheur de votre maître.

LUCILE.

Voyons, parlez-nous franchement, comme un brave soldat que vous êtes!

BERNARD.

C'est que... (A part.) Raconter ça à des femmes, fichue

corvée! (Haut, avec effort.) Voilà: voyez-vous, le capitaine...
il n'est pas toujours bien disposé... il a ses moments, cet
homme... c'est nerveux. Il paraît que je l'avais agacé...
Ce n'est pas qu'il soit méchant, oh! Dieu! un cœur, une
bonté! mais c'est sa jambe... il a une jambe droite... qui
s'enlève comme une soupe au lait... Alors, il m'a lancé
un...

MADAME DE GUY.

Un... quoi?

BERNARD.

Eh bien, un...

LUCILE.

Un quoi?

BERNARD.

Avec sa jambe droite...

MADAME DE GUY, riant.

Ah! ah! ah!

LUCILE, riant.

Mon pauvre garçon!

BERNARD.

Vous riez? Mais je ne riais pas, moi, nom d'un tonnerre!
le sang me bourdonnait dans les oreilles... il me semblait
qu'on venait de me dégrader à la face du régiment; mais
je dois rendre cette justice au capitaine... il n'y a pas été
par quatre chemins; il m'a dit: « Bernard, ça... ça ne s'essuie qu'avec un coup de sabre, allons-y! »

LUCILE.

Ah! c'est bien!

BERNARD.

Et il a eu la bonté de me faire lui-même une toute petite coupure sur le bras... Voulez-vous la voir?

ACTE TROISIÈME.

MADAME DE GUY.

Non, c'est inutile.

LUCILE.

Nous vous croyons, mon bon, mon brave Bernard...

BERNARD.

Ah! mam'selle, vous qui avez une si jolie petite voix... vous devriez le consoler, ce pauvre homme!

LUCILE.

Il a du chagrin?

BERNARD.

Oh! je vous en réponds... Tout à l'heure pendant qu'il pliait ses deux chemises... à coups de poing... dans sa valise... j'ai surpris une grosse larme... qui s'est sauvée tout de suite dans sa moustache.

LUCILE, à part.

Mon pauvre Horace!

BERNARD.

Ah! voir pleurer un capitaine de cavalerie!... ça fend le moral.

MADAME DE GUY.

Soyez tranquille, mon ami, nous allons voir Horace, lui parler... J'espère que vous ne quitterez pas cette maison.

BERNARD.

Moi, sans le chocolat, j'y serais très-bien

MADAME DE GUY.

Tout s'arrangera... Emportez cela. (Elle indique la valise. Et ne partez pas sans avoir reçu de nouveaux ordres.

Bernard sort par la droite.

LUCILE, s'approchant de sa tante et appuyant sa tête sur son épaule.

Dites donc, ma tante...

MADAME DE GUY

Quoi, ma nièce?

LUCILE

Ce pauvre garçon... il a pleuré!

MADAME DE GUY.

Ce qui veut dire : « Ma tante, ma bonne petite tante, vous seriez bien aimable d'écrire à M. Désambois pour le prier de ne pas aller chez le notaire. »

LUCILE.

Ah! c'est étonnant comme vous me comprenez!

MADAME DE GUY.

Tu me charges toujours de commissions charmantes!

LUCILE, l'embrassant.

Tenez, voilà pour le papier, pour l'encre, pour la plume... Eh bien... et pour la bonne tante!

Elle l'embrasse.

MADAME DE GUY, sortant.

Oh! l'enfant gâtée! l'enfant gâtée!

SCÈNE IX.

LUCILE, HORACE.

LUCILE, seule.

Pauvre Horace! comme il est bon!

HORACE, sortant de sa chambre et l'apercevant.

Oh! pardon, mademoiselle... ma tante n'est pas là?

LUCILE.

Non, monsieur... elle écrit une lettre...

ACTE TROISIÈME.

HORACE.

Avant de partir, je désire lui faire mes adieux, je vais la trouver...

LUCILE, lui barrant le passage.

Non, monsieur, vous n'irez pas...

HORACE.

Comment?

LUCILE.

Vous ne partez plus!

HORACE.

Mais...

LUCILE.

Il n'y a pas de mais... je ne le veux pas!

HORACE.

Permettez, mademoiselle; après ce qui vient de se passer...

LUCILE.

Oh! vous pouvez faire votre grosse voix... je n'ai plus peur de vous maintenant! J'ai découvert un secret...

HORACE.

Un secret?

LUCILE.

Oh! ne cherchez pas! il est caché dans votre moustache!

HORACE.

Ma moustache?

LUCILE.

Qu'il vous suffise de savoir que je vous pardonne, et que je consens à devenir votre femme.

HORACE.

Est-il possible! ma petite Lucile!

LUCILE.

Mais à une condition.

HORACE

Laquelle?

LUCILE.

C'est que vous ne vous mettrez plus en colère.

HORACE.

Oh! je te jure!... Tenez, je le jure sur cette petite sonnette qui est là... et qui me rappelle tous mes torts.

Il désigne la sonnette qui est sur le guéridon.

LUCILE.

A la bonne heure!... Mais souvenez-vous du serment que vous me faites, et, si jamais vous l'oubliez, c'est elle qui vous rappellera à l'ordre.

HORACE.

Maintenant, petite cousine, expliquez-moi ce rayon de soleil qui vient d'apparaître...

LUCILE.

Oh! rien du tout! Je ne puis vous dire qu'une chose . votre domestique est un bien brave homme.

HORACE.

Bernard ?

LUCILE.

Dites-moi, mon ami, il paraît qu'il n'aime pas le chocolat?

HORACE.

Ça!... il manque d'enthousiasme pour ce comestible.

LUCILE.

Qu'est-ce qu'il aime?

HORACE.

Oh! vous n'avez pas de ça ici.

LUCILE.

Dites toujours.

HORACE.

Il aime le cognac... très-jeune!

LUCILE.

Je lui en achèterai sur ma petite bourse.

MADAME DE GUY, dans la coulisse

Lucile, mon enfant!

LUCILE.

Ma tante m'appelle! (A part.) Je suis sûre que c'est encore pour collaborer. (Haut.) Adieu!

Elle sort.

SCÈNE X.

HORACE, DÉSAMBOIS.

HORACE.

Je n'y comprends rien... mais je me laisse faire.

DÉSAMBOIS, entrant, à part.

Dans un quart d'heure, le notaire et le prétendu seront ici... Ah! le capitaine.

HORACE, l'apercevant, le saluant.

Monsieur Désambois!...

DÉSAMBOIS, saluant très-cérémonieusement

Monsieur!...

HORACE, à part.

Nous avons beau faire... nous sommes toujours un peu gênés vis-à-vis l'un de l'autre. (Haut.) Quel temps fait-il, monsieur Désambois ?

DÉSAMBOIS, sévèrement.

Il gèle toujours, monsieur.

HORACE.

Quant à moi, croyez-le, monsieur Désambois, je serai personnellement heureux de voir arriver le dégel...

DÉSAMBOIS.

Cela me paraît bien difficile... mon baromètre remonte...

HORACE.

C'est-à-dire que vous continuez à vous opposer à mon mariage?...

DÉSAMBOIS.

Moi? Nullement... comme tuteur, j'ai fait ce que je devais faire... j'ai rempli mon devoir... Maintenant, si ces dames consentent... je suis tout prêt à signer à votre contrat...

HORACE.

Ah! voilà une bonne parole!

DÉSAMBOIS, à part.

Le notaire va venir...

HORACE.

Et croyez que je regrette sincèrement... et plus que jamais...

DÉSAMBOIS.

Quoi donc?

HORACE.

La petite vivacité... hier... au bal... le...

DÉSAMBOIS, froidement.

Je ne sais pas ce que vous voulez dire...

HORACE.

Ah! oui... pardon!... c'est convenu!

SCÈNE XI.

Les Mêmes, MADAME DE GUY, LUCILE.

MADAME DE GUY; elle tient une lettre.

Monsieur Désambois, je viens de vous écrire...

DÉSAMBOIS.

A moi?

MADAME DE GUY.

Pour vous prier de ne pas aller chez le notaire.

DÉSAMBOIS.

Comment! il va venir avec le contrat!

HORACE.

Tant mieux, nous le signerons!... Je vais donner ordre qu'on le fasse entrer.

Il disparaît un moment

DÉSAMBOIS, étonné.

Nous le signerons... Pas lui...

MADAME DE GUY.

Oh! tout est expliqué... ce duel...

LUCILE.

C'est admirable!

MADAME DE GUY.

Il s'est battu avec Bernard!

DÉSAMBOIS.

Son domestique! vous trouvez ça admirable?

MADAME DE GUY.

Il lui devait une réparation.

LUCILE.

Ce pauvre homme!... il lui avait

MADAME DE GUY.

Donné un...

DÉSAMBOIS.

Quoi?

LUCILE.

Avec la jambe droite...

DÉSAMBOIS, s'oubliant.

Comment, aussi...

MADAME DE GUY.

Quoi, aussi?

DÉSAMBOIS.

Rien! rien!

HORACE, rentrant par le fond.

J'ai prévenu Baptiste... Vous savez, ma tante, que M. Désambois est un homme charmant, il ne s'oppose plus à notre mariage...

LUCILE et MADAME DE GUY.

Est-il possible?

DÉSAMBOIS, vivement.

Permettez! (A part.) Et M. Magis qui va venir. (Haut.) J'ai été tout à l'heure témoin d'une scène de violence...

ACTE TROISIEME.

MADAME DE GUY.

Ça ne se renouvellera plus.

HORACE.

Je l'ai juré...

Il montre à Lucile la sonnette placée sur le guéridon.

MADAME DE GUY.

Sinon... moi qui suis sa tante, moi qui l'aime comme mon enfant... je serais la première à lui refuser mon consentement; rien ne pourrait me fléchir, rien!

LUCILE.

Ni moi non plus!

HORACE.

C'est convenu!

DÉSAMBOIS, mielleusement.

Mon Dieu, mes amis, qu'est-ce que je demande, moi? le bonheur de Lucile...

MADAME DE GUY.

Ah! je vous retrouve!

HORACE.

Vive M. Désambois!

DÉSAMBOIS, à part.

Je vais te faire déchanter tout à l'heure! (Haut.) Voulez-vous, en attendant le notaire, que nous causions un peu du contrat... des affaires d'intérêt.

MADAME DE GUY.

Est-ce bien nécessaire?

HORACE.

Il n'y a pas de difficultés possibles.

DÉSAMBOIS.

Je le pense comme vous... mais, enfin, les affaires sont les affaires !... Veuillez prendre la peine de vous asseoir. Lucile et madame de Guy sont assises près du guéridon. — Horace se tient debout près de la cheminée. Désambois est assis à droite de la table placée au milieu. — Tirant des papiers de sa poche, à part.) Il ne s'agit plus que de le faire mettre en colère... ça ne sera pas long! (Haut.) Voici quelques notes que j'avais jetées pour le contrat de M. Magis... Nous avions pensé, M. le notaire et moi, que le régime de la communauté était le plus convenable...

MADAME DE GUY.

C'est aussi mon avis...

DÉSAMBOIS.

Ce régime, en effet, écarte toutes méfiances, prévient les soupçons blessants... les époux mettent en commun leurs biens meubles et immeubles; le mari, chef suprême... mais tendre, conserve seul l'administration... Il peut vendre, aliéner, hypothéquer sans le concours de la femme, article 1421... Ce régime est celui de l'abandon, de la confiance mutuelle et affectueuse.

HORACE, allant s'asseoir en face de Désambois.

C'est parfait! j'accepte la communauté.

DÉSAMBOIS.

Ah! permettez... ceci est le contrat Magis... Autant de prétendus, autant de contrats différents...

MADAME DE GUY et LUCILE, étonnées

Hein ?

HORACE.

Que voulez-vous dire? expliquez-vous !

ACTE TROISIÈME.

DÉSAMBOIS.

Comme tuteur... je dois prévoir certaines éventualités fâcheuses...

HORACE.

Lesquelles?

DÉSAMBOIS.

Par exemple... la prodigalité... Messieurs les militaires sont sujets à caution.

HORACE, piqué.

Laissons les militaires, je vous prie..

DÉSAMBOIS, à part.

Ça vient! (Haut.) Il y a encore l'incapacité dans la gestion, l'inconduite, l'infidélité du mari...

HORACE.

Oh!

Il brise une plume.

DÉSAMBOIS, à part.

Ça vient!

MADAME DE GUY.

Mais, monsieur...

DÉSAMBOIS, continuant.

Les nuits passées dans l'orgie... hors du domicile conjugal, les mauvais traitements...

HORACE, se levant et frappant sur la table.

Sapredié! assez, monsieur, je vais... (Lucile prend la sonnette et sonne en remontant. — A part.) La sonnette!... Il était temps! (Très-aimable.) Continuez donc, cher monsieur Désambois!

Il s'assied.

DÉSAMBOIS, à part.

J'ai cru que ça allait venir.

LUCILE, à Baptiste qui paraît.

Baptiste, apportez du bois!

<small>Baptiste sort. Désambois s'assied à droite du guéridon; Lucile prend la chaise laissée par Désambois et la place à gauche; après avoir remis la sonnette sur le guéridon, elle s'assied.</small>

DÉSAMBOIS.

Je proposerai donc le régime dotal

MADAME DE GUY.

Vous n'y pensez pas!

HORACE.

Je l'accepte... mais finissons.

DÉSAMBOIS.

C'est le régime de la confiance... armée... (Il prend machinalement la sonnette qu'il garde.) Je conviens qu'au premier abord, certaines de ses dispositions peuvent paraître humiliantes pour un homme de cœur.

MADAME DE GUY, à part

C'est incroyable!

HORACE, à part.

Ah! si Baptiste pouvait apporter du bois vert!

DÉSAMBOIS, continuant.

Moi, je ne l'aurais jamais accepté. Sous ce régime, le mari, en état de suspicion... ne peut vendre ni hypothéquer, même avec le consentement de sa femme; mais, dans certains cas, celle-ci peut se faire autoriser par le tribunal... par exemple, pour tirer son mari de prison

HORACE, à part.

Voilà qu'il me flanque en prison à présent!

MADAME DE GUY.

Monsieur Désambois, une pareille supposition...

DÉSAMBOIS.

Mon Dieu, madame, il faut s'attendre à tout. Je ne dis pas cela pour monsieur votre neveu; mais il y a mille manières d'aller en prison. On y va pour dettes, pour coups, pour injures, cris séditieux, tapage nocturne, indélicatesse...

HORACE, à part.

Il faut que ça finisse, je vais le jeter par la fenêtre.

Il va ouvrir la fenêtre.

DÉSAMBOIS, il se lève vivement, effrayé.

La fenêtre!

HORACE, revenant à Désambois.

Monsieur Désambois, voilà un quart d'heure... (Lucile agite le bras de Désambois et le fait sonner.) La sonnette!... Et, c'est lui! (Il éclate de rire. — Très-aimable.) Veuillez continuer, cher monsieur Désambois!

DÉSAMBOIS, à part, étonné.

Comment?

HORACE.

J'ai le plus grand plaisir à vous écouter. (A part.) Va ton bonhomme de chemin, j'ai lu dans ton jeu.

Il reprend sa place à la table et fait des cocottes pendant la scène qui suit.

DÉSAMBOIS, à Lucile.

Et maintenant, pauvre enfant, chère Lucile, fasse le ciel que vous n'ayez pas trop tôt à vous repentir de cette union! (A part, regardant Horace.) Il fait des cocottes! (Haut.) De cette union... fatale...

LUCILE et MADAME DE GUY.

Mais, monsieur...

DÉSAMBOIS.

Que j'en ai vu pleurer de jeunes filles, entraînées par leur cœur vers des hommes... non, des êtres indignes de porter ce nom!

HORACE, à part.

Charmant!

Il lui envoie un baiser.

DÉSAMBOIS, à part.

Ça ne vient pas!

MADAME DE GUY, à part.

C'est un modèle de patience!

DÉSAMBOIS, continuant.

Mais bientôt le mirage s'efface... Que leur reste-t-il? (A part, regardant Horace.) Il est agaçant avec ses cocottes! (Haut.) Un cortége de larmes, de douleurs... et de coups de cravache!

MADAME DE GUY, se levant.

Monsieur!

LUCILE, se levant avec colère.

Assez! Votre conduite est indigne!

HORACE, à part.

Tiens, c'est elle qui s'emporte!

Il va à la cheminée.

LUCILE.

Depuis un quart d'heure, vous insultez un homme...

Horace a pris une sonnette sur la cheminée et sonne. Lucile s'arrête et éclate de rire.

ACTE TROISIÈME.

HORACE, riant aussi

Ah! ah! ah!

DÉSAMBOIS, frappant sur la table.

Mais... ces rires sont indécents, monsieur, mademoiselle... je proteste!

Horace et Lucile carillonnent et rient.

SCÈNE XII.

Les Mêmes, BERNARD.

BERNARD, entrant.

M. Célestin Magis.

DÉSAMBOIS.

Qu'il entre!

MADAME DE GUY.

Non!... Dites-lui que nous sommes à Fontainebleau pour quelque temps...

HORACE.

Il faudra pourtant bien le prévenir un jour.

BERNARD.

I' y a là aussi une espèce d'homme qui se dit notaire.

TOUS.

DÉSAMBOIS.

Il peut se retirer.

MADAME DE GUY.

Mais du tout!

LUCILE.

Par exemple!

MADAME DE GUY.

Nous allons signer le contrat.

BERNARD.

Il est dans le petit salon.

MADAME DE GUY.

Je vais le recevoir. Viens, Lucile.

Elle sort avec Lucile; Bernard les suit.

DÉSAMBOIS, à part.

Le contrat! je suis pris! Que faire? Si je pouvais... romprait tout!

HORACE.

Eh bien, mon bon monsieur Désambois, j'espère que vous allez retrousser vos manches, et nous mouler une signature.

DÉSAMBOIS, à part.

Essayons! (Haut.) Épousez Lucile, monsieur... mais j'en suis pour ce que j'ai dit.

HORACE.

Quoi donc?

DÉSAMBOIS.

Le monde est plein de croqueurs de dots.

Il tourne le dos

HORACE, se retournant vers lui.

Ah! vous êtes un gourmand! *Non bis in idem!*

DÉSAMBOIS, étonné.

Du latin!

MADAME DE GUY, reparaissant avec Lucile

Eh bien, messieurs...

LUCILE.

Mon cousin...

HORACE.

Allons, monsieur Désambois, le bras à ma tante.

DÉSAMBOIS.

Mais...

HORACE.

Oh! ne craignez rien... je passe le premier.

Il va au fond offrir son bras à Lucile.

DÉSAMBOIS, à part.

Cet homme n'a pas de sang dans les veines!

Il donne le bras à madame de Guy-Robert

FIN DU DEUXIÈME VOLUME.

TABLE

LE VOYAGE DE MONSIEUR PERRICHON. 1
LA GRAMMAIRE 123
LES PETITS OISEAUX. 179
LA POUDRE AUX YEUX 295
LES VIVACITÉS DU CAPITAINE TIC 401

ÉMILE COLIN — IMPRIMERIE DE LAGNY

www.ingramcontent.com/pod-product-compliance
Lightning Source LLC
Chambersburg PA
CBHW071705230426
43670CB00008B/914